Liane Bednarz
Christoph Giesa

GEFÄHRLICHE BÜRGER

DIE NEUE RECHTE GREIFT NACH DER MITTE

HANSER

Anmerkung: Zitate aus historischen Quellen wurden der besseren Lesbarkeit wegen an die neue Rechtschreibung angepasst.

MIX
Papier aus verantwortungs-
vollen Quellen
FSC® C083411

Bibliografische Information der Deutschen Nationalbibliothek
Die Deutsche Nationalbibliothek verzeichnet diese Publikation in der
Deutschen Nationalbibliografie; detaillierte bibliografische Daten
sind im Internet über http://dnb.d-nb.de abrufbar.

1   2   3   4   5   19   18   17   16   15

© 2015 Carl Hanser Verlag München
www.hanser-literaturverlage.de
Lektorat: Heike Gronemeier
Herstellung: Denise Jäkel
Umschlaggestaltung: Hauptmann & Kompanie Werbeagentur, Zürich
Satz: Kösel Media GmbH, Krugzell
Druck und Bindung: CPI – Ebner & Spiegel, Ulm
Printed in Germany
ISBN 978-3-446-44461-4
E-Book-ISBN 978-3-446-44462-1

INHALT

EINLEITUNG

Irgendetwas ist anders als früher. Es war ein schleichender Prozess, aber das Ergebnis ist eindeutig: Die Stimmung in der Gesellschaft hat sich eingetrübt. Die großen politischen Debatten werden mit einer lange nicht erlebten Emotionalität geführt. Spott und Häme, gar Hass und eine bisher ungekannte Aggressivität prägen den Diskurs. Vielfach werden gar grundsätzliche Errungenschaften unserer demokratischen Gesellschaftsordnung in Frage gestellt. Wer darf zu unserem Gemeinwesen gehören? Wer hat welche Rechte? Wer darf mitreden und wer nicht? Die Repolitisierung weiter Teile der gesellschaftlichen Mitte ist deutlich zu spüren – aber sie hat sich anders vollzogen, als wir uns das erhofft hätten. Nicht etwa mehr Engagement oder steigende Wahlbeteiligungen sind zu beobachten. Es sind harsche Emotionen, die viel Widerhall im vorpolitischen Raum, etwa auf Lesungen und Vorträgen, bei Demonstrationen und Mahnwachen, in Internetforen und in den sozialen Medien finden. Dort kann man das Wiederaufflammen eines von rechts kommenden Menschenhasses erkennen – gerichtet gegen jeden, der irgendwie für »das System« steht oder von diesem geschützt wird. Egal ob es sich dabei um Politiker oder Journalisten handelt, um Muslime oder Juden, ausländische Fachkräfte oder Asylbewerber – die Brutalität und die Offenheit, mit der auf Veranstaltungen und im Internet radikale Positionen vertreten werden, erschreckt. Ähnlich wie während der Pogrome in Rostock-Lichtenhagen oder Hoyerswerda Anfang der 1990er-Jahre schämt man sich seines Hasses nicht, im Gegenteil. Es scheint, als fühle man sich mit seinen Äußerungen sogar im Recht.

"unserer offenen Gesellschaft"

Was ist also los in unserer Gesellschaft? Handelt es sich nur um ein vorübergehendes Phänomen? Oder steckt mehr dahinter? Wer sind diese Menschen, die sich rechtes Gedankengut bewusst oder unbewusst zu eigen machen und es verbreiten? Ist das, was lange ganz rechts außen gärte, in der Mitte der Gesellschaft angekommen, salonfähig geworden?

Diese Fragen beschäftigen uns seit geraumer Zeit. Die Idee zu diesem Buch entwickelten wir bereits Anfang 2014. Zu diesem Zeitpunkt standen die ersten Wahlerfolge der Alternative für Deutschland (AfD) noch aus. Und als der Verlagsvertrag unterzeichnet wurde, gab es Pegida, die »Patriotischen Europäer gegen die Islamisierung des Abendlandes« noch gar nicht. Diese Entwicklungen überraschen uns und viele andere aufmerksame Beobachter allerdings nicht; sie zeigen vielmehr, dass wir uns nicht getäuscht hatten und sich das rechte Milieu für eine Infiltration der bürgerlichen Mitte rüstet. Es war nur eine Frage der Zeit, bis erste Erfolge zu verzeichnen waren und die jahrzehntelange Vorarbeit sich auszahlte.

Die Protagonisten einer neuen rechten Denkschule haben ihre passive Haltung aufgegeben. Sie waren nie wirklich gänzlich tatenlos. Aber nun beschränken sie sich nicht mehr auf das, was sie in ihren Kreisen »Brauchtumspflege« oder »Bewahrung von Traditionen« nennen, um doch etwas ganz anderes zu meinen: nämlich den Fortbestand einer völkischen, nationalen Deutschland-Idee im Unter- oder Hintergrund. Inzwischen treten sie zunehmend aus den weithin unbeleuchteten Nischen der Gilden, Burschenschaften, Salons und Gesprächszirkel, Bürgerinitiativen und Jugendorganisationen heraus. Mit dem Ziel, eine aggressive Gegenideologie zu unserer offenen Gesellschaft ins Gespräch zu bringen. Die Zeit dafür scheint reif. Denn ihr »Feind« – ebenjene offene Gesellschaft, die sich den Idealen der Aufklärung verpflichtet fühlt – befindet sich ganz offensichtlich in einer Sinnkrise.

Wer sind diese Menschen, deren Parolen und Überzeugungen in den gesellschaftlichen Diskurs eingesickert sind? Wie ticken sie, was ist ihnen wichtig und was haben sie vor?

Um diese Fragen beantworten zu können, ist es notwendig, sich mit ihren Vordenkern auseinanderzusetzen, ihre Diskussionen zu belauschen und die Publikationen zu lesen, die in diesen Kreisen als maßgeblich erachtet werden. Genau das haben wir in den vergangenen Monaten getan. Vieles, was man dort findet, spricht für sich. Anderes lässt sich erst im Kontext verstehen, weil gewisse Sprach- und Argumentationscodes angewandt werden, mit deren Hilfe die wahren Absichten verschleiert werden. Um so Anknüpfungspunkte zur Mitte der Gesellschaft zu schaffen. Nicht mit offen zur Schau gestellter Radikalität wird agiert, sondern subtiler und mit vermeintlich konsensfähigen Ideen.

Die Übersetzung dieser Codes und die Einordnung des dahinterstehenden Gedankenguts wird ein zentraler Aspekt dieses Buches sein, das ohne weiteres den Umfang eines Lexikons haben könnte. Im Stile einer Doktorarbeit könnten wir tausende Belege aneinanderreihen, die lückenlos das dokumentieren, was wir mit zunehmender Sorge beobachten: Eine gut vernetzte, immer besser organisierte, strategisch geschulte Gruppe von stramm rechten Intellektuellen bemüht sich, unsere offene Gesellschaft nach rechts zu ziehen. Leider mit zunehmenden Erfolg. Lexika und wissenschaftliche Abhandlungen haben allerdings einen entscheidenden Nachteil: Sie werden nur von sehr wenigen Menschen gelesen – und sie erreichen vielleicht den Kopf, selten aber den Bauch und das Herz der Leser. Wir wollen mit diesem Buch genau das schaffen: Sie zum Nachdenken animieren *und* Ihr demokratisches Herz treffen. Wir wollen uns den Agitatoren entgegenstellen, und zwar mit der spitzen Feder, einer klaren, leicht verständlichen Sprache und einer Portion Spott. Wir wollen sie entlarven und Sie als Leser nicht nur informieren, sondern auch aufrütteln.

Eines sei vorweg gesagt: Dieses Buch ist nicht aus einer linken Weltsicht heraus geschrieben. Ganz im Gegenteil: Wir Autoren spannen den politischen Rahmen dessen, was in der Regel als »bürgerlich« verstanden wird, ziemlich breit auf. Liane Bednarz ist bekennende Konservative, Mitglied der CDU, überzeugte Christin und unter anderem Autorin der katholischen *Tagespost*. Christoph Giesa ist Vertreter eines gesamtheitlichen Liberalismus in der FDP, protestantisch erzogen, aber aus Überzeugung aus der Kirche ausgetreten. In konkreten politischen Fragen liegen unsere Positionen oftmals Welten auseinander, sei es nun zum Thema Abtreibung, Gentechnik oder der Trennung von Kirche und Staat. Doch uns verbindet der Glaube an die Ideen der Aufklärung, an die westliche Demokratie – und an die Notwendigkeit, auf dieser Basis in einem dauernden Ringen, aber mit Respekt vor den Argumenten und der Person des Gegenübers, zu zukunftsfähigen Lösungen zu kommen. Unsere Gesellschaft steht vor vielen Herausforderungen, die zu meistern nicht einfach sein wird. Je komplexer die Welt und ihre Probleme uns erscheinen, umso stärker ist der Wunsch nach vermeintlich einfachen Lösungen. Genau das haben die Vordenker der neuen rechten Bewegung, die wir beschreiben, erkannt und sich zunutze gemacht. Für manche Leser mag das, was wir in den folgenden Kapiteln beschreiben, hysterisch anmuten. Vor drei Jahren hätten wir vermutlich selbst noch den Kopf geschüttelt, hätte uns jemand vor rechten Agitatoren gewarnt, die langsam, aber sicher die Hoheit über den gesellschaftlichen Diskurs gewinnen. In der Zwischenzeit ist allerdings viel passiert. Bis dato für undenkbar gehaltene neue Allianzen haben sich gebildet. Rechte Verschwörungstheoretiker und Esoteriker finden auf »Friedensdemos« ebenso ihren Resonanzraum wie Antisemiten und Putin-Apologeten. Lesungen von Autoren wie Thilo Sarrazin oder Akif Pirinçci erfreuen sich regen Zulaufs; deren Werke im Bücherschrank stehen zu haben, kommt einem gesell-

völkisch!?

schaftlichen Statement gleich: Hier sind endlich mal zwei, die sagen, wie es wirklich ist! Die sich trauen, den Mund aufzumachen. Rechte Christen finden zusammen mit völkischen Heiden und Propheten, die den Untergang des Abendlandes voraussagen, vereint in einer Sehnsucht nach einer bereinigenden gesellschaftlichen Apokalypse, die Raum schafft für eine Neuausrichtung. Die einzelnen Szenen vernetzen sich immer effektiver untereinander – und in der Mitte agieren AfD und Pegida als Gravitationszentrum für alle freien Radikalen gleichermaßen.

Um es klar zu sagen: Wir sehen nicht die Gefahr einer Machtübernahme durch Springerstiefel tragende Neonazis, die in Deutschland einen neuen Nationalsozialismus etablieren wollen. Wir wollen allerdings davor warnen, dass manche der menschenverachtenden Gesellschaftsvisionen, die schon in den 1920er-Jahren en vogue waren, hundert Jahre später heimlich still und leise wieder salonfähig werden und das gesellschaftliche Klima vergiften. Denn neofaschistische, völkische und antidemokratische Gedanken sind – auch wenn sie so geäußert werden, dass sie sich noch im Rahmen der Meinungsfreiheit bewegen – deshalb noch lange nicht akzeptabel oder erträglich. Sie sind gefährlich.

Die AfD ist nur das sichtbarste Symptom einer nach rechts driftenden, sich radikalisierenden Mitte – die das noch nicht einmal immer bemerkt. Viele derjenigen, die mit dieser Partei sympathisieren, würden empört jegliche Form von Radikalismus oder gar Extremismus von sich weisen. Sie verweisen dann gerne auf ausländische Freunde und vielleicht sogar auf ihre pro-israelische Gesinnung. Und leben unter diesem Deckmäntelchen ihren Hass aus, ungefiltert, gegen alles und jeden, das oder der ihnen gegen den Strich geht. Es ist eine Mischung aus Naivität und Aggressivität, begünstigt durch Überforderung und Unzufriedenheit und das Wegbrechen von klaren gesellschaftlichen Leitplanken. Eine explosive Gemengelage, in der die Parolen professionell agie-

wer Hass? sie!

Hass + Hetze!

render Verhetzer vielfach auf offene Ohren stoßen. In solch einem Umfeld kann man schleichend zum *gefährlichen Bürger* werden.

Wir sehen Anzeichen, dass wir gerade einen »populistischen Moment« erleben, wie Lawrence Goodwyn das Phänomen nennt.[1] Einen Moment, in dem ein Modernisierungsschub technologisch wie gesellschaftlich für eine Entwurzelung sorgt – und damit einhergehend zum Verlust der Deutungshoheit durch die bekannten Protagonisten und Argumente führt. Dieser erlaubt es denjenigen mit den vermeintlich einfachen Lösungen, zu reüssieren. Diese Entwicklung nicht nur zu erkennen, sondern auch verhindern zu wollen, sollte für einen verantwortungsvollen Staatsbürger Pflicht sein. Wir sollten uns vor Augen führen, dass das, was uns lieb ist, in Gefahr ist. Und dass das Bestehende nur bewahrt werden kann, wenn wir es aktiv schützen. Mit anderen Worten: Die Behäbigkeit der gesellschaftlichen Mitte muss überwunden werden, um eine weitere und breitere Radikalisierung genau dieser Mitte zu verhindern.

Machen wir uns nichts vor: Wir haben einen starken Gegner. Einen Gegner, der glaubt, das Momentum auf seiner Seite zu haben. Einen Gegner, der sich lange und gut vorbereitet und nur auf den richtigen Moment gewartet hat, um loszuschlagen. Die Protagonisten der Szene wissen genau, wie sie unsere Gesellschaft unterwandern können. Ihre Strategie offenzulegen, den Brandstiftern ihre Tarnung, ihren vermeintlich moderaten Mantel wegzureißen, ist ein Ziel dieses Buches. Um das zu erreichen, scheuen wir uns nicht, Namen zu nennen. Es muss deutlich werden, wer die geistigen Brandstifter sind, die den Hass immer wieder anheizen – und welcher Strategien und Methoden sie sich dabei bedienen. Wir werden außerdem deutlich machen, wie stark die verschiedenen Protagonisten untereinander verbunden sind, wie sie mit der Angst, die sie selbst schüren, Geld verdienen und was sie sonst noch antreibt. Ein weiteres, vielleicht sogar noch

wichtigeres Ziel ist es, Ihnen als Leser die Augen zu öffnen,
Sie zum Handeln zu animieren. Im Namen der Aufklärung,
im Namen der offenen Gesellschaft.

wer hat Angst vor dem
Verlust der Deutungshoheit?
ha, wer wohl?

eine' einzige große bunte Familie'
Weltherrschaft
Neo-Lib
Islam

Aufstieg / dorla
|
Dominanz / Betrug
|
Niedergang / Verlust /
Krieg

Angreifer:

Merkel — kommt alle her — wir schaffen das
Medien — mundtot mache — jede Kritik
        Fremdenhasser
        Nazis

TEIL I
DIE OFFENE GESELLSCHAFT
IM VISIER

Am Anfang steht die Spurensuche. Unsere Gesellschaftsordnung steht unter Beschuss – aber wer sind eigentlich die Angreifer? In Berlin finden sich keine Straßensperren aus brennenden Autoreifen, Menschen in Flecktarn wurden ebenso wenig gesichtet. Der Widerstand sammelt sich weder in der gewohnten Art noch an den gewohnten Stellen. Und er besteht auch nicht aus den Menschen, die man dort vermuten würde. Die Angreifer gehen spazieren oder im Karo-Sakko zu Lesungen.

Im Internet allerdings lässt so mancher von ihnen alle Masken fallen und lebt unverhohlen ein Gefühl aus, das in der demokratischen Kultur so eigentlich keinen Platz hat: Hass. Dieser Hass ist gnadenlos. Er kennt keinen Kompromiss, keine Zweifel, keine Rücksicht. Er richtet sich gegen alles, was eine offene Gesellschaft lebenswert macht. Und er ist jenes Gefühl, das nötig ist, um den reaktionären, menschenfeindlichen Zielen der neuen Rechten, wie die Bewegung genannt wird, einen fruchtbaren Boden zu bereiten.

Um dem antiliberalen völkischen Staat, von dem sie träumen, ein Stück näher zu kommen, spielen die Neurechten virtuos mit den Methoden der Subversion, lassen ihr Gedankengut langsam in die Mitte der Gesellschaft einsickern, ohne dass dies dort zunächst auch nur bemerkt wird. »Die Aasfresser tragen die Pest in die Stadt«, soll Sophokles einst gesagt haben. Und die Pest, das wissen wir heute, konnte jeden treffen.

Die allgemeine Verunsicherung zu befeuern, die sich seit dem Ausbruch der Finanz- und Eurokrise im Lande ausgebreitet hat, sie durch Ressentiments in Hass zu wandeln, ist das Kernziel der neuen rechten Scharfmacher. Um diesen Hass sodann, mit all seiner zersetzenden Kraft, gegen die Grundpfeiler der offenen Gesellschaft zu richten. Die Pläne sind geschmiedet, die Umsetzung hat begonnen. Damit wir uns wehren können, müssen wir die Absicht und die Strategie der neuen Rechten kennen und verstehen lernen. Genau darum wird es im ersten Teil dieses Buches gehen.

KAPITEL 1
DIE INDIZIEN – SPAZIERGÄNGE DURCH DIE MITTE DER GESELLSCHAFT

Berlin im Sommer 2011. Ein zwangspensionierter älterer Herr unternimmt einen Spaziergang. Anstatt den bekannten Weg einzuschlagen, den er schon seit Lebzeiten nimmt, kommt er auf die Idee, einmal dahin zu gehen, wo er noch nie gewesen war. So weit ohne Nachrichtenwert, sollte man meinen. Aber dann geht es plötzlich rund. An seinem Ziel angekommen, will der Herr eine Pause machen und einkehren, wird aber »vom Hof gejagt wie ein räudiger Hund«, um es mit seinen Worten auszudrücken. Von Ausländern. Oder zumindest von Menschen, die wie Ausländer aussehen. Ein Skandal! Die Sachlage scheint auf den ersten Blick klar, Täter und Opfer sind vermeintlich eindeutig identifiziert. Doch so einfach ist es in diesem Fall nicht. Der ältere Herr heißt Thilo Sarrazin. Und der Spaziergang hat ihn nach Kreuzberg geführt.

Nun war vermutlich nicht alles, was sich Sarrazin im Kreuzberger Kiez anhören musste, jugendfrei und druckfähig. Und keine Frage, für diejenigen, die diese Entgleisungen zu verantworten haben, war der Vorfall sicher kein Ruhmesblatt. Aber hätte er mit dieser Reaktion nicht rechnen müssen? Weniger als ein Jahr zuvor hatte er mit *Deutschland schafft sich ab* ein Werk vorgelegt, das Tür und Tor für eine neue Welle von Pauschalisierungen und Diskriminierungen weit geöffnet hatte. Die Frage nach Ursache und Wirkung ist hier durchaus von Relevanz. Und ebenso sei die Frage erlaubt, was Thilo Sarrazin überhaupt dazu gebracht hat, sich plötzlich gemeinsam mit der Journalistin Güner Balci auf Erkundungstour in jene

Stadtteile zu begeben, die er wegen ihrer Bevölkerungsstruktur und gelebten Multikulturalität als sinnbildlich für die Probleme Deutschlands ansieht. Noch dazu in Begleitung eines Kamerateams.

Der Verdacht liegt nahe, dass Sarrazin provozieren wollte. Was vordergründig ganz unverfänglich und bürgerlich wirkte – ein älterer Herr in feiner Robe beim Spaziergang –, dürfte bei näherem Hinsehen ganz und gar nicht harmlos gewesen sein. Hätte Sarrazin diesen Ausflug unternommen, *bevor* er jenes Buch voller Herabwürdigungen über die Kreuzberger Migranten-Milieus schrieb, hätte man ihm zugutehalten können, dass diese Erkundungstour nur der Verifizierung seiner Hypothesen gedient habe. Doch diese »mildernden Umstände« greifen hier nicht, denn dass er Kreuzberg, Neukölln oder den Wedding nur vom Durchfahren und aus Statistiken kennt, wurde später bekannt. Darüber hinaus hatte Sarrazin in der seit Monaten laufenden Debatte über sein Buch kaum Einsicht, Demut oder gar Reue gezeigt. Sondern auf seinen Überzeugungen beharrt und diese weiter zugespitzt.

Szenenwechsel. Das Internet, 24 Stunden am Tag, sieben Tage die Woche. Dort kommt man längst nicht mehr an massenhaften Beleidigungen, übelsten Beschimpfungen und grenzenloser Hetze vorbei. Das Netz ist zum Revier einer wutschnaubenden Kommentatorenschar geworden, die sich ohne Hemmungen austobt. Bis zu einem gewissen Punkt haben viele User den Kopf geschüttelt oder darüber gelacht. »Warum soll man ein paar Verrückte auch ernstnehmen?«, war die gängige Attitüde. Inzwischen dürften das die meisten anders sehen. Gefüttert mit Halbwahrheiten, aufgeblasenen Fakten und aus dem Zusammenhang gerissenen Informationen, schwärmen die Kommentatoren kampfbereit in die Weiten des Internets aus, um tagein, tagaus immer neuen Hass zu säen. Journalisten, deren Texte nicht in das eigene Weltbild passen, wirft man Manipulation vor. Politikern droht man Vergeltung an, sollten sich die Machtverhältnisse eines Tages ändern. Wer es wagt, zu widersprechen, wird als »Gutmensch« verächtlich gemacht. Und natürlich werden nonstop verbale Pfeile auf Migranten, Asylbewerber, Muslime und Homosexuelle geschleudert, die vorzugsweise »Schmarotzer«, »Armutseinwanderer«, »Musel«, »Kopftuchweiber« oder »Schwuchteln« genannt werden. Die Kreativitätsskala für Widerlichkeiten, Verleumdungen und Herabwürdigungen ist nach oben offen.

Szenenwechsel. Auch Akif Pirinçci, der nach seinen Erfolgen mit Katzenkrimis nun auch zum »Sachbuch«-Bestsellerautor geworden ist, hat von seinen Spaziergängen einiges mitgebracht. In jenem Kapitel seines Buches *Deutschland von Sinnen*, in dem er seinen Hass auf Muslime genüsslich ausbreitet, bescheinigt er jungen deutschen Frauen flagrant, »Wichsmaterial für die aufregende Zeitspanne kurz vor dem Zubettgehen« zu sein, vor allem im Sommer, »da das westliche Weibchen zu dieser Jahreszeit praktisch nackt herumläuft«. Dieser Umstand sei auch »der wahre Grund, warum Asylanten am liebsten in der Stadt untergebracht werden wollen; auf dem Land gibt es nicht so viele Weiber, schon gar nicht so viele rasierte«[2]. Pirinçci macht sich gar nicht erst die Mühe, seine »Erkenntnisse« – so wie Sarrazin – mit irgendwelchen fragwürdigen Statistiken zu unterlegen, sondern tut fröhlich so, als entspräche seine subjektive Sichtweise den Fakten.

Bei Pirinçcis Lesungen herrscht teilweise fast schon Karnevalsatmosphäre. Die Zuhörer, zumeist männlich und bürgerlich gekleidet, klatschen sich bei der Charakterisierung der vermeintlichen muslimischen Primitivlinge munter auf die Oberschenkel. Sie feiern ausgerechnet einen Mann als Verteidiger einer ihrem Verständnis nach bürgerlichen Gesellschaft, in dessen Buch allein achtzehnmal das Wort »ficken« steht. Und sie übersehen vor lauter Begeisterung über die Bestätigung der eigenen dumpfen Vorurteile, dass der Autor soeben ihre eigenen Töchter als »Wichsmaterial« bezeichnet hat – auch wenn er die Aussage anderen in den Mund legt. Ein Muster, das noch ein paarmal auftauchen wird.

Wie ernst Pirinçci all das, was er schreibt, wirklich meint, darüber lässt sich nur spekulieren. Es ist nicht ausgeschlossen, dass er gerade in diesem Augenblick zu Hause sitzt und sich darüber kaputtlacht, wie ausgerechnet er, der »Türke«, von denjenigen gefeiert wird, die ihm eigentlich mit Ressentiments begegnen müssten. Vielleicht amüsiert er sich auch köstlich angesichts des tiefen Ernsts, mit dem sich die Leser über seine absurde Hypothese von der Ausrottung des weißen Mannes beugen, die er in seinem Text mit dem vielsagenden Titel »Das Schlachten hat begonnen« aufgestellt hat.[3]

Aber was Pirinçci selbst denkt, ist letztlich egal. Der Autor fungiert als Projektionsfläche, er formuliert unter dem Deckmäntelchen der Kunst, was zumindest manche seiner Leser und Zuhörer als Realität wahrnehmen dürften. Wer den Nachfolger von *Deutschland von Sinnen* liest (ein Büchlein mit dem Titel *Attacke auf den Mainstream*), der wird sich wundern: Pirinçci selbst bleibt dort recht zahm. Die Hetze übernehmen andere, etwa der Co-Herausgeber Andreas Lombard, der von einem »Schweigekartell«[4] spricht, mit dem man es zu tun habe. Und das, obwohl das Buch maßgeblich aus den zahlreichen Rezensionen zu *Deutschland von Sinnen* besteht, die in allen großen Medien erschienen sind. In einem Gastbeitrag am Ende des Buches schwadroniert der Autor Thor Kunkel zudem von einem »medial indizierten Irrsinn«, »der die Deutschen in einen weiteren Völkermord treibt – den am eigenen Volk«[5]. Es sind diese Sätze, die hängen bleiben und die das Potenzial haben, die gesellschaftliche Atmosphäre zu vergiften.

Szenenwechsel. Dresden im Winter, Anfang 2015. Nach einem Pegida-Spaziergang dringen 18 Aktivisten ohne Genehmigung in den sächsischen Landtag ein. Sie entrollen Plakate und halten Transparente hoch. Der erste Reflex der konservativ-bürgerlichen Mitte dürfte sein: Nicht schon wieder die Antifa. Aber diesmal ist es anders. Die Aktivisten gehören zur »Identitären Bewegung«, einem losen Verbund von Menschen mit völkisch-rechter Gesinnung. Neben Antiislamismus ist ihr wichtigster Programmpunkt der »Ethnopluralismus« – die Schaffung einer Welt also, in der national-kulturelle Lebensräume erhalten bleiben. Was auf nichts anderes zuliefe als auf eine weltweite Apartheid zwischen den Völkern. Die Verbindung zwischen Pegida und den »Identitären« ist eindeutig, Aktivisten wurden auch in anderen Städten bei den Abendlandschützern gesichtet.[6] Wenige Wochen nach der Aktion im Landtag sprach zudem Götz Kubitschek bei Pegida, einer der wichtigsten Vordenker der neuen Rechten in Deutschland und selbst ein großer Unterstützer der identitären Idee.

Kubitschek ist ein Mensch, der – wenn man sich mit seinen Schriften auseinandersetzt – die Mitte der Gesellschaft für ihre Lebensart verachtet. Als Herausgeber der Zeitschrift *Sezession* und als Gründer und Geschäftsführer des Verlags Antaios besitzt er zwei der wichtigsten Instrumente zur Definition rechten Denkens. Außerdem sucht er zunehmend die Vernetzung mit anderen Gruppierungen und wagt sich immer stärker in die Öffentlichkeit. Wer nicht weiß, wer Kubitschek ist, dem sei ein kurzes Porträt der 3Sat-Sendung *Kulturzeit* empfohlen.[7] In dem Beitrag nähert sich die Redaktion jenen ganz persönlich an, die sie für »gefährliche Denker« hält. Was bei Kubitschek als erstes auffällt, ist der schwarze Gartenzwerg mit Hitlergruß, der über seinen Schreibtisch zu wachen scheint. Dazu passt, dass er in der *Sezession* die Verbrechen Hitler-Deutschlands banalisiert, indem er davon spricht, man habe damals »den Bogen überspannt«[8]. An anderer Stelle schildert er, wie er bei einem Treffen der Deutschen Gildenschaft, in der er als Student aktiv war, dafür sorgte, dass alle drei Strophen des Deutschlandlieds gesungen wurden. Die Beschränkung auf die dritte sei ein Akt von »Selbstzensur«, über den er sich »empört« habe.[9]

»Deutschland, Deutschland über alles« ist also der Maßstab. Beim Kampf für die Rehabilitation dieser Zeilen steht Kubitschek de facto an der Seite der rechtsextremen Kameraden in der NPD und ihrem Umfeld. Ansonsten hält er es eher mit der AfD, Pegida und eben den Identitären. Deren Aktion in Dresden dürfte ihm gefallen haben, ist er doch gewissermaßen einer der geistigen Väter dieser Formen des Protests von rechts. Immerhin war er es, der den Begriff der »Konservativ-Subversiven Aktion« (kurz: KSA) geprägt hat. Zwar sind seine Versuche, rechten Aktivismus nach dem Vorbild radikaler Antifa-Gruppen zu organisieren, vorerst gescheitert. Was auch daran liegen mag, dass es an der nötigen Kreativität fehlte. Denn wenn Kubitschek die Idee, bei einer Lesung von Günter Grass (der damals noch lebte) auf die Bühne zu stürmen und diesem dann einfach den Wein wegzutrinken, für »was richtig Subversives«[10] hält, dann ist das in etwa so, als ließe man den Klassenstreber den Abi-Streich planen: zum Gähnen langweilig. Aber jetzt hat er ja seinen identitären Sturmtrupp, und nachdem Sarrazin »unsere Themen nach oben gezogen hat«, wie Kubitschek formulierte, kann der »geistige Bürgerkrieg«[11] in die nächste Runde gehen.

Vier Szenen, eine Erkenntnis: Dezidiert rechtes Gedankengut wird in Deutschland wieder offensiv und selbstbewusst vertreten. Die noch vor einigen Jahren eindeutige Abgrenzung zwischen rechter Szene und dem Bürgertum der gesellschaftlichen Mitte wird von zwei Seiten aufgeweicht: einerseits, indem sich Etablierte wie Thilo Sarrazin oder bis dato Unverdächtige wie der Deutsch-Türke Akif Pirinçci mit Themen und Thesen positionieren, die eine Zielgruppe jenseits des konservativen Spektrums ansprechen. Und andererseits auch dadurch, dass radikale Rechte gemäßigt – auf den ersten Blick fast schon bürgerlich – auftreten und mit wohlgewählten Begriffen von vornherein jedem Verdacht, irgendetwas mit »springerstiefeltragenden Glatzen« zu tun zu haben, entgegenwirken. Ein intellektuellerer Ansatz soll verfangen, nicht der martialische Auftritt, mit dem man nur eine bestimmte Klientel erreichen kann, die ohnehin ideologisch längst überzeugt ist.

Wie konnte es dazu kommen? Seit einiger Zeit schon scheint eine gewisse Verwirrung im klassischen Bürgertum, der viel beschworenen Mitte zu herrschen. Wie sonst soll man die eher positiven Reaktionen Vieler auf Sarrazins menschenfeindliche Argumentation und auf Pirinçcis Fäkalsprache, die Ausraster in den Internetforen oder auch die aufweichende Abgrenzung nach ganz rechts außen werten? Man hat das Gefühl, ein immer größerer Teil der Gesellschaft befinde sich im Dauer-Abwehrkampf gegen alles, was für zu multikulturell, zu westlich, zu dekadent oder zu modern gehalten wird. So ist etwa der Begriff »EUdSSR« als Synonym für die EU inzwischen ebenso gebräuchlich wie »Blockparteien« und »Volkskammer« für den Bundestag und die darin vertretenen Parteien. Die Entscheidung für den Europäischen Stabilisierungsmechanismus (ESM) wird gerne als »Ermächtigungsgesetz« bezeichnet. Was vor kurzem nur in gesellschaftlichen Nischen gesagt wurde, ist inzwischen zu einem Massenphänomen geworden.

Beispiele wie diese zeigen: Man fühlt sich gegängelt, bevormundet, scheint zu glauben, die Gesellschaft steuere auf eine Diktatur zu oder sei dort schon angekommen (Stichwort Brüssel). Gleichzeitig schlägt sich die Szene in einem Akt sagenhafter kognitiver Dissonanz in gesellschaftspolitischen Grundsatzfragen auf die Seite von Putins Russland, das als quasi-paradiesischer Hort der Freiheit angepriesen wird. Dort, so liest man dann in den Szenemedien und auf den einschlägigen Seiten im Netz, seien die »individuellen Freiheiten« viel ausgeprägter als bei uns, was mit so grotesken Beispielen wie fehlenden TV-Zwangsgebühren, Rauch- und Glühbirnenverboten begründet wird. Regime-Gegner, die in einem Strafla-

Diktatur Merkel (?)

ger in Sibirien einsitzen, dürften eine andere Auffassung davon haben, wie sich diese phänomenale »Freiheit« so anfühlt. Auch dass in Russland mit dem »Verbot der Propaganda nichttraditioneller Beziehungen« Homosexuelle eklatant diskriminiert werden, bereits ein Kuss in der Öffentlichkeit eine Geldoder gar Haftstrafe nach sich ziehen kann, wird nicht als Problem gesehen, sondern im Gegenteil als legitime Abwehr »unnatürlicher Verhaltensweisen« durchaus begrüßt.

Die Debatten werden oft von Menschen dominiert, die das Gefühl dafür, wie unterschiedlich das Wesen einer Diktatur und das unserer derzeitigen Demokratie sind, verloren haben. Wer dann noch behauptet, die Regierungschefs hätten sich beim Versuch, den Euro zu retten, zum »kollektiven Rechtsbruch« verabredet, wer die Entscheidungen des Verfassungsgerichts verhöhnt und wer Abgeordnete, die nicht die eigene Meinung teilen, als Idioten bezeichnet, stellt letzten Endes die Systemfrage. Anstand, Zurückhaltung, Höflichkeit, Takt und Respekt scheinen vor allem im Internet – aber nicht nur da – kaum noch zu gelten. Man fühlt sich an die zu Nashörnern mutierten Bürger aus Eugène Ionescos gleichnamigem Theaterstück erinnert, die alles niedertrampeln, was nicht in ihr engstirniges Weltbild passt.

Dabei gäbe es durchaus Orientierung: die Werte der Aufklärung, auf denen unsere Gesellschaft und unser Staatswesen aufbauen. Auf diesen Teil der europäischen Geschichte sind selbst die radikalen Denker zu Recht stolz. Was sie gerne auch dadurch ausdrücken, dass sie dem Islam und den Muslimen bedeutungsschwanger raten, doch endlich aufklärungsmäßig nachzuziehen. Wer nun allerdings erwartet, dass diejenigen, die solche Forderungen formulieren, selbst diesen Werten besonders akribisch folgen, sieht sich getäuscht. Vielmehr bereiten sie unter dem Deckmantel der Aufklärung bewusst oder unbewusst das Feld für Diskriminierung und Hass. Da helfen auch Ingenieur-, Doktor- oder gar Professorentitel nichts. Formale Bildung ist eben längst noch kein Ausweis für humanistische Bildung im Sinne der Aufklärung. Aus dem vermeintlichen Bildungsbürger wird so der reale Primitivbürger: ein Bürger zwar, in der Regel qua Geburt, aber einer, der nur auf seine Bürgerrechte pocht, ohne sich Gedanken über die damit einhergehenden Pflichten zu machen. Ein Bürger eben mit einem primitiven Verständnis davon, was es heißt, ein Staatsbürger, ein Citoyen im besten Sinne zu sein. Der Citoyen, so lernen wir bei Jean-Jacques Rousseau in *Du contrat social*, sei »ein höchst politisches Wesen, das nicht sein individuelles Interesse, sondern das gemeinsame Interesse ausdrückt«. Und weiter: »Dieses gemeinsame Interesse beschränkt sich nicht auf die Summe der einzelnen Willensäußerungen, sondern geht über sie hinaus.«[12] All das lässt der Primitivbürger schmerzlich vermissen. Obwohl er sich als Hüter unverrückbarer konservativer Werte sieht, verhält er sich egoistisch. Nicht nur die vulgär-aggressive Sprache, sondern auch die einseitige Reklamation von elementaren Rechten ist konstitutiv für das Selbstbild der Szene.

Doch es kommt noch schlimmer: Fügt man all die Puzzleteile zusammen, ergibt sich letztlich ein Gesamtbild, das dem Primitivbürger nicht schmecken dürfte, stellt es ihn doch auf eine Stufe mit all denjenigen, die er zutiefst verachtet: missionarisch und dogmatisch wie die Grünen in ihren Anfangstagen, sprachlich auf dem Niveau herumgrölender Straßenpunks, mit demselben Bildungsproblem wie islamistische Gotteskrieger und erstarrt in einer Art Götzenverehrung für den ehemaligen kommunistischen Geheimdienstagenten Putin mit seinem Männlichkeitsgehabe. Und um dem Ganzen die Krone aufzusetzen, steht der Primitivbürger mit seinem Hass auf alle staatlichen Institutionen de facto stramm an der Seite von Linksextremen, bei denen in den 1970ern der »Schweinestaat« ein beliebter Kampfbegriff war. Man müsste lachen, wäre diese Kombination nicht so bitter im Abgang.

Die Mitte der Gesellschaft sollte eigentlich die Mehrheit der Bürger umfassen. Unabhängig davon, bei welcher Partei die Angehörigen dieser schwer definierbaren Gruppe am Ende ihr Kreuzchen machen, sollte jeder und jede, der oder die sich dazuzählt, den Grundkonsens mittragen, der diese Gesellschaft zusammenhält: Demokratie und Menschenrechte, soziale Marktwirtschaft und internationale Einbindung, Respekt und Toleranz. Leider sieht die Realität derzeit anders aus: Ein Teil der Mitte hat sich von diesem Grundkonsens verabschiedet. Gesine Schwan, die ehemalige Bundespräsidentschaftskandidatin, brachte diese Erkenntnis bei Günther Jauch treffend auf den Punkt: »Soziale Mitte heißt nicht zwingend auch demokratisch.«[13] Das kann man zunächst einmal nicht bestreiten. Klaglos hinnehmen muss man es aber auch nicht.

KAPITEL 2
DAS MOTIV – DER HASS AM RUDER

Mit der bloßen Beschreibung einer Entwicklung hat man noch lange keine Erklärung für ihre Entstehung parat. Die Frage nach dem Warum bleibt, und da hilft es auch nicht, dass ähnliche Phänomene in anderen Ländern schon länger und teilweise wuchtiger zu erleben sind. Würde man Pegida-Spaziergänger oder AfD-Mitglieder, radikale Agitatoren im Internet oder neurechte Publizisten nach den Gründen für ihr Tun fragen, dürfte man Antworten zu hören bekommen, die den immer gleichen Grundtenor haben: Man reagiere lediglich auf etwas. Zum Beispiel auf die Bedrängung des »Eigenen« durch das »Fremde«, auf die »Islamisierung des Abendlandes«, auf die »Bevormundung« durch den »linksgrünversifften Mainstream« oder die »Einschränkung der Meinungsfreiheit«. Eine solche Position ist natürlich komfortabel: Wer angegriffen wird oder sich bedroht sieht, der darf sich auch verteidigen, schwingt darin mit. Und: Nicht sie sind die Angreifer, sondern sie stehen nur für das ein, was immer gegolten hat und was jetzt in Gefahr ist. Sie sind Hüter und Bewahrer. Kein Wunder, dass man mit solchen Positionen manchen verunsicherten Bürger auf seine Seite ziehen kann.

Wer es aber mit der Suche nach den Ursachen ernst meint, der sollte sich von solchen Nebelkerzen nicht die Sicht nehmen lassen. Dass jedes menschliche Handeln einen legitimen Grund haben muss, dürfte eines der größten Missverständnisse unserer Zeit sein. Weitet man nämlich den Blick, findet man schnell Argumentationsmuster, die denen der rechten Vordenker ähneln, von jedem vernünftigen Bürger allerdings abgelehnt werden. Ist das Mädchen mit dem kurzen Rock selbst schuld daran, wenn es vergewaltigt wird? Oder hat jemand, der selbst als Kind missbraucht wurde, deshalb das Recht, sich an seinen eigenen Kindern zu vergehen? Sicherlich nicht. Hat Putin die Krim nur annektiert, weil er sich von der NATO bedrängt fühlte? Und ist islamistischer Terror einfach nur eine Antwort auf die Politik des Westens – und damit irgendwie legitim? Wäre das der Fall, dann wären wir bald wieder da, wo wir schon einmal in der Geschichte waren. Und dann wären auch die Juden plötzlich wieder selbst für den Judenhass verantwortlich, wie es Antisemiten aller Epochen und Generationen schon immer gerne behauptet haben.

Wer so argumentiert, der ist nicht an Aufklärung, sondern an Verschleierung interessiert. Vorgeschobene Gründe sollen seinen Hass, seine illegitime Abwertung anderer Menschen begründen und exkulpieren. Er hofft dabei auf Verständnis. Den Gefallen sollten wir ihm aber nicht tun. Denn ein tatbestandlich illegitimes Verhalten ist nur in sehr engen Grenzen – etwa im Fall der Notwehr – zu rechtfertigen. In allen anderen Fällen wird ein persönliches Schicksal, ein aus subjektiver Perspektive vielleicht nachvollziehbares Erklärungsmodell nicht als objektiv akzeptable Begründung für falsches Handeln akzeptiert.

Dass die rechten Scharfmacher mit Schutzbehauptungen arbeiten, passt übrigens in das Bild, das schon Friedrich Nietzsche vom »Menschen des Ressentiments« gezeichnet hat. Der befinde sich auf der nach oben offenen Eskalationsleiter auf der Sprosse direkt unter dem Hassenden und könne jederzeit zu diesem aufschließen. »Die Seele des ›Menschen des Ressentiments‹, so Nietzsche, »schielt; sein Geist liebt Schlupfwinkel, Schleichwege und Hintertüren.«[14]

Wenn diese Ausreden seitens der neuen Rechten das hasserfüllte Verhalten nicht erklären, was ist dann der Grund dafür? Die Antwort darauf fand Jean-Paul Sartre, und zwar ganz kurz nach dem Zweiten Weltkrieg. Er stellte fest, dass der

Schlüssel zum Antisemitismus der Antisemit sei, nicht der Jude.[15] Und warum sollte das bei Muslimen, Homosexuellen oder anderen Minderheit anders sein? »Der Hass klagt an ohne Kenntnis der Fakten. Der Hass urteilt, ohne begreifen zu wollen. Der Hass verurteilt willkürlich. Er hat vor nichts Respekt, er sieht sich als Objekt einer universellen Verschwörung. Am Ende, erfüllt vom Ressentiment, gegen alle Argumente gefeit, zieht er eigenmächtig und großspurig einen Schlussstrich, indem er zubeißt. Ich hasse, also bin ich«, brachte der Philosoph André Glucksmann das Phänomen später auf den Punkt.[16]

Es ist übrigens ganz egal, um welchen Hass es geht, von wem er kommt, welches Ziel und welchen Feind er hat. Wer Hass aus einer Religion abzuleiten versucht, agiert nicht anders als diejenigen, die ihren Hass mit der Religiosität anderer zu legitimieren versuchen. Beide Seiten verkennen dabei die Natur des Hasses. Sie glauben, sie könnten ihren Hass kontrollieren und kanalisieren, so dass er nur »die Richtigen« trifft. Dabei vergessen sie, dass Hass in der offenen Gesellschaft das Gegenteil von Gerechtigkeit ist. Er setzt die Regeln außer Kraft, die gemacht wurden, um Entscheidungen fernab von Emotionalität zu treffen. Der Hass, egal in welchem Gewand er daherkommt, ist immer ein Gegner des Rechtsstaats, weil er sich stets qua eigener Wahrheit über alle gemeinsamen Regeln hinwegsetzt. Das kann nicht gutgehen.

Hass braucht zwar immer vorgebliche Begründungen. Einen Grund, um zu entstehen, braucht er aber nicht. Diese Erkenntnis hat schon Jean de la Fontaine, der große französische Schriftsteller, im 17. Jahrhundert in seiner Fabel »Der Wolf und das Lamm« verarbeitet:

> Ein Lamm löschte seinen Durst in einem klaren Bache. Dabei wurde es von einem hungrigen Wolf überrascht.
> »Wie kannst du es wagen«, rief er wütend, »mir meinen Trank zu trüben? Für diese Frechheit musst du bestraft werden!«

»Ach, mein Herr«, antwortete das Lamm, »seien Sie bitte nicht böse. Ich trinke ja zwanzig Schritte unterhalb von Ihnen. Daher kann ich Ihnen das Wasser gar nicht trüben.«

»Du tust es aber doch!«, sagte der grausame Wolf. »Und außerdem weiß ich, dass du im vergangenen Jahre schlecht von mir geredet hast.«

»Wie soll ich das wohl getan haben«, erwiderte das Lamm, »ich war da ja noch gar nicht geboren.«

»Wenn du es nicht tatest, dann tat es dein Bruder!«

»Ich habe aber keinen Bruder.«

»Dann war es eben irgendein anderer aus deiner Familie. Ihr habt es überhaupt immer auf mich abgesehen, ihr, eure Hirten und eure Hunde. Dafür muss ich mich rächen.«

Mit diesen Worten packte der Wolf das Lamm, schleppte es in den Wald und fraß es einfach auf.[17]

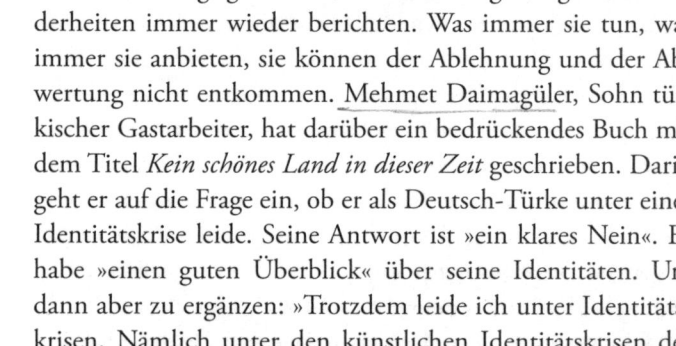

Diese Fabel zeigt genau das, was auch Angehörige von Minderheiten immer wieder berichten. Was immer sie tun, was immer sie anbieten, sie können der Ablehnung und der Abwertung nicht entkommen. Mehmet Daimagüler, Sohn türkischer Gastarbeiter, hat darüber ein bedrückendes Buch mit dem Titel *Kein schönes Land in dieser Zeit* geschrieben. Darin geht er auf die Frage ein, ob er als Deutsch-Türke unter einer Identitätskrise leide. Seine Antwort ist »ein klares Nein«. Er habe »einen guten Überblick« über seine Identitäten. Um dann aber zu ergänzen: »Trotzdem leide ich unter Identitätskrisen. Nämlich unter den künstlichen Identitätskrisen der anderen – denjenigen, die nur eine Identität von mir wahrnehmen wollen; denjenigen, die mich reduzieren und die in mir ausschließlich einen Ausländer, einen Türken oder einen Moslem sehen wollen.«[18]

Dass Daimagüler alles getan hat, um sich in die Gesellschaft zu integrieren, interessiert die »Wölfe« nicht. Abitur, Studium, Abschluss in Harvard, sechsstelliges Jahresgehalt, perfektes Deutsch, all das hilft ihm nicht. Es sind andere, die bestimmen, wer er ist – weil sie in ihrem Kopf längst fest-

hat alles!

gelegt haben, wer er zu sein hat. »Sie brauchen einen Stempel, den sie mir auf die Stirn drücken können. Und nicht nur das: Sie verkünden dann auch gleich, was dieser Stempel bedeutet, und meistens ist das nichts Gutes. […] Was ich will, ist unbedeutend, denn das Urteil ist gesprochen. […] Ich bekomme nicht nur gesagt, was ich bin, sondern auch, was ich nicht bin: ›Du bist kein richtiger Deutscher‹, sagen manche Deutsche. ›Du bist kein richtiger Türke‹, sagen manche Türken. Fundis sagen gern: ›Du bist kein richtiger Muslim‹«, bringt Daimagüler seine Enttäuschung auf den Punkt.[19]

Wenn denjenigen, die ihn hier nicht haben wollen, die immer neuen Integrationsforderungen ausgehen, die sie an ihn stellen können, bleibt ihnen immer noch die Ablehnung aufgrund seiner Herkunft, seines Namens, seines fremdländischen Aussehens. Wahrscheinlich ist dieser Hass auf das Fremde als solches das größte Integrationshemmnis überhaupt, weil er sich wie Mehltau über jede noch so große Motivation legen kann: Warum sollte man sich anstrengen, wenn es sowieso nicht gewürdigt wird?

Wenn man nun wenigstens sicher sein könnte, dass es dabei bliebe. Aber das ist eben auch so eine Sache mit dem Hass. Man weiß nie, wo und ob überhaupt er eine Grenze findet. Es beginnt mit Blicken, mit Gesten, mit Worten, mit einem diffusen Ressentiment. Aber dabei muss es nicht bleiben. Mehmet Daimagüler tritt beim NSU-Prozess gegen Beate Zschäpe inzwischen als Anwalt der Nebenklage auf – wohl jeden Tag, wenn er den Gerichtssaal betritt, in dem Bewusstsein, dass es nur Zufall war, dass es zehn andere Menschen getroffen hat und nicht ihn. Auch diese waren Opfer der Zuschreibungen, die sie von anderen bekommen haben. So wie sie hätte auch Daimagüler nichts tun können, um die Mörder gnädig zu stimmen. Vorurteile und Gleichgültigkeit sind die kleinen Geschwister des Hasses – und wirken für diesen wie Brandbeschleuniger. Dass sich die Erschütterung vieler Menschen über die NSU-Morde in engen Grenzen hält, ist ein Warnsignal. »Kein Rauch ohne Feuer«, heißt es dann gerne im übertragenden Sinne. Irgendwas wird schon dran sein, dass es gerade diese Opfer erwischt hat – ein Gedanke übrigens, der auch die polizeilichen Ermittlungen bei den NSU-Morden in eine völlig falsche Richtung geleitet hat.

Die letzte Steigerung dieses Hasses ist dann erreicht, wenn es zum kollektiven Blutrausch kommt. Dann zeigt der Hass sein ganzes Gesicht. Wir kennen dieses Vollbild des Hasses in Deutschland fast nur noch aus den Geschichtsbüchern oder aus dem Fernsehen. Deshalb erscheint er vielen sehr weit weg zu sein. Egal ob es sich dabei um die Shoa in Nazi-Deutschland, die Ermordung der Tutsi in Ruanda oder das Massaker an zumeist muslimischen Bosniern in Srebrenica handelt. Selbst die fast eine Woche andauernden Belagerungen der Asylbewerberheime in Hoyerswerda und Rostock-Lichtenhagen im Jahre 1991 lösen allenfalls noch ein kurzes Schaudern aus. Das Bild eines den Hitlergruß zeigenden Teilnehmers an den Ausschreitungen in Rostock mit einem vermeintlichen Urinfleck auf seiner Jogginghose steht bis heute sinnbildlich für die Primitivität von Rechtsextremen. Dass man über den wohl stockbetrunkenen Wicht fast nur lachen kann, verstellt aber den Blick darauf, wie schnell die Stimmung jederzeit wieder umschlagen und der in jeder Gesellschaft schwelende Hass erneut ausbrechen kann.

So sehr sich etwa die Verantwortlichen der Pegida-Demonstrationen von jeglicher Form von Gewalt zu distanzieren versuchen, so wenig können sie die harten Zahlen wegdiskutieren, die das ARD-Magazin *Report Mainz* recherchiert hat: Seit Beginn ihrer »Spaziergänge« gegen die vermeintliche Islamisierung des Abendlandes ist die Zahl der ausländerfeindlichen Angriffe im Dreimonatszeitraum um satte 130 Prozent gestiegen.[20] Gewalttätigkeit braucht eben auch ein gesellschaftliches Umfeld, in dem sie gedeihen kann. Natürlich würden die Spaziergänger ebenso wie manche rechten Scharfmacher jegliche Sympathie für Gewalt weit von sich weisen. Gleich-

sie sind so weit kend,
weil man diese 'Gut mensch' entlarvt!
'Realität!' benenne u verboten!

zeitig kann man davon ausgehen, dass sie vermutlich auch nichts tun würden, um diese aktiv zu verhindern. Sie haben nicht oder nicht mehr den Anspruch, gute Menschen im Sinne der anderen zu sein. Nicht jeder könne nun einmal ein Hans oder eine Sophie Scholl sein, geben sie dann schulterzuckend zu Protokoll. Das als Ziel wenigstens zu definieren, käme ihnen nicht in den Sinn. Weil es auch ihren wahren Interessen zuwiderlaufen würde.

Keine Frage, die Pauschalisierung ist zurück auf der politischen Bühne und hat viele Anhänger gefunden. Sie entscheiden sich dafür, weil sie aus sich heraus nichts sind, könnte man einmal mehr in Anlehnung an Sartre sagen. Und weil sie selbst nichts sind, gönnen sie dem Gegenüber seine Eigenständigkeit auch nicht. Auf diese Entindividualisierung, wie sie Mehmet Daimagüler beschrieben hat, folgt am Ende, auf der höchsten Eskalationsstufe des Hasses, die völlige Entmenschlichung der Opfer, wie sie der jüdische Publizist Michel Friedman anlässlich des 70. Jahrestages der Befreiung von Auschwitz beschrieben hat: »Es gab kein Entrinnen. Konvertieren hätte nichts geholfen, zu versprechen, Europa zu verlassen, hätte nichts geholfen, nichts hätte geholfen. [...] Über 90 Prozent von ihnen wurden direkt in die Gaskammern geschickt, wo sie qualvoll starben.«[21] Nur weil sie Juden waren, ohne auch nur die Chance gehabt zu haben, sich bewusst dafür oder dagegen zu entscheiden.

Für den aufgeklärten Menschen in uns ist das schwer nachzuvollziehen. Wir wollen uns in keinem abgeschlossenen Weltbild einrichten, wir wollen nicht vorschnell urteilen, auch wenn wir den Impuls alle kennen. »Der vernünftige Mensch sucht unter Qualen«, schrieb Sartre, nur wenige Monate nach dem Ende des Holocausts. »Er weiß, dass seine Schlüsse nur wahrscheinlich sind, dass sie durch andere Betrachtungen zu Zweifeln werden; er weiß nie genau, wohin er geht; er ist ›offen‹, er kann als Zauderer gelten.«[22] Der Primitivbürger hingegen entscheidet sich ganz bewusst gegen

33

Primitiv bürger – ha ! (handwritten)

diesen Weg des Hinterfragens. Er sucht, wie Sartre es formuliert hat, die »Abgeschlossenheit« oder, wie man es heute wohl sagen würde: einfache Antworten. Sartre wusste: »Sie wollen keine erworbenen Anschauungen, sie erstreben angeborene; da sie Angst vor dem Denken haben, möchten sie eine Lebensweise annehmen, bei der Denken und Nachforschen nur eine untergeordnete Rolle spielen, wo man immer nur nach dem forscht, was man schon gefunden hat, wo man immer nur wird, was man schon war.«[23]

Dadurch, dass die Primitivbürger jemanden haben, dem sie negative Eigenschaften zuschreiben können, sind sie nicht gezwungen, sich im Vergleich zu ihresgleichen zu betrachten. *ja* (handwritten) Selbst der letzte Versager kann sich noch zur Elite zählen, wenn er seine Hautfarbe, seine Religion, sein Geschlecht oder seine sexuelle Neigung dadurch aufwertet, dass er alle, die anders sind, abwertet. Ob sie selbst auch nur das Geringste etwa zum wirtschaftlichen Erfolg Deutschlands oder dem Funktionieren unserer Demokratie beigetragen haben, spielt keine Rolle: Selbst im Vergleich mit einem vor Folter geflüchteten Raketenwissenschaftler aus Syrien sieht sich ein sich von Dschungelcamp zu Dschungelcamp hangelnder »deutscher Michel« qua Geburt, Haut- und Haarfarbe mit einem nicht einzuholenden Vorsprung ausgestattet.

Nicht nur Minderheiten sind es übrigens, auf die sie ihren Hass projizieren und die sie für alles, was in ihrem Leben schief läuft, verantwortlich machen. Auch der Staat lässt sich dafür bestens nutzen. Der dient dann vasallenhaft immer genau jenen, die sie gerade für die Hauptschuldigen an, nun ja, allem Übel auf der Welt halten. Entweder dem »Ostküstenkapital«, den »Rothschilds« oder irgendeiner Lobby – also eigentlich den Juden, die Angela Merkel und Co. Anweisungen geben. Damit liegt man ja nie verkehrt auf der Suche nach Schuldigen, denkt sich der Hassende. Etwas »politisch korrekter« erscheint es heute allerdings, nicht mehr von einem »verjudeten« Staat zu sprechen, sondern von einem, der sich

nicht mehr wert?

der Islamisierung des Abendlandes unterworfen hat. Und dass Barack Obama »Hussein« mit zweitem Vornamen heißt, befördert alle denkbaren Verschwörungstheorien in diese Richtung.

Damit ist die Ausrede perfekt: Warum sollte man einem solchermaßen fremdgelenkten Staat noch Respekt zollen? Warum sich nach seinen Gesetzen richten? Warum Steuern zahlen? Noch dazu, wenn man dem Irrglauben anhängt, das Hauptziel der aus dem Ausland »gesteuerten« Regierung und Medien bestünde darin, die »richtigen« Deutschen bluten zu lassen. Die Feinde heißen zwar nicht mehr Löwenstein oder Rosenthal, sondern Özdemir, Özoguz oder Fahimi, aber was ändert das schon? Diese dienen nur ihren eigentlichen Herren, dem Deutschland, das es nicht wert ist, dass man dafür kämpft. Dem Deutschland nämlich, das die Rechte der Deutschen auf dem Altar von Fremdinteressen geopfert hat. Das echte Deutschland, das ist das Land der Deutschen. Aber was ist davon noch geblieben, fragt sich der Hassende?

Erinnern wir uns noch einmal an Hoyerswerda 1991. Sechs Nächte in Folge – Pogromnächte, wie aus einem bösen Traum – wüteten die Menschenhasser. Und viele weitere applaudierten ihnen, »normale Bürger«, wie es hieß. Entwurzelt vielleicht, unzufrieden, aber doch nicht alle Nazis oder Neonazis. Selbst als die Bewohner der Asylbewerberunterkunft mit Bussen aus der Stadt gebracht wurden, war die Staatsmacht nicht in der Lage, sie komplett zu schützen. Tausende standen an der Straße und klatschten. Sie applaudierten damals nicht nur denen, die mit aller Gewalt gegen die Ausländer vorgegangen waren, sondern auch denen, die die Staatsmacht in die Knie gezwungen hatten. Keine zwei Jahre davor waren die Menschen in Ostdeutschland auf die Straße gegangen, weil der Traum von einem anderen Leben, von einem Leben in einer Demokratie wie der Bundesrepublik Deutschland sich doch so viel besser anfühlte als das Leben in einem autoritären Staat wie der DDR. Nun schien all das vergessen. Auch wenn der damalige sächsische Ministerpräsident Kurt Biedenkopf behauptete, man habe nicht kapituliert, war allen klar, dass die Realität eine andere war.

Die Ausländer waren also weg, der Staat – und mit ihm die demokratische Gesellschaft – gedemütigt. An der Lebenssituation derjenigen, die genau darauf hingewirkt hatten, änderte das aber gar nichts. Doch das war ihnen egal, denn das Gefühl des Triumphes überwog. Die Meute hatte definiert, was schlecht war und wer die Schlechten waren. Denn nicht sie mussten für ihr Verhalten büßen, sondern die Ausländer für ihre Herkunft und ihr Aussehen. Für einen Moment konnten die Aggressoren sich als Sieger fühlen, bevor sie einen Tag später wieder in ihre alltägliche Tristesse eintauchen würden. Für einen Moment konnten sie glauben, dass man nur das Schlechte verjagen müsste, damit sich die Lage ganz automatisch bessert. Ungefähr wie bei einer Häutung: Wirft man nur eine Haut ab, wird darunter schon eine weitere, neuere – bessere – warten. Wer daran glaubt, der hat es einfach, denn er kann sich zurücklehnen und jeden Gestaltungsanspruch von sich weisen.

Das hat für die Hassenden übrigens eine ganz besonders angenehme Nebenwirkung: Wenn sie damit durchkommen, fühlen sie sich als Helden. Wenn nicht, dann immerhin noch als Märtyrer. Das Gefühl, auf der Seite des Guten zu stehen, für eine gerechte Sache gekämpft zu haben, erhebt sie über alle irdischen Regeln. Gerechtigkeit – und auch Recht – definieren sie jenseits von Gesetzen. Sartre spricht vom »Verbrecher aus guter Absicht«[24]. Genau dieser Gedanke findet sich bei der Meute von Hoyerswerda ebenso wie bei Anders Breivik oder denjenigen, die ihren Hass, selbst wenn er sich weit im strafbaren Bereich bewegt, unter ihrem Klarnamen in E-Mails, Briefen und Internetforen versprühen. Der verschämte, anonyme Hass ist dem offenen Hass gewichen. Dem Hass, zu dem man mit seinem Gesicht und seinem Namen steht – weil man überzeugt ist, dass es ein gerechter Hass ist. Die Abneigung gegen das politische System an sich macht es einem dann auch einfach, mit möglichen Konsequenzen zu leben. Denn man erwartet doch eigentlich sowieso nichts anderes in dieser »Meinungsdiktatur«.

Versucht es tatsächlich einmal jemand mit einem Gespräch, mit Argumenten gar – genau dem also, was die Hassenden offiziell immer einfordern, um sich ein konstruktives Mäntelchen umzuhängen –, beißt er trotzdem nur auf Granit. Widerlegt man eines ihrer Argumente, verteidigen sie die verbliebenen mit umso größerer Überzeugung oder basteln sich eine Verschwörungstheorie zusammen, die nicht mehr zu widerlegen ist. Zwar ist diese genauso wenig zu beweisen, doch das stört die Hassenden nicht. Absurd, aber anscheinend menschlich. Denn der Hass kennt keine Zweifel.

Islamophobe Proteste, antisemitische Ausbrüche, Angriffe auf Ausländer, eskalierende Hooligan-Demos – wenn es nur das wäre. Die Stimmung im Jahre 2015 ist angespannt. Angeheizt wird sie von Scharfmachern in Anzügen oder Tweed-Sakkos. Der Hass, das lässt sich mit Bestimmtheit sagen, gehört wieder zu Deutschland. Und er scheint sich wieder stark zu fühlen. Stark genug für den Angriff, nicht mehr nur für die geballte Faust in der Hosentasche.

x) Ziel
Sturz der bestehende Ordnung
der entstandenen moderne, offene Ges. ?

20   Priester – Herrschaft   Aufstieg, dopa
—————————————————————————————— |
80   — alle Nazis   Dominium, Reb
demütige Unterwerfg |
Arbeits – Sklaven   Niedrigg, Zerstö
                                          Kra

sagen?
Aufklärung
Globalisierg   offen + tolerant
offene Grenzen   kommt alle her !
für   Kapital   Hoheit über Diskurs
      Roboter   Werte !
       Menschen   Wut
         (besser Leben)   Zorn
                                      Hass

Unverhältnismäßigkeit
+ dopa
= 20 Realität

KAPITEL 3
DAS ZIEL – DIE RÜCKABWICKLUNG DER MODERNE

Was ist schlimmer als vor sich hin gärender Hass?

Die Antwort ist einfach: organisierter Hass, der von findigen Vordenkern und Manipulatoren in Bahnen gelenkt und für ihre Sache nutzbar gemacht wird. Genau dieser Versuch ist derzeit zu beobachten, und zwar mit einem großen Ziel: dem Sturz der bestehenden Ordnung. Geplant ist allerdings keine nach vorne gerichtete, progressive Revolution. Es geht vielmehr um eine komplette Rückabwicklung der über die letzten Jahrzehnte entstandenen modernen, offenen Gesellschaft; und diejenigen, die daran arbeiten, sind keine Weltverbesserer, sondern aggressive Kulturpessimisten.

Die sogenannte Neue Rechte, die den Kern dieser Bewegung bildet, ist schon ein paar Tage alt und hat lange keine besondere Durchschlagskraft entwickeln können. Die Bewegung entstand Anfang der 1970er-Jahre in Frankreich unter dem Namen »Nouvelle Droite« und wurde maßgeblich von Alain de Benoist geprägt; die Ideen des Publizisten fassten mit der Zeit auch in Deutschland Fuß. Inzwischen haben sich Strukturen herausgebildet, die auf die Vorarbeiten der in die Jahre gekommenen ersten Generation der modernen Rechtsdenker aufsetzt, dabei aber die Möglichkeiten moderner Medien und Kommunikation ganz selbstverständlich nutzt. Die Neue Rechte ist zwar immer noch ein eher loses Netzwerk aus Einzelpersonen, Gruppen, Instituten und Schulungszentren; sie hat aber mittlerweile einen nicht zu unterschätzenden Professionalisierungsgrad erreicht und ist in der Lage, auch in etablierte Strukturen wie Parteien und Medienhäuser hineinzuwirken. Wir operieren im Rahmen dieses Buches zur Vermeidung von Missverständnissen oder Unsauberkeiten nicht mit dem wissenschaftlichen Begriff der »Neuen Rechten«, sondern sprechen vielmehr auch weiterhin – bewusst klein geschrieben – von einer neuen Rechten. Das gibt uns die Freiheit, all diejenigen Anknüpfungspunkte in andere Bereiche hinein zu beschreiben, die wir für das eigentliche Problem der Entwicklung halten.

Um zu verstehen, mit wem man es zu tun hat, lohnt ein Blick in die Geschichte. Es dürfte schon deutlich geworden sein, dass es sich bei den neuen Rechten nicht um Wiedergänger der Nazis handelt. Vielmehr orientieren sie sich inhaltlich, nicht aber im Auftreten, an einer Bewegung, die in den 1920er-Jahren aufgekommen ist. Damals stand die junge Weimarer Demokratie gleichermaßen auf tönernen Füßen und von allen Seiten unter Beschuss. Neben den bekannten Agitatoren von rechts und links, die heute unser Geschichtsbewusstsein prägen, gab es eine Gruppe intellektueller Rechtsdenker, die man seit einiger Zeit unter dem Namen »Konservative Revolution« kennt. Dabei handelte es sich allerdings nicht um eine Partei oder einen abgeschlossenen Zirkel. Und auch in vielen inhaltlichen Details waren sich die wichtigsten Köpfe dieser Denkschule uneinig. Die großen Ziele allerdings teilten sie – und diese waren völkisch, anti-demokratisch, anti-egalitär und anti-westlich.

Die Orientierung an den Protagonisten der Konservativen Revolution hat für die heutigen Nachahmer einen großen Vorteil: Viele Behauptungen und Forderungen, die man von neurechter Seite vernimmt, hören sich im ersten Moment vielleicht verworren, nicht aber besonders gefährlich oder gar nach rechter oder faschistischer Ideologie an. Das ist so natürlich auch gewollt – wer sich heute zu Adolf Hitlers Ideen oder Joseph Goebbels' Demagogie bekennt, ist morgen geächtet. *Mein Kampf* funktioniert als Stichwortgeber genauso wenig wie die Sportpalastrede. Was also tun, wenn man eine menschenfeindliche, demokratiefeindliche und freiheitsfeindliche Ideologie zwar vertreten, dabei aber nicht auf ihre prominentesten Vertreter zurückgreifen will oder kann? Der Trick ist einfach: Man orientiert sich an Denkern, deren Ideen auch Hitler, Goebbels und Co. dienten, die aber heute weitgehend unbekannt – und vor allem ungelesen – sind. Joseph Goebbels etwa kam im Umfeld von Otto Strasser, einem frühen Fahrensmann Hitlers, schon 1925 mit den Anschauungen eines der maßgeblichen Köpfe der Konservativen Revolution in Berührung. Er notierte damals in sein Tagebuch: »Lektüre ›Das dritte Reich‹ von Moeller van den Bruck. Erschütternd wahr. Warum stand er nicht in unseren Reihen?«[25]

Das dritte Reich? Da klingelt doch etwas. Und tatsächlich: Arthur Moeller van den Brucks Buch gilt bis heute als eines der einflussreichsten Werke für den Aufbau des Nationalsozialismus – nach Ansicht vieler sogar als einflussreicher als Hitlers *Mein Kampf*. Goebbels kaperte nur zwei Jahre später mit seinem ersten Buch *Wege ins Dritte Reich* den Begriff und entwickelte die Gedanken Moeller van den Brucks weiter.

Unser Fokus soll nun darauf liegen, anhand einiger zentraler Persönlichkeiten und ihrer Ideen Parallelen zwischen damals und heute aufzuzeigen. Neben Moeller van den Bruck wird es unter anderem um Oswald Spengler, Edgar Julius Jung und Carl Schmitt gehen.

Eine Stärke der Konservativen Revolution war die Fähigkeit, in der Regel radikales Denken und bürgerliche Erscheinung zusammenzubringen. Die Moeller van den Brucks und Co. waren zu ihrer Zeit in der Mitte der Gesellschaft verankert, bewegten sich in Salons und Lesezirkeln, publizierten in durchaus auflagenstarken Zeitungen und Zeitschriften, sowohl im extremen Spektrum als auch im konservativen, teilweise sogar syndikalistischen Milieu. Von einigen Vertretern der Bewegung ist die Abneigung, die sie gegenüber dem schrillen, radikalen und wenig bürgerlichen »Versager« Adolf

Hitler Anfang der 1920er-Jahre hatten, sogar explizit dokumentiert, etwa im Falle Moeller van den Brucks. Er beging 1925 Selbstmord und erlebte den weiteren Werdegang seiner Ideen nicht mehr. Einige seiner Mitstreiter kamen sich später allerdings mit den Nazis ins Gehege, manche verloren dabei sogar ihr Leben.

Diese Abgrenzung von den pöbelnden Braunhemden (auch das eine Parallele zu heute, da sich die neuen Rechten vom prolligen und anti-intellektuellen Image der »Schmuddelkinder von der NPD« zu distanzieren suchen) hielt die Konservativen Revolutionäre jedoch nicht davon ab, selbst radikal zu denken – und radikal hieß damals eben oft antisemitisch, sehr oft national und immer völkisch und autoritär. Der Traum von einem »Dritten Weg« zwischen Demokratie und Kommunismus, einem Weg, der die Vermassung durch die Moderne und damit den Einfluss der »Minderwertigen« zurückdrängen sollte, wie es Edgar Julius Jung formulierte[26], war damals en vogue. Und für manche unserer Zeitgenossen scheint die Zeit gekommen, sich daran zu erinnern und diesen Traum wiederzubeleben.

Die Attitüde, mit der die neue Rechte auftritt, muss für jeden Menschen mit einer positiven Weltsicht abstoßend sein. Mit einer Mischung aus einer Analyse, die das Politische entmenschlicht, einem Zynismus gegenüber Minderheiten, einer Verachtung für die »weibische« Demokratie und der Begeisterung für eine Ästhetik der Stärke tritt sie gleichermaßen elitistisch und brachial auf. Sie gibt vor, konservativ zu sein, manchmal auch einfach rechts – niemals aber rechtsextrem oder rechtsradikal. Und sie geriert sich intellektuell, schwört der Gewalt ab und verbreitet doch puren Hass auf alles, was unsere Gesellschaft lebenswert macht.

Ein zentrales Element im neurechten Weltbild ist die Identität. Auf den ersten Blick würde man hinter diesem Begriff nichts Problematisches vermuten. Auch das ist ein Muster, das sich noch einige Male wiederholen wird. Mit »Identität«

ist in der Gedankenwelt der neuen Rechten nicht in erster Linie gemeint, Menschen zusammenzubringen und hinter gemeinsamen Ideen und Idealen zu versammeln. Viel wichtiger ist die Abgrenzung des »Eigenen« gegenüber dem »Fremden« – und damit die Ausgrenzung von letzterem. Das (oder in den meisten Fällen der oder die) Fremde kann in unterschiedlichen Formen auftreten, etwa als vermeintlich fauler Grieche, gegen den die deutsche Seele und die deutsche Wirtschaftskraft verteidigt werden muss. Oder als Vertreter des »Zinssystems« des »Ostküstenkapitals« – was die direkten und nicht weniger antisemitischen Nachfolger von Adolf Hitlers »raffendem Kapital« sind. Oder in Form des Islams und der Muslime in Deutschland und Europa.

Felix Menzel, der Chemnitzer Macher der rechten »Schüler- und Studentenzeitung« *Blaue Narzisse,* etwa beruft sich begeistert auf den 1977 verstorbenen tschechischen Philosophen Jan Patočka. Der beschrieb, wie Europa in der Vergangenheit immer wieder im Kampf gegen den Islam zusammengefunden – und damit in den Augen der heutigen neurechten Szene seine Identität verteidigt habe.[27] Nun standen die Osmanen allerdings zuletzt 1683 vor Wien, selbst die Urväter der Konservativen Revolution haben davon nichts mehr mitbekommen. Was also tun, um zu vermeiden, dass das fehlende gemeinsame Band eines abzuwehrenden Eroberers zu einer Auflösung der Identität führt? Die Antwort ist einfach: Man entwirft einfach eine neue, möglichst abstrakte Bedrohung und hofft, dass sich die Menschen in gemeinsamer Abneigung gegen dieses Szenario zu ihrer Identität bekennen.

Auch wenn das den wenigsten Bürgern bekannt sein dürfte: Besonders kreativ ist dieser Versuch nicht, findet man denselben Ansatz doch auch in den Schriften der Konservativen Revolutionäre – die inzwischen fast ein ganzes Jahrhundert alt sind. So beschreibt Edgar Julius Jung in seinem Buch *Die Herrschaft der Minderwertigen* die Gefahr, dass sich durch Zuwanderung das Wesen des Volkscharakters verändert.[28]

Was heute der Islam ist, war damals unter anderem das »Polentum«. Und dieses, so wollte Jung beobachtet haben, veränderte bereits durch seine Ausdehnung innerhalb der Reichsgrenzen das Leben in den östlichen Gebieten.[29] Die Parallelen zur heutigen und von Thilo Sarrazin maßgeblich befeuerten Debatte sind eklatant. So wirken die Zahlenkolonnen, die Jung in seinem Wälzer bemüht, um die Gefahr des »Volkstods« zu skizzieren (damals der Ausdruck für »Deutschland schafft sich ab«) wie die Blaupause für Sarrazins statistische Untersuchungen. Und auch die Ableitungen sind in beiden Fällen ähnlich menschenfeindlich. Warnen sie heute vor der Islamisierung des Abendlandes, war damals die aufziehende Slawisierung des Abendlandes der Pappkamerad, den sie platziert hatten, um in der Abwehrschlacht gegen diesen fleißig die völkische Propaganda-Trommel rühren zu können. Allein zum Schutz der »Identität« natürlich.

Weitergedacht wundert es kaum, dass man bei den Neurechten von einer weltweiten Apartheid namens »Ethnopluralismus« träumt. Sie verzichten bei diesem Konzept zwar auf eine Bewertung der einzelnen Völker; im Gegensatz zu Hitlers Kult um »Arier« und »Herrenmenschen« wird allen Kulturen eine abstrakte Gleichwertigkeit zugestanden. Von Rassen ist in der Regel daher gar nicht mehr die Rede. Stattdessen vertreten die neuen Rechten offensiv die Idee, dass Menschen nur innerhalb ihrer eigenen Kultur eine Identität entwickeln können – je homogener diese Kultur, desto besser. Das Konzept des »Ethnopluralismus« tauchte ebenfalls schon bei Vordenkern der Konservativen Revolution auf, damals aber noch unter anderen Begriffen wie etwa »Pluriversum«[30]. Dem Glauben an *die eine Menschheit* stellte man sich mit Vehemenz entgegen. Oder, wie Carl Schmitt es formulierte: »Wer Menschheit sagt, will betrügen.«[31]

Der 1938 geborene rechte Soziologe Robert Hepp stößt in dieselbe Kerbe, wenn er sagt, dass »alle Deutschen hinsichtlich zahlreicher ethnischer Merkmale vergleichbar sind, alle

Menschen hingegen fast nur hinsichtlich der Tatsache, dass sie zwei Beine, aber keine Federn haben«. Daher, so schließt er mit scharfem Blick, würden sich die »Superdemokraten«, die nicht mehr nur das Volk und die Nation, sondern eine Weltgemeinschaft im Blick hätten, »über das Empfinden des Mannes von der Straße hinwegsetzen« und für »weniger Gleichheit und Demokratie« sorgen.[32] Wackelkandidaten, so vermutlich die Hoffnung, würden sich ob dieser Analyse von den Liberalen jeder Couleur abwenden und ins rechte Lager hinüberwechseln, wo man sich wirklich noch um die Demokratie zu sorgen scheint. Auch das ist ein immer wieder zu beobachtendes Muster der neuen Rechten: Sie versuchen die ihnen in der Praxis so verhassten Begriffe wie Freiheit, Demokratie oder Gleichheit zu besetzen und in ihrem Sinne umzudeuten. Am Ende steht das Gegenteil von Freiheit, Demokratie und Gleichheit.

Gedanken wie die Hepps findet sich auch an anderen Stellen wieder. Bei Armin Mohler etwa, einem Schweizer Publizisten, der für die Neurechten einer der wichtigsten Stichwortgeber war und ist. Er behauptet, dass im Grunde »jeder Bundesrepublikaner [weiß], dass all die schönen Absichten des Grundgesetzes fromme Wünsche bleiben, weil der Mensch und die Welt ganz anders sind«[33]. Alexander Gauland, stramm rechter Vordenker der AfD, tritt in Mohlers Fußstapfen wenn er vor der »Neigung [warnt], die historischen Kräfte hinter blutigen Konflikten zu leugnen und die Welt durch Markt und Menschenrechte zu erneuern«, denn das sei »in Wahrheit eine intellektuelle Rebarbarisierung«.[34] Und er geht noch einen Schritt weiter, wenn er »typisch deutsche« Charakterzüge betont, die ein Miteinander der Kulturen aus seiner Sicht unendlich schwierig, wenn nicht gar unmöglich machen. So glaubt er, in Deutschland habe sich – im Gegensatz zu anderen europäischen Ländern – »eine nationale, sprachliche und kulturelle Identität herausgebildet, die der Aufnahme von Fremdem wie Fremden abwehrend gegenübersteht«[35].

Fast eine Randnotiz ist, dass Gauland für seine Abneigung Fremden gegenüber diejenigen vorschiebt, die »im materiellen Wettstreit hinten liegen, deren Stolz sich aus dem materiellen Erfolg speisen lässt, die anderes brauchen, um Eigenwert und Identität zu entwickeln«[36]. Entweder, er hält einen Großteil der Deutschen für Versager – oder aber er bastelt sich mit den Abgehängten gewissermaßen eine Handpuppe zurecht, die er wie ein Bauchredner all das sagen lässt, was eigentlich er denkt. Hauptsache, er kommt nicht selbst in den Ruch von Rassismus oder ist im Zweifel zumindest in der Lage, den Vorwurf empört von sich zu weisen und die missverstandene Unschuld zu spielen. Das Muster kennt man schon von Akif Pirinçci und Thilo Sarrazin. Ersterer lässt in seinem Buch Asylbewerber sagen, was er vermutlich denkt. Sarrazin lässt Zahlen sprechen.

Wer nun allerdings meint, er wäre dank der Herkunfts- und Genlotterie als »autochthoner Deutscher« auf der sicheren Seite und könnte unter einer Herrschaft der Neurechten sein Leben nach eigenem Ermessen gestalten, der irrt gewaltig. Denn: »Nicht das Einzelwohl zu fördern ist erste Staatsaufgabe, sondern die Gesunderhaltung des Gesamtvolkskörpers«[37], wusste schon Jung. Und zwar egal, ob der »Gesamtvolkskörper« das will oder nicht. Was sonst passiert? »Über die schiere Abnahme der Bevölkerung hinaus gefährdet vor allem die kontinuierliche Zunahme der weniger Stabilen, weniger Intelligenten und weniger Tüchtigen die Zukunft Deutschlands.«[38] Das war jetzt allerdings nicht Jung, sondern Sarrazin. Wie sich die Aussagen doch gleichen, auch wenn fast hundert Jahre dazwischenliegen.

In dem angestrebten Gesellschaftsmodell ist somit die Forderung, »die Befreiung der Frau aus den Schlingen des Individualismus durchzusetzen«, fast zwangsläufig, hat die emanzipierte Frau doch die Gesetze, »die ihre Natur ihr auferlegt, verletzt«.[39] Das war jetzt wieder Jung, der schon in den 1920ern meinte, die Emanzipation der Frau gehe zu weit. Das

Ziel ist immer dasselbe: Über eine höhere Kinderzahl pro deutscher Frau den »Volkstod«, die »Überfremdung« und die im nächsten Schritt drohende kulturelle Veränderung des Abendlandes zu verhindern.

Robert Hepp, der sich selbst für den Stichwortgeber für Sarrazins *Deutschland schafft sich ab* hält[40], hat zum Thema ein Buch mit dem Titel *Die Endlösung der deutschen Frage* geschrieben. War da nicht etwas? Richtig: Die »Endlösung der Judenfrage« war der Euphemismus für den Holocaust, von den Nationalsozialisten genutzt, um nicht formulieren zu müssen, um was es sich eigentlich handelte: Den größten organisierten Massenmord der Geschichte. Hepp meint mit dem Titel seiner Schrift den von ihm so getauften »Genosuizid«, also das Aussterben des deutschen Volkes. Dieses drohe, da die Deutschen zu wenige Kinder auf die Welt bringen, wohingegen vor allem türkische Zuwanderer mit Kinderreichtum punkten. Kritik an seiner Wortschöpfung und seinen Schlussfolgerungen begegnet er anklagend so: »Vom Volkstod zu reden, gilt als rassistisch.«[41] Wie kommt er denn bloß darauf? Dass er in diesem Punkt keinen Dissens mit der rechtsextremen Szene zu fürchten braucht, zeigt allein schon die Eingabe des Begriffs bei Youtube. Die Ergebnisse sind so eindeutig wie unappetitlich.

Der Individualismus wurde von Jung und den seinen als das größte Übel unserer Zeit angesehen, da die »wahre Ursache des Geburtenschwundes« für sie eindeutig der »freie Wille des deutschen Volkes« war.[42] Unter der ganz großen Untergangsprophetie machte es Jung selbstredend nicht, wenn er schwadronierte, das Volk habe »nicht mehr den Willen zu seiner Zukunft, weil es nicht mehr den Willen zum Kinde hat«.[43] Hinter diesem antiindividualistischen Zukunftsentwurf steckt übrigens weder der Traum von einer neuen Kommune I noch der von einer Welt voller in Eigenverantwortung organisierter Mehrgenerationenhäuser mit kollektiv finanzierten Solarzellen auf dem Dach. Es geht vielmehr um die

politische Romantik

»Herstellung der wahren Volksgemeinschaft«. Die ist laut Jung nicht »möglich auf dem Wege eines Kompromisses zwischen den Parteien; Volk ist nicht die Summe der Reichstagsfraktionen.«[44] Und Robert Hepp soll gesagt haben: »Demokratie – das ist die Staatsform der Niederlage.«[45]

Wer jetzt noch stutzt und meint, vielleicht nicht ganz richtig verstanden zu haben, dem hilft Peter Glotz auf die Sprünge, der schon 1989 in seinem Buch *Die deutsche Rechte* richtig konstatierte: »Es sind alte Motive, die da modernisiert werden; zum Teil reichen sie bis in die politische Romantik zurück. ›Ethnische‹ völkische Identität statt einer kosmopolitischen Weltzivilisation, vitalisierende Kämpfe statt ›lähmender Sicherheit‹, das abenteuerliche Herz gegen das verächtlich weggeschobene ›Miniglück in der Eigentumswohnung‹. Die realpolitischen Konsequenzen dieser Philosophie würden die sich gerade weiterentwickelnde Formenwelt der westeuropäischen Demokratien zertrümmern. Diese Konsequenzen sind: dezidierter Antipluralismus, ethnische Reinheit, das als Nationalstaat verfasste Volk, Entscheidungsfähigkeit vor Individualrechten.«[46]

Nun war Glotz Sozialdemokrat und doch stehen die Äußerungen von AfD-Mann Alexander Gauland nicht im Widerspruch zu dessen Beobachtungen. Gauland ist überzeugt, dass wir es in Zukunft mit »zwei kulturellen Milieus zu tun haben, einem liberal individualistischen, das sich für Zuwanderung, die Anerkennung von homosexuellen Lebensgemeinschaften und jede Art von Selbstverwirklichung starkmacht, und einem wertkonservativen, das auf einer verbindlichen Identität aus moralischen Prinzipien und abendländischen Traditionen besteht und wirtschaftlichen Notwendigkeiten wie wissenschaftlichen Erfolgen eher skeptisch gegenübersteht, also nicht mehr das bürgerliche Lager gegen die Sozialdemokratie, sondern Konservative versus Liberale in allen Parteien.«[47]

Gauland sieht also die Frontlinien in Zukunft nicht mehr entlang von Parteizugehörigkeiten, sondern entlang von Überzeugungen verlaufen. Und man reibt sich verwundert die Augen bei dieser Aussage, hätte man doch vermutet, dass ein Konservativer immer und für alle Zeit auf die Frage nach dem Hauptgegner antwortet: »Die Linken natürlich.« War das nicht immer so, dieser Kampf rechts gegen links, nationalistisch gegen internationalistisch? Waren es nicht die Kommunisten und die Sozialdemokraten, die von Adolf Hitler zuallererst aus dem Weg geräumt wurden? Und zogen nicht auch in den USA die Republikaner in der McCarthy-Ära mit allen Mitteln gegen Kommunisten (und vermeintliche Kommunisten) ins Feld? Dazu würde die in neurechten Kreisen allgegenwärtige Behauptung vom Linksruck des gesamten Partei- und Medienapparats passen, bis hin zum immer wieder thematisierten »linksgrünversifften Mainstream«, wie Skandalautor Akif Pirinçci seinen Lesern ständig einhämmert. Doch so einfach ist es nicht. Der Kampf gegen links ist – einmal mehr – nur ein Pappkamerad, den man aufstellt, um davon abzulenken, worum es eigentlich geht.

In den einschlägigen Texten der neuen Rechten der unterschiedlichsten Generationen findet man die wahre Feinddefinition ebenso wie bei den Konservativen Revolutionären deutlich formuliert. »Am Liberalismus gehen die Völker zu Grunde«, hatte schon Arthur Moeller van den Bruck die Richtung vorgegeben. Und weiter: »Liberalismus hat Kulturen untergraben. Er hat Religionen vernichtet. Er hat Vaterländer zerstört. Er war die Selbstauflösung der Menschheit.«[48] Auch die nächste Generation sah das so. *Gegen die Liberalen* heißt die Kampfschrift von Armin Mohler, dem Chronisten der Konservativen Revolution, aus dem Jahr 1988. In dieser nennt er die Liberalen den »Feind Nr. 1«, wobei damit nicht etwa die FDP oder eine andere liberale Partei gemeint ist, sondern die liberale, offene Gesellschaft an sich. »Mit einem Linken kann ich mich unter Umständen verständigen, denn nur zu oft hat er eine Teilwahrheit für sich. Mit dem Liberalen jedoch kann es keine Verständigung geben«[49], ist Mohler

weltoffen + tolerant – liberal

überzeugt. Auch Alain de Benoist hat erst 2014 erneut betont, er habe »den Liberalismus zum Hauptfeind erklärt«, da dieser »das schädlichste und anfechtbarste System«[50] sei. Der rechte Soziologe Robert Hepp wiederum sieht den Liberalismus als »Gesinnung der Gesinnungslosigkeit«, verzichte er doch auf Diskriminierung, »weil er nicht mehr unterscheiden könne«[51]. Desgleichen stellen Felix Menzel und der ebenfalls für die *Blaue Narzisse* schreibende Philip Stein, in den 1980ern und 1990ern geboren und damit eine ganz andere Generation Rechtsdenker als Mohler, Hepp, de Benoist oder gar Moeller van den Bruck, in ihrem gemeinsamen Buch fest: »Es ist doch so, dass alle gründlich denkenden Linken (von denen es nicht viele gibt) und Rechten heute einen gemeinsamen Feind ausmachen können.«[52]

Die Voreingenommenheit als Stilmittel der Vereinfachung komplexer Sachverhalte feiert in diesen Gedanken eine ungeahnte Renaissance. Erschreckenderweise richtet sie sich gegen nichts weniger als die Basis unserer Gesellschaft, gegen den Westen und seine Werte an sich: Ihm macht man die Freiheit, die er geschaffen hat, zum Vorwurf, weil man – zu Recht – in der pluralistischen Gesellschaft keinen Platz mehr für mythisch verklärte Helden, für radikale Lösungen und absolute Wahrheiten sieht.

Wer nun meint, der Widerstand gegen den Liberalismus westlicher Provenienz bezöge sich alleine auf den Erfolgszug brauner Brause und weltweit agierender Fast-Food-Ketten, der irrt gewaltig. Es geht – wie in Mohlers Zitat erkennbar ist – eben bei weitem nicht nur um die Frage, wie wir konsumieren. Bei Mohler und seinen Gesinnungsgenossen dreht es sich darum, wie der Mensch zu sein hat. Während es in einer liberalen Demokratie etwa darum geht, diejenigen Menschen zu unterstützen, die sich für Kinder entscheiden und für diese Verantwortung übernehmen möchten, heißt es in der Welt der neuen Rechten, dass man dafür sorgen soll, dass die »Richtigen« die Kinder bekommen. Und während in der liberalen Demokratie die Bildungschancen jedes einzelnen Kindes – und damit die individuellen Lebenschancen jedes Menschen – im Fokus stehen, egal woher er kommt, geht es bei den neuen Rechten um die richtige Mischung zum Erhalt des Volkscharakters. Der Mensch wird am Ende also auf seine Herkunft, auf seine Gene reduziert. Ein zynisches Menschenbild, denn das Los, das man in der Genlotterie zieht, ist nun einmal das Einzige, was wirklich nicht in der Hand des Einzelnen liegt.

Als maßgebliches Merkmal des Liberalismus wird der schon von Jung kritisierte Parlamentarismus westlicher Prägung gesehen. Zu diesem hat nicht zuletzt Carl Schmitt eine ziemlich eindeutige Meinung formuliert: »Es kann eine Demokratie geben ohne das, was man modernen Parlamentarismus nennt, und einen Parlamentarismus ohne Demokratie; und Diktatur ist ebenso wenig der entscheidende Gegensatz zur Demokratie wie Demokratie zur Diktatur.«[53] Schmitt verschriftlicht damit ein Motiv, das bei den Konservativen Revolutionären wie auch bei den neuen Rechten immer wieder auftaucht: Demokratie als Herrschaft des Volkes wird bei ihnen umgedeutet in dem Sinne, dass die »wahre Demokratie« die Staatsform sei, in der die beste Politik für die Volksgemeinschaft gemacht wird. Während der Parlamentarismus dieses Volk aus ihrer Sicht künstlich auseinanderdividiert und gegeneinander aufhetzt im Wettstreit der politischen Meinungen, kann ein starker Führer – ein »wohlmeinender Diktator« – oder eine Elite als Vertreterin des »Volkswillens« durchregieren. Vor diesem Hintergrund ist auch das Feindbild »Parteienstaat« zu verstehen, auf das man bei der neuen Rechten so oft stößt.

All das passt bestens zu dem wohl bekanntesten Motiv, das Schmitt geschaffen hat: der elementaren Unterscheidung in Freund und Feind, die er als wesentlich erachtete. In seinem Werk *Der Begriff des Politischen* aus dem Jahr 1932 schrieb er: »Solange ein Volk in der Sphäre des Politischen existiert, muss es, wenn auch nur für den extremsten Fall, über dessen Vorliegen es aber selbst entscheidet, die Unterscheidung von Freund und Feind selber bestimmen. Darin liegt das Wesen seiner politischen Existenz. Hat es nicht mehr die Fähigkeit oder den Willen zu dieser Unterscheidung, so hört es auf, politisch zu existieren. Lässt es sich von einem Fremden vorschreiben, wer sein Feind ist und gegen wen es kämpfen darf oder nicht, so ist es kein politisch freies Volk mehr und einem anderen politischen System ein- oder untergeordnet.«[54] Schmitt steht also ein für einen Politikansatz der Konsequenz und der Rücksichtslosigkeit – wofür er bis heute von der neuen Rechten verehrt wird.

Denkt man dieses radikale Bild zu Ende, kommt man zwangsläufig zu einem Herrschaftsmodell, das nicht dem Typus der westlichen Demokratie entspricht. Die Vorstellungen über dessen konkrete Ausgestaltung variieren in der neurechten Szene erheblich. Gemeinsam ist allen aber das Ziel der Überwindung *dieser* Demokratie und *dieser* Regeln des Zusammenlebens. Die einen skizzieren als attraktive Lösung so etwas wie eine über dem politischen Meinungskrieg stehende Expertenregierung. Edgar Julius Jung schrieb zu diesem Konzept schon 1927: »Würde ohne Rücksicht auf Parteiwünsche eine Regierung gebildet, die sich nur dem deutschen Volke und der Stunde verantwortlich fühlt, würde sie mit den notwendigen Vollmachten ausgestattet, so hätte sie das Volk an ihrer Seite. [...] Das Volk würde dem zujubeln, der den Mut hätte, den Parteispuk mit harter Hand zu vertreiben.«[55] Das darf im Zweifel natürlich gerne auch die eine passende Person sein, wenn es sich ergibt. Ein Führer eben.

Auch Oswald Spengler, Autor von *Der Untergang des Abendlandes,* führte schon Anfang der 1920er-Jahre im Kampf gegen die Symptome »Vermassung, Dekadenz und Verlust der eigenen Identität« neben wenigen anderen »Heilmitteln« vor allem die »Herausbildung einer nationalen Elite« an. »Die Sehnsüchte nach einer charismatischen Führerfigur, die das bedrohte Kollektiv weitsichtig durch die Gefahren leitet, haben in diesem Drang ihren Ursprung«[56], so die Analyse des Historikers Volker Weiß. Genau diese Sehnsüchte zu füttern, ist ein wichtiger Baustein im Kampf gegen die offene Gesellschaft. Der Thüringer AfD-Fraktionschef Björn Höcke glaubt offenbar sogar, dass es genau diese eine charismatische Person schon gebe, die »der Liebe zum Eigenen und zum Immergültigen gefühlsstark Ausdruck verleihen kann.«[57]

Dabei kommt einem natürlich erst einmal Adolf Hitler in den Kopf. In der Szene kursieren aber eher andere Namen, an denen man sich orientiert. Winston Churchill etwa, den man für seine Härte bewundert. Oder Otto von Bismarck. Was diesen so interessant macht, hat Arthur Moeller van den Bruck schon 1923 beschrieben: »Bismarck setzte sich gegen alle Widerstände durch: gegen diejenigen der Staatenlage, die er in Europa vorfand [...] – aber auch, wenn es sein musste, gegen die Widerstände in unserem eigenen querköpfigen Volkscharakter, der manchmal durchaus nicht will, dass uns geholfen werden soll. Er wartete auf den richtigen Augenblick: Und wenn der Augenblick nicht kam, dann führte er ihn herbei. Er brauchte Anlässe: Und wenn die Anlässe sich nicht einstellten, dann zauderte er nicht, auch sie herbeizuführen. Er zwang die Verhältnisse in seine Dienste; und zwang sie so, dass sein Werk am Ende nicht zum wenigsten das seiner Gegner war, denen alles, was sie unternahmen, zu seiner Absicht geriet.«[58] Hat da jemand Putin gesagt?

Nur in einem totalitären Regime kann der Feind absolut gesetzt und dann auch absolut bekämpft werden. Genau deshalb wird der auf Diskriminierung und Freund-Feind-Schemata verzichtende Liberalismus so verachtet. Die Gesellschaft, die die neuen Rechten anstreben, ist hinter all der sprachlichen Tarnung vor allem eine, in der der Feind die Minderheiten sind, welcher Art sie auch sein mögen, und in der die Diskriminierung selbiger zum Normalzustand erklärt wird. Der Anspruch, eine gerechte Gesellschaft über die engste Volksgemeinschaft hinaus zu schaffen, eine Gesellschaft, in der zählt, was jemand tut, und nicht woher er kommt, wird nach diesem Politikverständnis nicht verfolgt.

Wenn man das verstanden hat, ist es nicht mehr verwunderlich, dass das Grundgesetz in den Reihen der neuen Rechten vor laufenden Fernsehkameras zwar gerne genutzt wird, um es »den Fremden« als Handlungsmaßstab unter die Nase zu reiben, man hinter den Kulissen aber auf kaum verhohlene Abneigung dagegen stößt. So ließ sich Armin Mohler einmal zu der Aussage hinreißen, das Grundgesetz sei eine »Quelle der Heuchelei«[59]. Und der neurechte Tausendsassa Martin Lichtmesz – ein in Berlin lebender Österreicher – macht im Nachwort zur Neuauflage von Mohlers *Gegen die Liberalen* aus seiner Abneigung gegen die deutsche Verfassung an sich kaum einen Hehl: »Das Grundgesetz ist vollends zum sakrosankten Fetisch verkommen«[60], beschwert er sich.

Der Glaube an die Gestaltbarkeit des Miteinanders ist den neuen Rechten fremd. Bei Armin Mohler klingt das so: »Man kann die Fehlerhaftigkeit des Menschen auf andere Weise, die totalitäre, zu unterlaufen suchen: durch stures Festhalten an einem Prinzip, an einem Idealbild.«[61] Zu was das führen muss, ist für ihn auch sonnenklar, nämlich »früher oder später zur Installierung eines Gulag für all diejenigen, die das Prinzip nicht anerkennen, sich nicht nach dem Idealbild richten. Die Wohlfahrtsausschüsse sind dann nicht fern, die Straflager, die Spritzen der Psychiater, die Guillotine. Es kommt die ›heilige Gewalt‹, die den Menschen ihre Sünden schon austreibt.«[62] »Die Macht«, so formuliert er an anderer Stelle, falle heute »demjenigen zu, der die Mittel hat, verbindlich zu definieren, wie die Verfassung zu verstehen sei (und vor allem: wer die ›Verfassungsfeinde‹ sind).« Das seien heute »nicht mehr die Gerichtshöfe«, sondern alleine die »Medien, welche Gestalt und Macht einer neuen Dreifaltigkeit angenommen haben«[63].

Am Ende lässt sich die Stoßrichtung der neuen Rechten gut zusammenfassen: Sie sind gegen die Werte der Aufklärung, gegen die Werte der Französischen Revolution. Freiheit, Gleichheit, Brüderlichkeit – jeder dieser Gedanken, umso mehr, wenn er auf ganz Europa oder gar auf die Weltgesellschaft angewandt werden soll, ist den radikalen Rechtsdenkern zuwider. Von der universellen Geltung der Menschenrechte halten sie folglich auch nichts. Hämisch setzt etwa Alain de Benoist den Begriff konsequent in Anführungszeichen und spricht von »Menschenrechtsideologie«[64]. Eine Form der Abwertung, die auch Felix Menzel übernommen hat, wenn er von der »Ideologie der Menschenrechte«[65] spricht. Den Ansatz, die menschliche Vernunft und wissenschaftliche Erkenntnisse über Religion und Traditionen zu stellen, den Kampf gegen Vorurteile und die Idee der Toleranz, die Emanzipation des Individuums von Institutionen und Organisationen und die dafür notwendige Garantie bürgerlicher Rechte und Freiheiten – all das lehnen die neuen Rechten ab. Allerdings haben sie keine Probleme damit, all das für den Moment zu nutzen, um ihre Ideen durchzusetzen.

Schon Moeller van den Bruck nannte die »Abkehr von der Aufklärung« als erstes Ziel. Denn: »Die Aufklärung hat aus dem denkenden Menschen einen berechnenden Menschen gemacht. Sie hat die Welt mit Ideen in Interessen zersetzt. Sie hat Europa entartet.«[66] Und auch Edgar Julius Jung wusste bereits in den 1920ern, dass man sich ein abschreckendes Beispiel am Nachbarn Frankreich nehmen sollte. Denn »das Mutterland der reinen Verstandesherrschaft« – einmal mehr ist das nicht als Kompliment gemeint – »zeigte auch am frühesten die bekannten Verfallserscheinungen«[67]. Am Ende war es aber einmal mehr Moeller van den Bruck, der die Richtung am eindeutigsten vorgab: »Der Kampf gegen die Aufklärung, den wir aufnehmen, wird ein Kampf gegen den Liberalismus auf der ganzen Linie sein.«[68]

An dieser Sichtweise hat sich bis heute nichts geändert. Und auch sonst feiert dieser antidemokratische Impuls in der neurechten Szene gerade wieder fröhliche Urständ.

KAPITEL 4
DIE STRATEGIE – PLÄNE FÜR DEN UMSTURZ

Steht Deutschland kurz vor einer gewaltsamen Revolution? Wird es zu einem Erdrutschsieg radikal rechter Gruppierungen bei der nächsten Bundestagswahl kommen? Aller Voraussicht nach nicht. Daher ist die Frage, warum man über die Ziele der neuen Rechten überhaupt sprechen muss, auf den ersten Blick durchaus berechtigt. Hat man allerdings begriffen, wie die Szene tickt, weiß man, dass die vermeintliche Harmlosigkeit kein Zufall, sondern Teil der Strategie ist.

Um das besser zu verstehen, lohnt ein Blick über den großen Teich: zum Tea Party Movement, das auch hierzulande eine gewisse Bekanntheit erreicht hat. In den USA steht die Bewegung mit ihren radikalen Ansichten, die irgendwo zwischen libertär, konservativ und rechtsaußen mäandern, nicht für die Mehrheit der Bevölkerung, nicht einmal für die Mehrheit innerhalb der republikanischen Partei. Trotzdem gelang ihren Vertretern im Kongress im September und Oktober 2013 etwas, das zu einem »Government Shutdown« führte. Das hieß nichts anderes, als dass der Haushaltsvorschlag der Regierung nicht bewilligt und deshalb für die Zeit der Blockade weder die Gehälter der Staatsbediensteten noch die Rechnungen von Dienstleistern bezahlt wurden. Museen und öffentliche Büchereien blieben geschlossen, rund 800 000 Staatsbedienstete mussten Urlaub nehmen – unbezahlt. Wenn die Blockade über einen bestimmten Zeitpunkt hinausgegangen wäre, hätte ein Staatsbankrott gedroht.

Der Volkszorn richtete sich zumindest in Teilen gegen die

dafür Verantwortlichen. Aber das hält man aus, wenn es einem um etwas viel Größeres geht. Nämlich darum, den Menschen die Schwäche des demokratischen Systems, das für derlei Blockaden keine brachialen Lösungen bereithält, vor Augen zu führen. Und genau das gelang. Noch dazu konnten die Minimalstaats-Befürworter und Staatshasser in Amerika den erstaunten Bürgern nach dem Ende der Blockade sagen: Seht ihr, wenn die Regierung gerade stillgelegt ist, geht die Welt auch nicht unter. Diese Erfahrung verändert zwar nicht sofort die Mehrheitsverhältnisse im Parlament. Doch sie schleicht sich ins Unterbewusstsein der Menschen ein. Irgendwann, so hofft man offenbar auf Seiten des Tea Party Movements, lässt sich die Summe solcher Erfahrungen für die eigene Agenda aktivieren. Wer den Staat nicht mag, der hat ein Interesse daran, dessen Versagen herbeizuführen – und zu zelebrieren. Und wer ein anderes Gesellschaftsmodell möchte, dem hilft es schon, wenn er das Etablierte als vermeintlich dysfunktional entlarven kann.

In diesem Sinne muss man die geifernden User-Kommentare auf einschlägigen rechten Seiten im Internet, aber auch auf den Facebook-Auftritten etwa der Alternative für Deutschland verstehen, wenn es zu islamistischen Anschlägen gekommen ist, der Euro unter Druck gerät oder Jugendliche mit Migrationshintergrund Straftaten begehen. Echte Betroffenheit? Sorgen? Gar Angst? Keine Spur davon. Manch einer unterdrückt gerade so eben noch das Triumphgeheul, das ihm auf der Zunge liegen dürfte. Anstatt sich zu freuen, wenn nichts passiert, freut man sich, wenn etwas passiert; denn das kann man instrumentalisieren. Das ergibt wiederum nur Sinn, wenn es einem nicht um das Thema an sich geht, sondern um ein großes Ziel: die Verächtlichmachung der offenen Gesellschaft.

Zu diesem Zweck sammeln die Anhänger neurechten Gedankenguts Meldungen und Geschichten – ob wahr oder nicht, das spielt keine Rolle –, die die Korruptheit der Politiker und die Verlogenheit der Presse, die Primitivität von Ausländern und die Aggressivität von Muslimen beweisen sollen. Selbst wenn sie dabei die Realitäten verzerren und Menschen zu Unrecht an den Pranger stellen: Sie haben kein schlechtes Gewissen, im Gegenteil, denn sie behaupten, sie täten nur ihre staatsbürgerliche Pflicht. Ein paar Tote bei einem Anschlag, ein paar überfallene Teenager oder ein Mädchen, das einem Ehrenmord zum Opfer gefallen ist, dienen dann dazu, Migranten, Flüchtlinge und Muslime insgesamt ins Unrecht zu rücken und als gigantische Bedrohung für das »Volk« darzustellen.

Natürlich würden die Neurechten solcherlei Vorwürfe vehement und erbost von sich weisen. Was man sich wohl erlaube, würde man gefragt werden. Und natürlich, sie sind nicht die Schuldigen für den jeweiligen Vorfall. Aber sie rühren auch keinen Finger, um zu deeskalieren. Sie haben die Hände in der Tasche und pfeifen unschuldig. Oder, wie Sartre es recht unverblümt ausgedrückt hätte: »Sie waschen ihre Hände in Unrat.«[69]

Nein, keine Frage, sie sind nicht dumm, die neuen Rechten. Sie lernen schnell und wissen die Erkenntnisse geschickt für sich zu nutzen. Was braucht es, um die Menschen gegen Migranten – und damit gegen die Politik der etablierten Parteien – aufzubringen? Möglichst viele kriminelle Ausländer, die sich möglichst schlimmer Vergehen schuldig machen. Nicht umsonst haben Götz Kubitschek und Michael Paulwitz bereits 2010 das Buch *Deutsche Opfer, fremde Täter* geschrieben, in dem sie über hundert Fälle von Ausländerkriminalität beschreiben und diese zu einer Art »Vorbürgerkrieg« aufbauschen.

Mit diesem Denken befinden sich die neuen Rechten in »bester« Gesellschaft, haben sie doch einen der größten Gegner des westlichen Lebensmodells an ihrer Seite. Man schrieb das Jahr 1891 und in Russland wütete eine Hungersnot. Während sich die Intellektuellen und Teile des Bürgertums mit allem, was sie hatten, engagierten, um das Leid der Betroffenen zu lindern, und auch politisch aktiv wurden, stellte sich ein Mann gegen jegliche Hilfsmaßnahmen. Dieser junge Mann war Wladimir Iljitsch Uljanow, der sich 1900 den Namen Lenin zulegte. Er sah in der Hungersnot die Chance, genau die revolutionäre Stimmung zu erzeugen, auf die er wartete. Je schlimmer es den Menschen ginge, desto eher würden sie sich vom Zaren abwenden und im Namen ihrer verstorbenen Liebsten auf die Barrikaden streben.

Im Gegensatz zu Lenins brutaler Offenheit, mit der er seine Position vertrat, halten sich die neurechten Kräfte öffentlich eher zurück. Anstatt sich als Umstürzler zu geben, setzen sie vielmehr darauf, sich als Opfer zu inszenieren. Auch dafür haben sie historische Vorbilder. Arthur Moeller van den Bruck behauptete schon in den 1920ern, die Weimarer Demokratie »suchte jede Stimme zu unterdrücken, die sich gegen diese ihre Politik erhob. Sie verfolgte die nationale und die radikale Opposition, statt sich ihrer gegen den gemeinsamen Feind deutscher Nation zu bedienen.«[70] Heute heißt es, man sei ein Opfer der »herrschenden Kaste«, der »Mainstream-Medien«, der »Gutmenschen« und insgesamt des »Systems«. Ansonsten hat sich an der Argumentation wenig geändert.

Aus dieser Position des Opfers heraus tut man dann so, als müsse man jetzt mal so richtig auf den Putz hauen und Krawall machen, aus »Notwehr« sozusagen. Weil man es einfach satt habe, von den »politisch korrekten« »Sprach- und Gesinnungspolizisten« und »Jakobinern« »mundtot« gemacht und »gegängelt« und »geknechtet« zu werden, die den »Normalbürgern« mit aller Macht ihr Weltbild aufzwingen wollen. Viel zu lange habe man sich das gefallen lassen, als »schweigende Mehrheit« sozusagen, die sich nun aber endlich erheben müsse.

Armin Mohler sprach bereits 1990 von einer »seelischen Massage, der uns die Medien Tag für Tag unterziehen«[71], alles natürlich als Teil eines »Feldzugs« im Namen der »Gleichheits-Ideologie« und »gegen die Verwurzelung«[72]. Und als Protagonist der heutigen Zeit ergänzt Götz Kubitschek: »Auch in der BRD des Jahres 2011 gibt es politische Justiz, gibt es Gefängnisstrafen für Meinungsdelikte, und wo nicht Arrest, dort die Verfolgung und Denunziation bis ins Private hinein, die soziale Ächtung.«[73] Es kommen einem fast die Tränen.

Das Rumgeheule hat allerdings einmal mehr Methode und aus Sicht der »PC-Opfer« (PC steht für »Political Correctness«, auf Deutsch »Politische Korrektheit«) durchaus einen Sinn. So nennt der *Spiegel*-Redakteur Jan Fleischhauer jene, die sich durch den »Tugendterror« der Gesellschaft gegängelt fühlen. Diese Opfer der Political Correctness inszenieren sich ihm zufolge als »rechte Gegenfiguren zum linken Minderheitendiskurs«[74]. Aus einer bizarren Geisteshaltung heraus berufen sie sich zudem permanent auf Orwells Dystopie *1984* und setzen sich mit den Opfern der dort beschriebenen Diktatur des Mega-Kontinents »Ozeanien« gleich. In jenem totalitären System werden die Einwohner von »Teleschirmen« überwacht, ist jede regimekritische Überlegung ein »Gedanken-Verbrechen«, dem die »Gedankenpolizei« gnadenlos hinterherfahndet. Und nicht zuletzt wird die komplette Landessprache nach und nach durch eine neue Zunge namens »Neusprech« ersetzt und auf möglichst wenige Wörter heruntergeschrumpft, damit Regimekritik bereits begrifflich nicht mehr möglich ist. Die Verwendung des speziellen Vokabulars aus *1984* ist ein Dauerbrenner in den neurechten Medien.

Objektiv betrachtet ist dieses Opfergetue natürlich totaler Quatsch. Keinem der vermeintlichen Opfer verbietet irgendwer den Mund, solange es nicht »Heil Hitler« schreit oder laut darüber nachdenkt, ob es die Gaskammern in Auschwitz wirklich gegeben hat. Eine Mainstream-Meinung, der alles untergeordnet wird, gibt es in der etablierten Presselandschaft auch nicht. Wahrscheinlich ist sogar das Gegenteil dessen richtig, was in der pseudo-bürgerlichen und neurechten Ecke von der Unterdrückung behauptet wird. Denn das liberale und linke Milieu wird nicht einmal ansatzweise mit einer derart großen Zahl von Publikationen bedacht, die wie die neurechten Szenemedien gar nicht erst den Eindruck zu erwecken versuchen, sie seien politisch neutral. Der ehemalige AfD-Chef Bernd Lucke war genauso oft in politischen Talkshows zu sehen wie FDP-Chef Christian Lindner. Und zwar bereits bevor die AfD in irgendeinem Parlament vertreten war. Thilo Sarrazin läuft ebenfalls seit Jahren in allen Medien rauf und runter.

Der Historiker und Publizist Volker Weiß hat schon 2011 dokumentiert, wie sich Sarrazin, der Mann mit der untadeligen Beamtenkarriere, als Opfer inszeniert – und wie lächerlich das ist.[75] Zunächst einmal konnte der damalige Bundesbankvorstand in einem renommierten Verlag publizieren, was bei weitem nicht jedem Autor vergönnt ist. Das konnte ihn aber ebenso wenig davon abhalten, in die Opferrolle zu schlüpfen, wie die mediale Aufmerksamkeit, die seinen Buchverkauf enorm ankurbelte. So kam er, obwohl sein Buch in Auszügen in den nicht gerade als Nischenpublikationen bekannten Medien namens *Bild*-Zeitung und *Spiegel* vorabgedruckt wurde und bei der offiziellen Vorstellung 600 (!) Journalisten anwesend waren, auf die Idee, davon zu sprechen, sein Buch sei auf den Index gesetzt worden. Deutlich mehr als eine Million verkaufte Bücher und vermutlich mehr als zwei Millionen Euro für den Autor sprechen eine andere Sprache.

Nun könnte man glauben, dass die genannten Fakten ausreichen, um die Debatte zu beenden. Doch es gab tatsächlich einige, die diesen Mythos weiter befeuerten. Armgard Seegers vom *Hamburger Abendblatt* überlegte sich einen ganz besonderen Clou. »Die Tatsache, dass 600 Journalisten zur ersten Vorstellung von Thilo Sarrazins Buch kamen, dass diese Präsentation live im Fernsehen übertragen wurde, macht klar, dass es Sprechverbote bei uns gibt. Aber das gehört möglicherweise auch schon zu den Sprechverboten, auszusprechen, dass es sie gibt«, schrieb sie am 4. September 2010 in einem Beitrag für die *Bild*.[76]

Halten wir also fest: Wenn jemand totgeschwiegen, heftig kritisiert oder gar zensiert wird, herrschen »Sprechverbote« vor. Wenn aber nun genau das Gegenteil davon passiert – jemand wird also nicht totgeschwiegen, alle wollen über ihn berichten, mit ihm sprechen, sein Buch lesen –, dann soll es sich dabei ebenfalls um »Sprechverbote« handeln? Eine solche Argumentation erinnert an jene zu Zeiten der Hexenverfolgung im Mittelalter: Hatte die Frau ein auffälliges Muttermal – ein Zeichen, dass sie vom Teufel markiert wurde –, war sie eine Hexe. Hatte sie kein solches Mal, sprach das dafür, dass der Teufel sie aus besonderer Vertrautheit heraus nicht markiert hatte. Am Ende stand stets der Scheiterhaufen.

Die Strategie wird immer deutlicher: Wer selbst die ganze Zeit vor einem »Meinungsdiktat«, »Denk- und Sprechverboten«, »Zensur« und Co. warnt, gerät natürlich zunächst nicht in Verdacht, solche Ziele selbst zu verfolgen. Auch wenn es diesen Leuten genau darum geht. Sie sind es, die allen anderen am liebsten gewisse Begrifflichkeiten, Denkschulen und Ansichten verbieten würden: von »Gender Mainstreaming« über »Emanzipation« bis hin zur »multikulturellen Gesellschaft«. Aus einem inszenierten Abwehrkampf, einer vorgeschobenen Notwehrsituation ist in der Realität längst ein gnadenloser Angriff geworden. An dessen Ende eine nach fundamental anderen moralischen Maßstäben funktionierende Gesellschaft stehen soll.

Noch sieht man sich allerdings in der Rolle des Guerilleros, des »Unterlegenen, der mit ansehen muss, wie diejenigen, die herrschen, alles zerstören, woran man selber glaubt«, wie es *Sezessions*-Autor Erik Lehnert formuliert. Eigentlich, so scheint immer wieder durch, sieht man sich doch als Elite, die – wenn alles mit rechten Dingen zuginge – ganz automatisch die Fäden in der Hand haben und das Volk durch alle

Stürme lenken müsste. Aber was, wenn das »Zeitalter der Massen« einem nur die Opposition überlässt? Dann bleibt offenbar nur noch, »den revolutionären Weg« zu gehen, wie Lehnert meint.[77]

Darunter lassen sich natürlich ganz unterschiedliche Vorgehensweisen verstehen. Moeller van den Bruck hatte seine Sympathie für gewaltsame Lösungen erkennen lassen, als er seinerzeit angeregt hatte: »Wir sind ein Volk in Bedrängnis. Und der zu schmale Raum, auf den man uns zurückgedrängt hat, ist die unendliche Gefahr, die von uns ausgeht. Wollen wir aus dieser Gefahr nicht unsere Politik machen?«[78] Er schien sogar für die radikalsten Lösungen offen zu sein, als er orakelte: »Und niemand weiß, ob nicht ein Bürgerkrieg der dreißig Millionen gegen die dreißig Millionen die Bahn freimachen muss, die zu unserer Freiheit führt.«

Solch radikale Äußerungen liest man heute in erster Linie und in der Regel in deutlich schlechterer Rechtschreibung auf Facebook oder in den Kommentarspalten der Online-Medien, verfasst von stumpfen rechten Geistern. Einzelne Vordenker der neuen Rechten lassen aber zumindest eine Grundsympathie für Gewalt als ultima ratio erkennen. So etwa Felix Menzel und Philip Stein von der *Blauen Narzisse*, wenn sie schreiben: »Die Ausweglosigkeit der Situation in Deutschland und Europa führt kritische Geister unweigerlich zu schweren persönlichen Gewissensentscheidungen: Bleibt nur noch der Weg in die Illegalität, weil der eigene Staat und die EU sich selbst nicht mehr an Recht und Gesetz halten?«[79] Klingt fast wie Ulrike Meinhof, die einst sagte: »Nun, da die Fesseln von Sitte und Anstand gesprengt worden sind, kann und muss neu und von vorne über Gewalt und Gegengewalt diskutiert werden.«[80] Die neuen Rechten entblöden sich auch nicht, die Frage in den Raum zu werfen, ob nicht bald der Moment gekommen sei, in dem die Verfechter des klassischen Nationalstaates sich auf Absatz 4 von Artikel 20 GG berufen können: »Gegen jeden, der es unternimmt, diese

Ordnung zu beseitigen, haben alle Deutschen das Recht zum Widerstand, wenn andere Abhilfe nicht möglich ist.«

Mit solch einer Logik lässt sich grundsätzlich jeder Rechtsstaat aus den Angeln heben: Passt mir etwas nicht, berufe ich mich auf das Widerstandsrecht. Da finden sich die immer brav gekleideten Menzel und Stein plötzlich an der Seite von Rockergangs oder kriminellen arabischen Clans in Berlin wieder, die ihr eigenes Recht ebenfalls über das Gesetz stellen. Und an der Seite von, einmal mehr, Edgar Julius Jung, der vor fast hundert Jahren schrieb: »Ob die entscheidende Umwälzung friedlich geschieht oder vulkanartig, hängt weniger von den Angreifern als von den Herrschenden ab.«[81] Da ist sie wieder, die verklausulierte Behauptung, man würde im Zweifel nur aus Notwehr heraus die bestehende Ordnung angreifen. Eine interessante Gesellschaft, die sich die Herren Menzel und Stein da ausgesucht haben.

Karlheinz Weißmann, seit langem einer der führenden Köpfe der neurechten Bewegung in Deutschland, lässt sich auf solche Gedankenspielereien öffentlich nicht ein. Gleichwohl sagte er 2006 mit einer gewissen erkennbaren Sympathie immerhin voraus, man solle sich innerhalb von zehn Jahren auf »heftigste Konflikte einstellen, dann wird es endlich einmal sinnvoll sein, die Weimarer Republik zum Vergleich heranzuziehen«[82]. Ansonsten scheint er aber eher auf einen anderen Weg zu setzen. Zumindest wenn man seine Antwort auf die Frage liest, ob er sich eine Gegenrevolution zu '68 vorstellen könne, mit im Prinzip ähnlichen Mitteln: »Ja. Sicher nicht im Sinne einer Kopie, aber doch schon so, dass man sich die Mittel der Subversion aneignen und vor allem die Methoden der Herrschenden entlarven muss. Die Kritik der Verhältnisse wäre das erste, was zu leisten ist, dann kommt alles andere: Gegenaufklärung – Gegenöffentlichkeit – Gegenrevolution.«[83]

Gegenaufklärung heißt in der Praxis vielfach Umdeutung. Ein paar Vorstöße in diese Richtung gab es in der Vergangenheit schon. Und die geben Aufschluss, auch wenn sie am Ende gescheitert sind. So versuchte die »Neue Demokratische Rechte« im Jahr 1995 zum ersten Mal eine Umdeutung des Endes des Zweiten Weltkriegs. Unter dem Slogan »Gegen das Vergessen – 8. Mai 1945« hatte man damals zunächst eine Unterschriftenaktion durchgeführt und daran anschließend eine Großveranstaltung geplant, mit dem damaligen stellvertretenden Unions-Fraktionsvorsitzenden Alfred Dregger als Hauptredner. Beteiligt waren daran nicht nur Köpfe der Republikaner, sondern auch Vertreter aus Union und FDP sowie hochrangige Journalisten der *Welt*. Als Unterzeichner schlossen sich sogar SPD-Granden wie der ehemalige Minister Hans Apel an.[84] Unter dem Druck aus dem Umfeld von Helmut Kohl zog Dregger am Ende dann doch noch zurück. Ebenso hatte der Springer-Verlag seinen Redakteuren »die Daumenschrauben angelegt«, wie Weißmann spottete. Die Veranstaltung wurde daraufhin vom Hauptverantwortlichen Manfred Brunner abgesagt. »Auch in diesem Fall sind uns die Bürgerlichen in den Rücken gefallen«[85], konstatierte Karlheinz Weißmann im Rückblick mit Verbitterung.

Gleichermaßen scheiterte im Jahre 2005 ein weiterer Versuch unter Beteiligung Weißmanns und des von ihm damals geleiteten neurechten »Instituts für Staatspolitik« (IfS). Inzwischen haben die Protagonisten verstanden, dass die allgemeine Umdeutung des Kriegsendes, weg von der »Befreiung«, hin zu einem »Jahrestag der Niederlage«, in den Köpfen der Deutschen nicht mehr verfängt. Nun versuchen sie die Umschreibung der Geschichte – mit dem Ziel der Schaffung einer »selbstbewussten Nation« – eher anlässlich einzelner Ereignisse, etwa dem Jahrestag der Bombardierung Dresdens. Dort wird dann allein der Opferstatus der damals im Feuersturm gestorbenen Menschen betont und raunend die Frage gestellt, ob die Zahl der Toten nicht gezielt nach unten manipuliert worden sei. Wer für den Ausbruch des Zweiten Weltkriegs verantwortlich war, wird, wenn überhaupt, nur am Rande erwähnt.

Weitere Themen, die für eine Infiltrierung der bürgerlichen Mitte geeignet sind, sind auch schon gefunden. Dazu gehört natürlich die vermeintlich drohende Islamisierung des Abendlandes ebenso wie das Thema Flüchtlinge und deren Unterbringung. Und selbstverständlich der Euro und Europa. Womit wir wieder beim bereits erwähnten Manfred Brunner wären. Dieser war nämlich nicht nur einer der Autoren des neurechten Sammelbandes *Die selbstbewusste Nation,* sondern auch Kläger gegen die Maastricht-Verträge und Mitte der 1990er-Jahre Gründer des »Bunds freier Bürger«, der sich zwar wahlweise nationalliberal oder liberal-konservativ nannte, allgemein aber als rechtspopulistisch angesehen und später wegen rechtsextremer Umtriebe sogar vom Verfassungsschutz beobachtet wurde. Schon damals konnte man erahnen, was heute offensichtlich ist: Die Euro- und Europapolitik wird als Einfallstor der neuen Rechten in die bürgerliche Mitte genutzt. Oft sind namhafte Kritiker der Gemeinschaftswährung oder der Europäischen Union in die neurechte Szene vernetzt. Für deren Vordenker ist es wiederum extrem attraktiv, sich an die Spitze derjenigen zu setzen, die bei diesem einen Thema ihre Verbündeten sind. Um ihnen später auch in anderen Fragen den Weg weisen zu können.

Die neue Rechte will den Sieg erreichen, indem sie ihre Gedanken langsam in das Denken der Mitte einsickern lässt. Sie will den Sieg Schritt für Schritt, und ohne großes Aufheben. Auch ohne formell die Macht zu haben, setzt sie darauf, dass unter ihrem Druck nach und nach die bürgerlichen Freiheiten eingeschränkt werden. Zunächst für einzelne Minderheiten, später für alle. Die Tendenz ist klar: Es soll alles immer ein wenig obrigkeitsstaatlicher, immer ein wenig autoritärer werden. Um die gesellschaftliche Atmosphäre zu vergiften, braucht es weder eine parlamentarische Mehrheit noch eine flächendeckende Präsenz in den Parlamenten. Den Beweis für diese These liefern die Republikaner, die zwar nur sehr wenige Erfolge bei Wahlen erreichen konnten und weder auf Landes- noch auf Bundesebene jemals an einer Regierung beteiligt waren, und trotzdem gemeinsam mit außerparlamentarischen Bewegungen Anfang der 1990er-Jahre inhaltliche Siege feierten. Hans-Dietrich Genscher, damals Außenminister, hatte schon zuvor vor genau dem Szenario gewarnt, das nur kurze Zeit später Realität wurde: »Jetzt fehlt nur noch, dass die großen Parteien sich verhalten, als wären sie Republikaner.«[86] Genau nach diesem Schema agiert die neue Rechte: Nicht die formale Macht über Entscheidungen zu erlangen ist das Ziel, sondern zunächst die faktische Deutungshoheit – und damit die Macht über die Gedanken der Menschen.

Die Strategie, die von den Republikanern damals wie auch von der neuen Rechten heute verfolgt wurde, stammt interessanterweise vom ganz anderen Ende des politischen Spektrums, nämlich von einem Kommunisten. Antonio Gramsci, in den 1920ern Führer der Kommunistischen Partei Italiens, entwickelte während seiner Festungshaft eine Strategie, die unter dem Begriff »kulturelle Hegemonie« bekannt geworden ist und nichts anderes meint, als was bereits exemplarisch beschrieben wurde: die Fähigkeit, gesellschaftliche Diskurse im vorpolitischen Raum so zu dominieren, dass die eigenen Interessen von anderen übernommen und am Ende als gesamtgesellschaftliche Interessen wahrgenommen werden.[87] Als Ort der Auseinandersetzung sehen Gramsci wie auch die neue Rechte, die seine Ideen übernommen und angeregt von Alain de Benoist unter dem Begriff »Metapolitik« weiterentwickelt hat, nicht die Parlamente, sondern die Zivilgesellschaft. Dort werde der Kampf um das, was von den Menschen als Teil des »gesunden Menschenverstands« und damit als grundsätzlich akzeptable Stoßrichtung betrachtet wird, geführt. Dass genau dieser Begriff des »gesunden Menschenverstands« auch einer der zentralen Termini der AfD ist, kann da kaum noch überraschen. Der Kampf um die »kulturelle Hegemonie« ist im

Ringen um die wahre politische Macht entscheidend, war Gramsci überzeugt, da sie für letztere conditio sine qua non ist. Was aber auch heißt: Verliert man die Deutungshoheit, ist der Verlust der politischen Macht nicht mehr weit. Das sollte uns aufhorchen lassen.

Götz Kubitschek hat das Konzept der »Metapolitik« darüber hinaus als einen »Bereich des Worts, des Gedankens, des Stils, der Bücher, Zeitschriften, Veranstaltungen, des Habituellen, der Aura«[88] präzisiert. Felix Menzel und Philip Stein ergänzten, das seien schlichtweg »jene intellektuellen Grundlagen, auf die der Praktiker seinen Aktivismus stützt und mit denen er ihn legitimiert«[89]. Wie für Gramsci besteht also für die neue Rechte das erste Ziel in der Einflussnahme auf Elitendiskurse innerhalb ihres Milieus durch eigene Publikationen, um dann in einem weiteren Schritt in die Breite zu gehen. Im optimalen Falle so weit, bis man ganz in der Mitte der Gesellschaft – etwa in den Leitmedien, in Talkshows oder auf den Bestellerlisten – angekommen ist. Nicht nur die Erfolge von Sarrazin und Pirinçci zeigen, dass die neue Rechte hier in den letzten Jahren deutliche Fortschritte gemacht hat.

Dabei orientiert sie sich auch an Vorarbeiten, die von der alten Rechten geleistet wurden. Die NPD-nahe Autorin mit dem Pseudonym Thora Ruth schrieb schon 1973 in einem Beitrag für die Zeitung *La Plata Ruf,* die der ehemalige Goebbels-Adjutant Wilfried von Oven in Argentinien herausgab:

> Wir müssen unsere Aussagen so gestalten, dass sie nicht mehr ins Klischee des ›Ewig-Gestrigen‹ passen. Eine Werbeagentur muss sich auch nach dem Geschmack des Publikums richten und nicht nach dem eigenen. Und wenn kariert Mode ist, dann darf man kein Produkt mit Pünktchen anpreisen. Der Sinn unserer Aussagen muss freilich der gleiche bleiben. Hier sind Zugeständnisse an die Mode zwecklos. In der Fremdarbeiter-Frage etwa erntet man mit der Argumentation ›Die sollen doch heimgehen‹ nur verständnisloses Grinsen. Aber

welcher Linke würde nicht zustimmen, wenn man fordert: ›Dem Großkapital muss verboten werden, nur um des Profits willen ganze Völkerscharen in Europa zu verschieben. Der Mensch soll nicht zur Arbeit, sondern die Arbeit zum Menschen gebracht werden.‹ Der Sinn bleibt der gleiche: Fremdarbeiter raus! Die Reaktion der Zuhörer aber wird grundverschieden sein.[90]

Ähnlich klang das hinter den Kulissen schon bei den Republikanern Anfang der 1990er-Jahre, wie Michael Schomers, der damals verdeckt in den Reihen der Partei recherchierte, feststellte. Es habe einen deutlichen Unterschied gegeben zwischen dem, was die Republikaner meinen, und dem, was sie aus taktischen Gründen sagen. Im engeren Zirkel habe Parteichef Schönhuber dann durchaus auch einmal die Katze aus dem Sack gelassen: »Uns geht es darum, bestimmte Programmpunkte durchzubringen. Und wenn wir allzu viel jetzt bereits fordern, dann gibt es einen gewaltigen Rückstau. Nicht jeder von uns ist in der Lage, dies immer historisch richtig zu erklären, darum sollten wir bestimmte Dinge nicht in den Vordergrund stellen, um unser Programm sozusagen auf der Schiene durchzubringen, wie es hier heute angeführt ist.«[91]

Selbst die NPD wollte unter ihrem damaligen Vorsitzenden Udo Voigt auf eine Form von »abgestuftem Rassismus« umschwenken. Man wolle, so formulierte Voigt in einem Strategieaufsatz, »weniger von Ausländern, sondern mehr von Fremden sprechen, denn für die Wähler reduziert sich das Ausländerproblem auf ein Türken- und Araberproblem«. Und weiter: »Wenn wir von Ausländern allgemein sprechen, dann gibt es unter den Bürgern einen Solidarisierungseffekt mit dem Pizzabäcker, auf den sie nicht verzichten wollen.«[92]

Bei Götz Kubitschek ist das Ganze zwar etwas anspruchsvoller formuliert, die Stoßrichtung bleibt aber die gleiche, wenn er in der *Sezession* schreibt:

Hier wälzt sich die Redaktion schlaflos, bevor eine Behauptung Nietzsches den Schluss eines Artikels zieren darf: »Nur Barbaren können sich verteidigen.« Und die Feststellung, dass »der Feind schon diesseits der Mauern ist«, wird im Zweifelsfall metaphorisch und nicht ganz und gar plastisch-handfest übersetzt. Texte, etwa über eine Schlägerei mit einem Türken (ein Erinnerungsstück aus dem Jahr 1992, das für das »Islam«-Heft geplant war), bleiben in der Schublade. Alles ist am Ende angelegt auf Einspeisung in die große, intellektuelle Debatte – mit erkennbarer Marschrichtung zwar, aber es marschieren letztendlich doch nur die Gedanken, die wiederum zum Denken auffordern – und nicht zur Aktion, und sei sie auch nur symbolisch.[93]

Solche sprachlichen Tarnstrategien sind bis heute für die neue Rechte typisch. Die Verschleierung der wahren Ziele beugt Verboten vor und führt dazu, dass sich nur einige wenige Landesämter in ihren Verfassungsschutzberichten mit dem Phänomen auseinandersetzen. Dass die Überlegungen und Pläne von deren Szenehelden deswegen weniger radikal wären als die derjenigen, die unter verschärfter Beobachtung stehen, lässt sich klar verneinen. Ganz im Gegenteil: Gerade dass die neue Rechte es schafft, sich in ihrer Kommunikation immer gerade noch so innerhalb der Grenzen des Legalen zu bewegen, macht sie auf lange Sicht umso gefährlicher. Oder, um es mit Peter Glotz zu sagen: »Die neue Rechte bildet ein core curriculum, einen Lehrplan« heraus, der »für die liberale, aufgeklärte, im Kern laizistische, tolerante Zivilgesellschaft eine weit größere Gefahr bedeutet als das, was unsere Polizisten beobachten«[94].

Besonders zynisch wird es, wenn am Ende sogar Konzepte wie der »Ethnopluralismus« durch sprachliche Nebelwände in der ersten Wahrnehmung in ihr absolutes Gegenteil verkehrt werden. Da ist dann plötzlich von »differenzialistischem Antirassismus« oder »gemäßigtem Multikulturalismus« die Rede.[95] So bezeichnet sich etwa auch Alain de Benoist als Kritiker des Rassismus und behauptet, er diene mit dem Konzept des Ethnopluralismus »der Verteidigung der menschlichen Vielfalt«. »Genetische Vielfalt« gebe es nun einmal auch bei Menschen, führt er aus. »Ein Verlust an Vielfalt gefährdet den Fortbestand der Spezies.«[96] Zwischen den Zeilen ist herauszulesen, dass Alain de Benoist Rassen möglichst »rein« halten möchte, damit sie nicht »aussterben«. Gemäß diesem kruden Gedankenkonstrukt bedeutet Antirassismus, Rassen zu erhalten und vor Vermischung zu schützen. Nach Benoists Logik ist die aktuelle Politik Ausdruck von Rassismus, die »konkret zum Völkermord führen« könne.[97]

Um es noch einmal festzuhalten: Die neue Rechte weiß, wie sie Einfluss gewinnen kann. Lange genug konnte sie sich darüber Gedanken machen, nun sieht sie die Zeit reif, sich aus der Deckung zu wagen. Die Gefahr, die von ihr ausgeht, sollte man auf gar keinen Fall unterschätzen, bloß weil die Protagonisten auf den ersten Blick gemäßigt auftreten. Und viele ihrer Forderungen so formuliert sind, dass man die Intention dahinter nicht sofort erkennt. Genau mit dieser Strategie zielen sie auf die Mitte der Gesellschaft. Sie wollen ihre Scharnier- oder Brückenfunktion zwischen dem rechtsextremen Milieu einerseits und dem bürgerlichen Milieu andererseits nicht für vergleichsweise moderate Politik nutzen, sondern zu einer Verbreiterung der Basis, der Anhängerschaft für ihre radikalen Thesen. Oder anders gesagt: Wie auch immer die Neurechten aussehen oder sich verhalten – der Grundkonsens bleibt irgendwo zwischen radikal und extrem.

TEIL II
DIE EINSCHLÄGE KOMMEN NÄHER

Würde sich das Problem, das wir beschreiben, auf Thilo Sarrazin und seine überzeugtesten Anhänger beschränken, könnte man glauben, es sei eigentlich keines. Würde es sich bei all dem, was wir bisher beschrieben haben, nur um Hirngespinste ewiggestriger Altherrenrunden handeln, könnten wir uns entspannt zurücklehnen. Zumindest bis auf Weiteres. Tatsächlich hatte man lange das Gefühl, dass man sich genau das leisten konnte. Jahrelang war der normale Bürger mit radikalem Denken, Umsturzphantasien und wilden Verschwörungstheorien in eher homöopathischen Dosen konfrontiert – und dann auch zumeist vorgebracht und vertreten von Menschen, denen man schon fünf Kilometer gegen den Wind anmerken konnte, dass sie in ihrer ganz eigenen Welt zu Hause sind.

Blickt man sich heute mit wachen Augen um, kann man die neurechten Feinde der offenen Gesellschaft und ihr Gedankengut fast überall finden. Natürlich bei der AfD und bei Pegida, aber das dürfte nicht weiter überraschen. Gravierender ist das Vorkommen in den Medien. Nicht nur in den einschlägigen Szenepublikationen, sondern mit zunehmender Tendenz auch in den Leitmedien, die mit entsprechender Reichweite und Einfluss ausgestattet sind. Und das ist deutlich gefährlicher. Auf entsprechende Verlautbarungen stößt man in Publikationen von Journalisten und Professoren. Bei Anlageberatern und Edelmetallhändlern ist der Trend zu neurechten Untergangswarnungen ebenfalls immer häufiger anzutreffen – weil man mit Angst gutes Geld verdienen kann. Ja selbst in der Kirche, die eigentlich der Hort der Nächstenliebe sein sollte, finden sich zunehmend Menschen, die Ausgrenzung und Herzenskälte das Wort reden und sich langsam aus der demokratischen, offenen Gesellschaft verabschieden. Es hat sich ein vielschichtiges Milieu gebildet, das in all seinen Unterschieden eine Gemeinsamkeit hat: Ganz offen wird denjenigen die Hand gereicht, die das Bürgertum über Jahrzehnte gemieden hat wie der Teufel das Weihwasser.

Es ist kaum verwunderlich, dass sich in diesem inzwischen dicht gewebten Netz immer mehr Menschen verfangen. Besonders tragisch daran ist: Sie beginnen dann oftmals selbst, die Propaganda, der sie aufgesessen sind, mit hohem Einsatz in die Welt zu tragen, die Argumentationsmuster der Menschen- und Demokratiefeinde zu übernehmen und sich – oft unbewusst – an ihre Sprachcodes anzupassen. Aus *verführten Bürgern* werden so Schritt für Schritt *gefährliche Bürger*.

KAPITEL 5

DIE RADIKALISIERTEN BÜRGER – WIE DAS GIFT SEINE MACHT ENTFALTET

Wer sehen will, wie erfolgreich die neue Rechte auf dem Weg zur Diskurshoheit schon ist, der wird schnell bei Facebook fündig. Dort gibt es inzwischen eine schier unüberschaubare Zahl von Seiten und Gruppen, auf und in denen hinter verschiedensten Anliegen versteckt neurechter Menschenhass kultiviert wird. Es gibt offen fremdenfeindliche und verkappt judenfeindliche Seiten, reichlich Gruppen, die Flagge zeigen wollen gegen die »Islamisierung« – aus einer solchen ist die Pegida-Bewegung entstanden –, aber auch solche, die zunächst eher harmlos daherkommen. »Wir lesen ›DEUTSCHLAND VON SINNEN‹« nennt sich eine Gruppe, in der sich die Fans von Akif Pirinçci versammeln. Das klingt unverdächtig nach Lesezirkel; wirft man aber einen Blick in die Beiträge, sieht es anders aus. Täglich regen sich dort radikalisierte Bürger über ihre Lieblingsfeindbilder auf. Die Gruppe ist eine wahre Fundgruppe für szenetypische Kampfbegriffe wie »Gesinnungsterrorgequatsche« oder »deutsche Syndikat-Parasiten«, womit etablierte Politiker gemeint sind.[98]

In der Gruppe »Thilo Sarrazin«, ebenfalls ein Fanprojekt, ging das rechte Treiben offenbar zwischenzeitlich so weit, dass die Administratorin nun unter anderem Links zu »dubiosen und geradezu grotesken Quellen ohne Impressum« ebenso wie »Hetze«, »Diffamierungen« und »Fäkalsprache« untersagt hat.[99] Noch schlimmere Ausraster gab es augenscheinlich in der nicht satirisch gemeinten Gruppe »PUTINISTEN (Deutsche Freunde Wladimir Putins)«, wie dem folgenden Hinweis des Administrators zu entnehmen ist: »Wer in den Kommentaren den Möchtegern-Standrichter spielen will (›An die Wand‹, ›Genickschuss!‹, ›alle aufhängen‹), unmissverständliche Anspielungen auf bestimmte Ereignisse deutscher Geschichte macht (›Sowas wurde früher in Lagern entsorgt‹) oder anderweitig strafrechtlich relevante Äußerungen von sich gibt, kriegt eine permanente Sperre.«[100]

Oft genug werden aber auch aktuelle politische Themen gekapert, um neurechtes Gedankengut unter dem Deckmantel von »hier spricht ein besorgter Bürger« verbreiten zu können. Ein geplantes Asylbewerberheim in einem Wohngebiet? Sofort gibt es eine Gruppe, in der sich tatsächlich verunsicherte Bürger, die vielleicht Angst um den Wert ihrer Immobilie haben, und rechte Agitatoren auf Augenhöhe zusammenfinden. Letztere beteiligen sich oft auch bundesweit an Kampagnen, obwohl sie gar nicht selbst vom jeweiligen Problem betroffen sind. Reisten Anfang der 1990er-Jahre Neonazis durch die Republik, um sich vor Ort unter die besorgte einheimische Bevölkerung zu mischen und die Stimmung anzuheizen, geht genau das heute bequem und an vielen Stellen zugleich vom Rechner aus. Kontroverse Themen oder solche, die das Potenzial zu einem Aufreger haben, werden gezielt aufgegriffen. So schafft man Anknüpfungspunkte, um das eigene Gedankengut auch in Kreise einsickern zu lassen, die man sonst nie erreichen würde. Und diese wiederum sind dankbar für die Unterstützung, weil sie sich oft genug alleine gelassen fühlen mit ihren Sorgen. Eine explosive Mischung.

Das Muster wiederholt sich bei einer Vielzahl von Themen. Mythen über einen Bildungsplan, den keiner wirklich gelesen hat? Sofort gibt es Gruppen, die sich gegen eine »Hypersexualisierung«, die »Bedrohung der Familie«, den »Gender-Wahn« oder ähnliches aussprechen und in denen tatsächlich verunsicherte Eltern mit geschlossenen neurechten Weltbildern konfrontiert werden. Ähnliches gilt für die Frauenquote: Wer damit nichts anfangen kann, muss aufpassen, dass er sich nicht plötzlich in Gesellschaft derer findet, die aus einem völkischen Familiendenken heraus vor der »Entmännlichung« warnen. Auch das Thema Europa wird natürlich missbraucht: Wer sich Gedanken um seine Altersvorsorge macht oder Angst vor einer schleichenden Geldentwertung hat, trifft bei den neurechten Euro- und EU-Hassern auf Verständnis. Ganz nebenbei »lernt« man dort auch noch etwas über die Manipulation durch die »Mainstream-Medien«, das öffentlich-rechtliche »Propagandafernsehen«, die Unterdrückung der Menschen durch das »Papiergeldsystem« und über den Weg in die Diktatur, auf wir von Brüssel gelenkt werden. Die »EUdSSR« als Feind, die uns mit Rauchverboten und dem Ende der Glühbirne drangsaliert und immer neue Regeln aufzwingt. Es ist schon eine verkehrte Welt, wenn sich ausgerechnet die rechten Scharfmacher zum Hüter des Individuums und seiner Freiheit aufschwingen.

Die Liste der Themen, die gerade für Bürgerliche durchaus diskutabel sind, aber zunehmend von neurechten Kräften als Einfallstore für ihre Programmatik genutzt werden, ist lang – und erschöpft sich nicht in den genannten Beispielen. Weitere Feindbilder sind die Energiewende, die Inklusion Behinderter, immer wieder die USA, die Federal Reserve Bank und die EZB, um nur einige zu nennen. Das Internet macht es den Agitatoren leicht, über die beschriebenen Mechanismen Anknüpfungspunkte zu bürgerlichen Kreisen zu finden. Darüber hinaus erleichtert es auch die Vernetzung untereinander und ermöglicht die dauerhafte gegenseitige Bestätigung des eigenen Weltbilds. Wo früher einzelne Lunatiker etwa in einer Dorfgemeinschaft durch soziale Prozesse isoliert wurden, können heute ein paar hundert oder ein paar tausend, die sich bundesweit zunächst im virtuellen Raum zusammentun, eine ganz schöne Wucht entfalten. Dass dabei ausgerechnet diejenigen, die sich so sehr durch Parallelgesellschaften von Zuwanderern bedroht sehen, längst ihre ganz eigenen Parallelgesellschaften herausgebildet haben, muss man als Treppenwitz mit besonders schlechter Pointe ansehen.

Gefüttert wird die Szene, die sich dort tummelt, mit immer neuen Artikeln und Blogbeiträgen, die sich beständig um dieselben Themen und Argumente drehen. Wer diese einmal verinnerlicht hat, der braucht keine Angst zu haben, dass er plötzlich gezwungen wäre, seine Weltsicht noch einmal zu hinterfragen. Zumindest nicht, solange er sich an die Szene-Medien hält: von der rechtskonservativen *Preußischen Allgemeinen Zeitung* über das rechtslibertäre Organ *eigentümlich frei* und offen neurechte Zeitschriften und Magazine wie *Sezession, Blaue Narzisse* bis hin zum Querfrontblatt *Compact*. Auch Blogs und Online-Medien, die besonders knallige »Enthüllungen« in die Welt hinausposaunen wie die *Deutschen Wirtschafts Nachrichten*, *MMNews* und *Kopp Online* sowie das islamophobe Portal *Politically Incorrect* bedienen die Szene fleißig.

Der Drang der Leserschaft nach immer neuen reißerischen Artikeln zu denselben Themen ist enorm. Fast hat man den Eindruck, dass in der Szene eine Art Sucht nach der täglichen Dosis »Klartext« herrscht. Mit der Zeit wird jedoch, wie bei jeder Sucht, die Wirkung schwächer, weshalb die Dosis erhöht werden muss. Das lässt sich natürlich ganz prima erreichen, indem man den Grad an Vulgarität und Scharfmacherei nach oben treibt. Und wenn das eigene Vokabular, das man sich inzwischen erarbeitet hat, dafür nicht ausreicht, bedient man sich in der Vergangenheit. Politiker als »Volksverräter« und Journalisten als »Lügenpresse« zu bezeichnen, das hatte schon in der NS-Zeit Konjunktur. Viele heutige Kampfbegriffe wie »Political Correctness« oder »linksgrün-versifft«, »Blockparteien«, »Systemschreiberling«, »Journalistendarsteller«, »Meinungsbolschewiki« und »Mainstream-Medien« knüpfen an das hetzerische Vokabular des Dritten Reichs an. Konzepte oder Ideen, die der Szene nicht passen, werden zudem gerne (psycho-)pathologisiert; auf sprachlicher Ebene vor allem dadurch, dass den jeweiligen Begriffen das Suffix »Wahn« angehängt wird. Typische Beispiele sind »Gender-Wahn«, »Schulden-Wahn« oder »Multikulti-Wahn«. Auch der Zusatz »Lüge« ist sehr beliebt, etwa in Form der »Klima-Lüge« oder der bereits erwähnten »Lügenpresse«. Ebenso oft finden sich die Zusätze »Kult« (beispielsweise beim »Kriegsschuld-Kult«) oder »Industrie« und »Lobby«. Vor allem »Lobby« suggeriert, es seien geheim agierende Mächte am Werk, die über die Köpfe der Bürger hinweg ihre perfiden Interessen durchsetzen wollen. Besonders häufig sind die Zusammensetzungen »Homo-Lobby« und »Asyl-Industrie« anzutreffen.

Werfen wir einen genaueren Blick auf zwei Beispiele: der schon erwähnte Terminus »Political Correctness« ist der wohl beliebteste Kampfbegriff des Milieus, der auch in weiten Teilen des Bürgertums inzwischen als solcher gängig ist. Die Wendung steht eigentlich dafür, sich Minderheiten gegenüber höflich zu verhalten und diese weder durch Worte noch durch Taten zu diskriminieren. Auch in Deutschland wurde sie in weiten Teilen des Bürgertums positiv aufgenommen. Inzwischen ist der Begriff im konservativen Milieu jedoch zu einer verbalen Keule avanciert, die permanent und zornig geschwungen wird, um hemmungslos Ressentiments gegenüber Minderheiten zu artikulieren und all diejenigen, die zur Mäßigung aufrufen, zu verunglimpfen. Er richtet sich nicht bloß gegen eine vermeintliche Meinungsdiktatur oder gegen eine sonstwie geartete Unterdrückungsmaschinerie, sondern er ist vielmehr selbst der Versuch, die Möglichkeiten des Diskurses einzuschränken. Wer sich öffentlich abfällig über emanzipierte Frauen oder Ausländer, Asylbewerber oder Homosexuelle, Arbeitslose oder einfach politisch anders Gesinnte äußert und Kritik dann mit dem Vorwurf der »Political Correctness« kontert, hat nichts anderes im Sinn als die Diskussion über emanzipative Prozesse, den Abbau von Diskriminierungen und die Durchsetzung der Rechte anderer zu unterbinden. Dazu nutzt er den alten Trick, dem Gegenüber genau das vorzuwerfen, was er selbst versucht, nämlich die Meinung der anderen Seite gar nicht erst zur Debatte zuzulassen. Wer »Political Correctness« schreit und vorgibt, damit die Meinungsfreiheit schützen zu wollen, tut genau das Gegenteil davon.

Ähnlich verhält es sich mit dem Begriff »Gutmensch«. Auch dieser sagt mehr über denjenigen aus, der ihn benutzt, als über denjenigen, den er treffen soll. Würde er nur gegen eine eng gefasste Gruppe von Menschen ins Feld geführt werden, die sich zwar als gute Menschen inszenieren, sich aber nicht wirklich engagieren oder abtauchen, wenn es anstrengend, schmutzig oder anderweitig unangenehm wird, dann könnte keiner etwas gegen diese Bezeichnung sagen. Aber wie David Schmid für *Zeit Online* ausführlich herausgearbeitet hat, wird der Begriff inzwischen in der Regel in ganz anderen Situationen genutzt.[101] Veganer? Grundsätzlich Gutmenschen. Und das ist nicht positiv gemeint. Wer an die Demokratie glaubt? Gutmensch. Die Väter des Grundgesetzes? Selbst die: naive Gutmenschen.

Wer sich online schon einmal gegen irgendeine Form von Diskriminierung eingesetzt hat, weiß, dass es in der Regel keine drei Kommentare von anderen Nutzern braucht, bis einem das erste Mal der »Gutmensch« an den Kopf geworfen wird. Die Frage ist dann nur noch, ob man bereits vorher oder erst nachher als »Gesinnungspolizist«, »Meinungsdiktator« oder »Blockwart« beschimpft wird. Ein Gutmensch ist aus Sicht derjenigen, die dieses Wort inflationär gebrauchen, so ziemlich jeder, der an die positive Gestaltbarkeit unseres Gemeinwesens, an das Gute im Menschen und an die Verantwortung glaubt, die jeder einzelne von uns auch für andere trägt und der die Herabwürdigung von Minoritäten ablehnt.

Hat man das verstanden, lässt sich der Charakter derjenigen, die diese Begriffe andauernd und mit Verve einsetzen, relativ leicht skizzieren. Mit der Abwertung all jener, die versuchen, diese Welt erträglich und im Sinne eines Miteinanders zu gestalten, versuchen sie gleichzeitig all diejenigen aufzuwerten, die sich daran nicht beteiligen wollen. Sich und ihr Milieu wollen sie so reinwaschen und die diesem inhärente Rücksichtslosigkeit mit einer weißen Weste umkleiden. Einzig und allein zu dem Zweck, sich ihre Freiheit nicht nehmen zu lassen, andere schlechter zu behandeln, als sie selbst behandelt werden wollen. Und dazu, anderen Menschen nicht dieselben Rechte zuzugestehen, die sie selbst genießen. Jemanden nicht mehr »Neger« zu nennen, empfinden sie als Einschränkung ihrer Freiheit; Höflichkeit ist keine Kategorie, in der sie denken. Freiheit ist in diesen Kreisen immer die Freiheit zur Diskriminierung, nicht die Freiheit von Diskriminierung oder die Freiheit des anderen. Dieses krude Freiheitsverständnis kommt nirgendwo so gut zum Ausdruck wie in dem berühmt-berüchtigten Spruch »Das wird man ja wohl noch sagen dürfen«.

Mit diesem Motto könnte man auch die »Mahnwachen für den Frieden« überschreiben, auch »Montagsdemonstrationen« genannt, die ab dem Frühjahr 2014 über das Land schwappten. Vordergründig ging es darum, für den Frieden in der Ukraine zu demonstrieren – aber diejenigen, die dort recht schnell die Führung übernahmen, standen und stehen für ganz andere Themen. Man kann sich blind irgendeinen Mitschnitt von irgendeiner Mahnwache herausgreifen, um recht schnell auf neurechte Thesen und antisemitische Stereotype und Codes zu stoßen. Oft genug eingerahmt von ernstgemeinten Friedensbotschaften und naiven Weltverbesserungsvorschlägen.

Nehmen wir Hamburg, irgendwann in der Anfangszeit der Mahnwachen, die inzwischen mehrfach den Namen gewechselt und sich aufgespalten haben, aber immer noch weiterbestehen. Dort ergreift eine junge Frau das Mikro, gekleidet in einen unauffälligen beigefarbenen Mantel. Ihr Kiez befindet sich, so schließt man aus ihren Worten, offenbar rund um das Abaton-Kino, eine der besseren Wohngegenden in Hamburg. Von der im Hamburger Bürgertum über Jahrhunderte gepflegten Zurückhaltung ist bei ihr allerdings wenig zu spüren.[102] Ausgerechnet am Jungfernstieg, mitten im alten Zentrum der Hansestadt, legt sie ihre Weltsicht dar; diese besteht maßgeblich daraus, dass Deutschland das letzte Mal 1914 (!) frei gewesen und seitdem ein besetztes Land sei. »Erster und Zweiter Weltkrieg, Ihr wisst schon, wer die bezahlt hat«, doziert sie fröhlich vor sich hin, um dann – vor dem Apple-Store, mit Eis essenden Kids im Hintergrund und ungefähr siebzig Jahre, nachdem die letzte Bombe auf Hamburg gefallen ist – vom fortdauernden Kriegszustand zu berichten. Dann springt sie thematisch zu Michael Jackson. Zu *dem* Michael Jackson? Ja, genau zu dem. Mit den Worten: »Sie lügen, sie lügen, sie lügen« wird er von der Dame in Beige zitiert. Wegen dieser Äußerung habe er nur zwei Wochen später sterben müssen, teilt sie deutlich erregt der Menge mit. Nun könnte es interessant werden. Wer hat Michael Jackson ermordet? Weiß die Frau im Trenchcoat mehr als wir alle?

Aber noch während man diesem Gedanken nachhängt, wechselt sie ansatzlos zu Russland und seinem Präsidenten Putin über, den sie liebevoll »Wladimir Wladimirowitsch« nennt, während sie dem Westen »Kriegshetze« unterstellt. Um dann ganz schnell mit einem Seitenhieb auf Deutschlands Regierung noch das zu vollenden, mit dem sie ihre Suada begonnen hatte: »Sie sind die Vasallen der Rothschilds!« Alles klar, Antisemitismus im bürgerlichen Gewand. Unvermeidlich folgt sodann der Hinweis auf die Gruppen, in denen man sich organisiere, um endlich Widerstand zu leisten. Auf Facebook natürlich, jenem Netzwerk, das der jüdische US-Bürger Mark Zuckerberg gegründet hat.

Andere, die man auf den Mahnwachen trifft, sprechen von »Reichsflugscheiben«, mit denen einige SS-Granden am Ende des Zweiten Weltkriegs ins Neuschwabenland in der Antarktis geflüchtet sein sollen. Wieder andere behaupten, die Kondensstreifen am Himmel seien so genannte »Chemtrails«, die beweisen würden, dass wir alle gezielt mit Chemikalien ge-fügig gemacht werden – wogegen lustige Aluhüte, also aus Alufolie gebastelte Kopfbedeckungen helfen sollen, oder so ähnlich. Keine Frage, die »Mahnwachen für den Frieden«, »Montagsdemos« oder »Friedenswinter«-Veranstaltungen wer-den von Menschen mit unterschiedlichsten Biografien und Überzeugungen besucht. Von links bis rechts, von friedens-bewegt bis putinfreundlich, von antisemitisch bis globalisie-rungskritisch und von nur ein bisschen bis ziemlich komplett durchgeknallt dürfte sich das Spektrum bewegen. Hier ist die linksrechte Querfront in ihrer ganzen Breite und mitsamt ihren Plakaten zu bewundern, auf denen dann vielsagende Botschaften wie die »ReGIERung ist eine Geisel der FED«, »Dein TV lügt« oder »Kredit Kriegshetzer ARD und ZDF« zu sehen sind. Und mittendrin alte und neue Nazis oder auch nur stramm Neurechte.

Eine ganz besondere Gruppe aus diesem letztgenannten Spektrum findet man recht zuverlässig auf solchen Veranstal-tungen; auch die Frau im beigen Mantel gehört dazu und mit dem bekannten Sänger Xavier Naidoo haben sie zumindest einen prominenten Unterstützer. Die Rede ist von den soge-nannten Reichsbürgern. Deren Darstellung der jüngeren Ge-schichte unseres Landes lautet ungefähr so: Das Deutsche Reich ist nie untergegangen und besteht folglich bis heute fort. Grund dafür ist das Fehlen eines nach 1945 geschlos-senen Friedensvertrags. Die »2+4-Verträge« im Zuge der deutschen Wiedervereinigung werden nicht stellvertretend als solcher anerkannt. Deutschland ist nach dieser Lesart bis heute ein besetztes und nicht souveränes Land. Weder das Grundgesetz noch die sonstigen Gesetze und Institu-tionen der Bundesrepublik Deutschland sind deshalb für die Reichsbürger rechtsgültig. Anstelle der Bundesrepublik Deutschland als Staat gebe es lediglich eine »BRD GmbH«, deren »Geschäftsführerin« – von Amerikas Gnaden – Angela Merkel ist.

In den Details herrscht unter Reichsbürgern oft Uneinigkeit – man fühlt sich an die Diskussionen zwischen der Volksfront von Judäa und der Judäischen Volksfront aus Monty Pythons Film »Das Leben des Brian« erinnert. Die einen sagen, es gelte weiter das Deutsche Reich von 1937, andere berufen sich auf 1871, wieder andere gehen noch deutlich weiter zurück. Auf Youtube finden sich einige Dokumentationen über das Phänomen, noch zahlreicher allerdings sind die von »Exilregierungen des Deutschen Reiches«, »Kommissarischen Reichsregierungen« oder gar dem »Königreich Deutschland« selbst hochgeladenen Videos. Viele davon sind reichlich schräg, und das gilt auch für die zugehörigen selbsternannten »Reichskanzler« oder »Reichspräsidenten«, bei denen es sich in der Regel um ältere Herren handelt, die anscheinend mit dem Leben selbst so überfordert sind, dass man ihnen Deutschland sicher nicht anvertrauen sollte. Manche von ihnen kleiden sich sogar in Purpur mit weißem Pelzbesatz, Krone inklusive.

Auch kursieren ganz wunderbare Versuche, die Nichtexistenz des Staates Bundesrepublik Deutschland und dessen faktisch nicht bestehende Souveränität zu beweisen. So hält sich in rechten Foren das Gerücht, man könne das herausfinden, indem man Briefe innerhalb Deutschlands nur mit dem gut lesbaren Vermerk »Kriegsgefangenenpost« versieht. und auf das Porto verzichte. Die Post komme trotzdem an. Wo, wenn nicht in einem besetzten Land, in dem alle Bürger »Sklaven« der Besatzer seien, solle das sonst möglich sein? Die Post winkt auf Nachfrage ab und gibt an, dass bei 65 Millionen Sendungen am Tag immer ein paar durchrutschen können, die nicht oder mit zu wenig Porto frankiert seien.[103] Auch ein Blick in die einschlägigen Internetseiten und Blogs, die so klangvolle Namen wie »Volksbetrug« oder »Excalibur« tragen und regelmäßig durch schlechte Kenntnisse der deutschen Sprache, Fettungen, Unterstreichungen und – besonders wichtig! – die inflationäre Nutzung von Ausrufezeichen,

Großbuchstaben und einen unglaublichen Farbenrausch auffallen, lohnt sich zu diesem Thema. Dort werden nämlich durchaus Fälle dokumentiert, in denen Reichsbürger empört von Nachzahlungsforderungen von der Post berichten. Welche Überraschung.

Als weiterer Beweis für die Nichtexistenz unseres Staates wird gerne angeführt, die Staatsangehörigkeit »Deutsch« im Reisepass weise darauf hin, dass es die Bundesrepublik Deutschland nicht gebe, weil dort sonst als Staatsangehörigkeit »Bundesrepublik Deutschland« stehen müsste. Eine kurze Recherche würde den Vertretern dieser Theorie vor Augen führen, dass dann Länder wie Frankreich, Portugal oder Brasilien – die Auswahl erfolgte willkürlich – ebenfalls keine souveränen Staaten sein könnten, steht in Pässen dieser Länder in der entsprechenden Rubrik doch auch nur »Française«, »Portuguesa« oder »Brasileira«. Ähnlich verhält es sich mit der Überzeugung, in Deutschland bekäme man einen Personalausweis statt eines Personenausweises – womit deutlich werde, dass man nur Personal der »Firma BRD« und nicht etwa eine autonome Person sei.

Muss man sich damit abfinden? Auf keinen Fall! Das denken zumindest diejenigen, die solche Geschichten verbreiten, weil sie Möglichkeiten gefunden haben, daraus ein Geschäftsmodell zu machen. So druckt etwa die selbsternannte »Deutsche Reichsdruckerei«, angeschlossen an das selbsternannte »Reichsamt« – beide haben übrigens Webseiten, die optisch direkt aus der Hölle oder tatsächlich irgendwann aus der Zeit des Deutschen Reiches kommen müssen –, für derzeit 30 Euro einen »Reichspersonenausweis«. Das ist gut für diejenigen, die damit Geld verdienen. Aber nicht so gut für diejenigen, die für diesen Quatsch bezahlen. Wenig überraschend sind sich die verschiedenen selbsternannten Reichsregierungen untereinander nicht grün und sprechen sich gegenseitig die Legitimation ab; klar, es geht ja ums Geschäft. Da wird dann gerne auch mal von »Hochverrat«, »Bereini-

gung« oder »Staatsterrorismus« gesprochen.[104] Der fortge-
schrittene Reichsbürger legt sich daher von allen Anbietern
gleichermaßen Dokumente zu – damit glaubt er sich auf der
sicheren Seite. So weit, so komisch.

Es verwundert nicht, dass diejenigen, die entsprechende
Theorien mit allem was sie haben vertreten und verteidigen,
bei genauerem Hinsehen oft genug gescheiterte Existenzen
sind. Egal ob Unternehmenspleiten, der Verlust des Führer-
scheins oder die Unfähigkeit, angesammelte Strafzettel zu bezahlen – den Fehler sucht man nicht bei sich, sondern bei
anderen. Die Beispiele gleichen sich trotz unterschiedlicher
Thematiken in ihrer Struktur. So versuchte ein Reichsbürger,
gegen die Zwangsversteigerung des eigenen Grundstücks vor-
zugehen, indem er die Legitimation des Gerichts als einer
Institution, die der Reichsverfassung entgegensteht, anzwei-
felte. In dieser Behauptung war der Herr dann tatsächlich
ganz nah beim größten Verschwörungstheoretiker aller Zeiten: Adolf Hitler. Der hatte nicht nur überall »die Juden« am
Ruder gesehen, sondern nach dem gescheiterten Putsch 1923
in Haft auch zu Protokoll gegeben, er könne gar keinen
Hochverrat begangen haben, weil es »keinen Hochverrat gegen die Landesverräter von 1918 [gebe]«, weshalb er auch das
Gericht nicht anerkenne.[105]

Das Ergebnis war in beiden Fällen eindeutig. Hitler ging
ins Gefängnis. Und auch das auf der Seite des nordrhein-
westfälischen Justizministeriums wörtlich nachzulesende Urteil des Amtsgerichts Duisburg gegenüber dem unbekannten
Reichsbürger ist bereits in den Leitsätzen durchaus witzig:
»Eine deutsche Reichsverfassung, eine kommissarische Reichs-
regierung oder ein kommissarisches Reichsgericht existieren
ebenso wenig, wie die Erde eine Scheibe ist.« In der Begründung wird das Gericht noch deutlicher: »Anderslautende Behauptungen und Rechtsansichten beruhen auf ideologisch
bedingten Wahnvorstellungen. Sie werden gemeinhin allenfalls von rechtsradikalen Agitatoren [...] oder von Psycho-

pathen vertreten [...].«[106] Das ist doch nett: So darf sich jeder Reichsbürger aussuchen, zu welcher Gruppe er sich selbst zählt.

Aber im Ernst: Viel häufiger hat man bei der Lektüre mancher Gerichtsakten ein eher mulmiges Gefühl. In Brandenburg entschied das Landessozialgericht im Jahr 2014, dass eine Reichsbürgerfamilie mit Kindern keinen Anspruch auf Sozialleistungen habe. Die Begründung: Die Mutter weigerte sich beharrlich, sich mit gültigen Papieren – etwa einem Personalausweis oder Reisepass – auszuweisen. Sie legte stattdessen »Staatsangehörigkeitsausweise«, ausgestellt von der »administrativen Regierung des Freistaates Preußen« vor und wollte auch ihre Adresse nicht preisgeben. Ihre Ausführungen lesen sich einmal mehr abenteuerlich: »Aus Gründen der Diskriminierung und aus Furcht vor Repressalien gegen sie als ›preußische Minderheit‹ könnte sie die genaue Adresse ihres Schlafplatzes nicht bekannt geben.«[107] Im Falle einer Einzelperson könnte man nun nach dem Motto »Wer nicht will, der hat schon« abwinken. In diesem Fall muss man dagegen wirklich hoffen, dass das Jugendamt einen sehr genauen Blick auf den Fall wirft.

Bei den wenigsten »einfachen« Reichsbürgern lässt sich übrigens ein übergeordnetes politisches Ziel erkennen. Ganz im Gegenteil: Es geht regelmäßig um ganz egoistische Anliegen. Wer keine Steuern zahlen will oder kann, dem ist es natürlich recht, wenn ihm jemand eine Argumentation liefert, nach der er das auch gar nicht muss. Die Infrastruktur der Bundesrepublik Deutschland, für die die Reichsbürger nicht aufkommen wollen, nutzen sie aber selbstverständlich gerne. Ebenso übrigens wie die Sozialleistungen, die viele von ihnen bekommen. Der Opportunismus und die Verlogenheit dieser Leute lässt sich an diesen Beispielen gut illustrieren: Sie versuchen alles für sich abzugreifen, Solidarität fordern sie selbstverständlich vom Staat und der Gesellschaft ein, haben aber trotzdem kein Problem damit, sich den lästigen Pflichten des

Staatsbürgerdaseins mit dem Spruch, man stehe der »Firma BRD« exterritorial gegenüber, zu entziehen.

Dass der Staat sich dieses Verhalten kaum bieten lassen kann, liegt auf der Hand. In der Realität ist es aber leider mit der Durchsetzung des Rechts so eine Sache. Reichsbürger sind anscheinend Menschen mit viel Zeit. Und diese nutzen sie, um den Staat und dessen Verwaltungs- und Vollzugsorgane anzugreifen. Nicht enden wollende Korrespondenzen, oftmals bestehend aus seitenlangen Pamphleten, dauernde Einsprüche, egal ob begründet oder nicht, sorgen für volle Schreibtische bei den Sachbearbeitern. Doch dabei bleibt es nicht immer, sind doch inzwischen zahlreiche Bedrohungen bis hin zu Morddrohungen aktenkundig. Immerhin begehen die »Schergen« der »Firma BRD« nach Ansicht der Reichsbürger mit ihrer Anmaßung, ihnen etwas vorgeben zu wollen, »Hochverrat« – und der ist aus ihrer Sicht mit dem Tode zu bestrafen. Gerade in Ostdeutschland (aber nicht nur dort) ist das Reichsbürgertum mittlerweile zu einem nicht mehr zu ignorierenden Phänomen geworden, weswegen Verfassungsschützer nunmehr entsprechende Informationsbroschüren für Staatsbedienstete erstellen.

Dazu passt, dass es inzwischen eine regelrechte Vortragsindustrie gibt, deren Redner verängstigten oder überforderten Bürgern abenteuerliche Geschichten auftischen. Ein Beispiel dafür – und auch für die erschreckende Professionalisierung der Szene – ist Reiner Oberüber. Dieser hat sich innerhalb sehr kurzer Zeit zu einem kleinen Star des Milieus entwickelt. An ihm lässt sich ganz gut illustrieren, wie die Argumentation funktioniert, warum sie funktioniert und warum aus einstmals versprengten Wirrköpfen inzwischen eine nicht zu unterschätzende Bewegung entstanden ist.

Oberüber war früher Inhaber und Geschäftsführer einer Werbeagentur. Auch heute tritt er seriös auf, im gut sitzenden Anzug und ordentlich frisiert, mit professionellen Powerpoint-Präsentationen. Das kann aber nicht darüber hinwegtäuschen, dass Oberüber teilweise Blödsinn, teilweise aber auch politisch rechtsradikal einzuordnende Verschwörungstheorien verbreitet. Wenn er etwa behauptet, dass jeder, der für die Bundesrepublik Deutschland Wehrdienst geleistet hat, Hochverrat begangen habe – weil die Bundesrepublik kein legitimer Staat sei –, oder wenn er erzählt, die bundesdeutsche Polizei sei nur der »Werkschutz« der »Firma BRD GmbH« und habe einem daher nichts zu sagen, dann kann man das bis zu einem gewissen Punkt einfach durchgeknallt nennen.[108] Spätestens wenn Oberüber aber meint, die Verwaltung der Bundesrepublik Deutschland simuliere nur einen Staat – und das auch noch schlecht –, habe für ihr gesamtes Tun keine Legitimation und handele gezielt »gegen die Deutschen«,[109] dann steht er an der Seite rechtsextremer und neurechter Agitatoren.

Lauscht man dem Applaus in Reiner Oberübers erfolgreichstem Video, muss man zu dem Schluss kommen: Im Publikum können kaum mehr als fünf Leute gesessen haben. Im Internet allerdings klickt eine sechsstellige Zahl von Menschen seine Videos an – eine Reichweite, die kaum ein deutscher Politiker bei Youtube jemals erzielt hat. Ein Großteil der Behauptungen von Oberüber zeigt schlicht, dass er keine Ahnung von Recht und Gesetz hat – oder haben will. Dass seine Zuhörer entweder zu dumm sind, zu recherchieren, oder schlichtweg lieber unseriösen Quellen glauben wollen als offiziellen staatlichen Seiten, spricht nicht unbedingt für sie. Dass sie wie er nicht in der Lage sind, zu verstehen, dass Personalausweise nicht *nur* an Staatenlose vergeben werden, sondern *auch* an Staatenlose vergeben werden können, ist ein weiteres Beispiel für ihre Ignoranz.

Alles, was die Mär von der eigenen Staatenlosigkeit, vom eigenen »Sklaventum« widerlegen könnte, wird ausgeblendet. Aus einer gefühlten Ungerechtigkeit wird durch die Lügen von Scharfmachern wie Oberüber in den Köpfen der Menschen plötzlich Unrecht und der Rechtsstaat fast zwangs-

läufig zum Unrechtsstaat. Was liegt da näher, als zu suggerieren, die Zeit zum – auch gewaltsamen – Widerstand sei
gekommen?

Dass das nicht bloß leere Floskeln sind, spürt man spätestens dann, wenn man den Reichsbürgern wirklich einmal mit
der geballten Staatsmacht zu Leibe rückt. Mehr als einmal
wurden Gerichtsvollzieher von selbsternannten Polizeieinhei-
ten wie dem »Deutschen Polizei Hilfswerk« (DPHW) festgesetzt oder gar Polizisten angegriffen. Auch der selbst ernannte
»König von Wittenberg« etwa bedrohte zwei Lehrerinnen
wegen des seiner Meinung nach »unmoralischen Sexualkun-
deunterrichts« – ein Thema, bei dem er gleichermaßen an der
Seite von AfD-Führungskadern wie der NPD steht.[110] Eine
Person aus dem losen Umfeld des Nationalsozialistischen Un-
tergrunds (NSU) soll laut einer Antwort der Bundesregierung
auf eine Anfrage einiger Abgeordneten der Linkspartei aus
dem Jahr 2012 zur Reichsbürgerbewegung gehören.[111] Und
groß in die Schlagzeilen schaffte es auch der Fall des radikalen
Reichsbürgers, der auf einem chaotischen Gewerbegrund-
stück in Berlin, das er als »exterritoriales Gebiet« bezeichnete,
massenhaft Chemikalien zum Bau von Sprengsätzen lagerte.
Hört man dem Mann, der es danach noch einmal schaffte,
durch Hilfe von außen aus der geschlossenen Psychiatrie zu
fliehen, auch nur zwei Minuten zu, möchte man sich gar
nicht vorstellen, zu was er in einer dunklen Stunde mit einer
ordentlichen Bombe in der Lage gewesen wäre.[112]

Es verwundert daher nicht, dass der norwegische Atten-
täter Anders Breivik in der Szene große Sympathie genießt –
und gleichzeitig diejenigen, die sich von Staatsseite aus mit
dem wachsenden Phänomen beschäftigen, vor nichts größere
Angst haben, als dass einer der Verrückten tatsächlich zur
Waffe greift. Wer sich in den Wahn hineingesteigert hat, in
einem besetzten Land zu leben, das von fremdgesteuerten
Marionetten so regiert wird, dass den Deutschen – und damit
auch ihm – am meisten geschadet wird, kommt irgendwann

fast zwangsläufig an den Punkt, um sich zu schlagen. »Selbstjustiz ist die neue Polizei«, dieser Plakatspruch der Jungen Alternative, der halboffiziellen Jugendorganisation der AfD, bekommt einen ganz besonderen Beigeschmack, wenn man ihn vor dem Hintergrund dieser Geschichten betrachtet.

Nicht immer hat man es aber mit Einzelgängern zu tun, auch wenn die Szene fraglos noch sehr fragmentiert ist. Im Kontext des Breivik-Attentats und der Aufdeckung der NSU-Morde gingen Droh- und Hassbriefe einer »Reichsbewegung« bei jüdischen und muslimischen Gemeinden ein. Mit »Ausweisung aus Deutschland« ist ein mit antisemitischen, rassistischen und esoterischen Parolen gespicktes Pamphlet überschrieben, in dem alle »raum-, wesens- und kulturfremden Ausländer in Deutschland« zur Ausreise innerhalb der nächsten sechs Monate aufgefordert werden. Ansonsten drohe die Hinrichtung. Auch ist von einer »alliierten Fremdherrschaft«, ausgeführt von einer »Marionettenregierung« die Rede, die einer »Völkervernichtung durch Rassenvermischung« Vorschub leiste.[113] Alles schon einmal gehört.

Auch andere gesellschaftlich weit rechts stehende Gruppen sind, wenngleich nicht so militant, in ihren Argumentationslinien durchaus mit den Reichsbürgern vergleichbar. Oftmals gehen ihnen Leute auf den Leim, die eine gewisse Position übernehmen und gar nicht merken, wem sie da eigentlich folgen. So geschehen mit den so genannten »Impfgegnern«, die Anfang 2015 plötzlich in den Fokus der Öffentlichkeit gerieten, als sich die Masern in Deutschland wieder ausbreiteten und ein Kind zu Tode kam. Die Skepsis gegenüber der Schulmedizin, die weit über den Gedanken einer Ergänzung durch alternative Methoden hinausgeht und die Erkenntnisse der Wissenschaft rundherum ablehnt, wird oftmals als eher linksalternatives Phänomen wahrgenommen. Befeuert wird sie allerdings seit langem auch schon aus einer ganz anderen Ecke, nämlich aus der völkisch-antisemitischen.

Der bekannteste Vertreter der Szene ist gleichzeitig der Begründer der »Germanischen Neuen Medizin«. Der ehemalige Mediziner Ryke Geerd Hamer – ihm wurde 1986 die Approbation entzogen – lehnt jegliche Form von Schulmedizin ab. Er hält diese für ein Instrument, mit dem Juden versuchen, der übrigen Weltbevölkerung zu schaden und sie letztlich zu dezimieren. Bei HIV handelt es sich seiner Meinung nach nur um eine Allergie, die keiner Behandlung bedürfe; mit der Therapie seien weltweit bereits Millionen Menschen ermordet worden. Und im Rahmen der Impfkampagne gegen die Schweinegrippe sind laut Hamer den Patienten über die Spritze Chips implantiert worden, mit denen die Betroffenen getötet werden könnten.[114] Hamer berief sich zur Untermauerung seiner absurden Überzeugungen in der Vergangenheit gerne auf einen Juden. Der nur gar kein Jude, sondern ein rechter Verschwörungstheoretiker aus der Reichsbürgerszene war, ein Mann, der nicht nur wegen der Leugnung des Holocausts, sondern auch wegen Titelmissbrauchs, Hetzbriefen an jüdische Mitbürger und Steuerhinterziehung immer wieder Probleme mit der Justiz hatte.[115] So viel zur Seriosität von Hamer; seinem Ansehen unter seinen »Jüngern« tut dies allerdings keinen Abbruch.

Dabei, und das ist nicht allzu schwer zu recherchieren, ist die Impfkritik als Vehikel für den Kampf gegen das Judentum und die »jüdische Medizin« spätestens seit den Einlassungen Julius Streichers aus dem Jahr 1935 dokumentiert. Der Herausgeber des *Stürmer* und NSDAP-Gauleiter in Franken sprach damals von »artfremdem Eiweiß« als »Gift« für den Körper, womit er nicht nur den »Samen eines Mannes von anderer Rasse« meinte, sondern auch »Serum und Lymphe«, die den Menschen zwangsverabreicht werden. »Die deutsche Frau kann sich vor der ›Imprägnation‹ schützen, indem sie dem Juden die richtige Antwort gibt. Aber kein Deutscher, weder Mann noch Frau, kann der Blutvergiftung entgehen, weil es der medizinischen Wissenschaft gelungen ist, schon den Säugling zwangsmäßig damit zu ›imprägnieren‹!«[116] Mit

Sätzen wie diesen stellte er das Impfen als Gefahr noch über die »Rassenschande«.

Von allen diesen Vorgeschichten dürften die meisten Impfgegner nichts wissen. Sie lassen sich von politisch vermeintlich neutralen Broschüren »aufklären«, geben ihrer Wissenschaftsskepsis nach und folgen einmal mehr dem vermeintlich »gesunden Menschenverstand«. Damit finden sie sich übrigens nicht nur an der Seite rechtsesoterischer Quacksalber wieder, sondern auch an derjenigen radikaler Geistlicher aus dem 19. Jahrhundert, die in der Pockenimpfung einen Eingriff in die Schöpfung sahen. Auf ähnliche Weise machen Islamisten in Nigeria gegen die Polio-Schutzimpfung mobil, wie der *Focus* dokumentiert hat.[117]

Das Thema »Impfen« ist nur eines von vielen, wo bewusste, vor allem aber auch unbewusste Vorprägungen zu Gefahren für die Allgemeinheit oder zur Beschädigung des Rechtsstaats führen. Auch wenn vor Gericht Gutachten gleich von mehreren Instanzen nicht in Frage gestellt werden, die eindeutig unter dem Einfluss fremdenfeindlicher Stereotype entstanden sein müssen, ist das ein weiteres Beispiel für die Macht des Ressentiments. So geschehen im Fall eines afrikanischen Vaters, dem auf Basis eines Sachverständigengutachtens zunächst das Sorgerecht für seine Tochter verweigert wurde. Diese Entscheidung wurde erst vom Bundesverfassungsgericht kassiert, dann aber in kaum gekannter Eindeutigkeit. Das höchste deutsche Gericht ließ keinen Zweifel daran, dass dem Gutachten Vorurteile zugrundelagen. Die Sachverständige sei dem Kindsvater offenbar »nicht mit der gebotenen Neutralität« begegnet und habe sich »von sachfremden Erwägungen« leiten lassen. In der 2014 ergangenen Entscheidung wird explizit ausgeführt, dass »die Sachverständige Äußerungen und Verhaltensweisen des Beschwerdeführers ebenso wie seine von der Gutachterin wiederholt in den Vordergrund gerückte Herkunft aus einem afrikanischen Land in sachlich nicht nachvollziehbarem Maße negativ bewertet« habe und sich in dem Gutachten »nicht näher begründete negative Stereotype in Bezug auf die Kindererziehung in afrikanischen Ländern [finden].«[118] In diesem Fall konnte einer folgenreichen Manifestation dieses Denkens also in letzter Instanz ein Riegel vorgeschoben werden. Aber wie oft geschieht bereits das Gegenteil, ohne dass die Öffentlichkeit davon Kenntnis erlangt? Ein mit der Thematik befasster Familienrechtsanwalt bestätigt die Sorge: Gerade das Kindschaftsrecht bietet aus seiner Sicht ein »Einfallstor für grundlegende persönliche und sozial-gesellschaftliche Vorurteile«. Es sei zu beobachten, dass sich bei einigen Richtern die »als normaler ›Standard‹ empfundene soziale Norm« im Rahmen der »zunehmenden sozialen Legitimierung der Ablehnung von als fremd empfundenen Menschen« gleich mit verschiebe.

Vorurteile, Pauschalisierungen und Verschwörungstheorien gewinnen wieder Raum, und zwar in der Mitte der Gesellschaft. Das Beängstigende an dieser Entwicklung liegt darin, dass hier eine regelrechte politische Gehirnwäsche stattfindet, mittels derer die Szene-Protagonisten ständig neue Jünger heranzüchten. Wer einmal im eigenen Bekanntenkreis erlebt hat, wie sich das Denken und das Vokabular ursprünglich moderater Leute plötzlich verändert, sobald sie in diese Kreise hineingeraten sind und angefangen haben, die einschlägigen Medien zu lesen, erschaudert. Insofern ist der Begriff »politische Gehirnwäsche« sogar noch zu kurz gegriffen, richtigerweise ist hier von »politreligiöser« Gehirnwäsche zu sprechen, weil Heilserwartungen geweckt werden, namentlich die Überwindung des jetzigen politischen und gesellschaftlichen »Systems«, das dem »Volk« angeblich schadet. Wer hier keine Parallelen zu den frühen 1930er-Jahren sieht und nicht erkennt, wie rasant die Radikalisierung voranschreitet, muss blind sein.

KAPITEL 6
DIE MANIPULATOREN –
WIE DIE ÖFFENTLICHKEIT FÜR
DUMM VERKAUFT WIRD

Es ist das Unwort des Jahres 2014: Lügenpresse. Dieser Begriff wird den etablierten Medien während der Pegida-Demonstrationen und jeden Tag im Internet entgegengeschleudert. Auch wir haben selbstverständlich unsere Kritikpunkte an den etablierten Medien; wer nun allerdings glaubt, die richtige Antwort darauf läge in den »alternativen« Medien, gerade auch online, der geht ganz schnell gefährlichen Manipulatoren auf den Leim. Und genau das ist deren Plan.

Das Ganze erinnert durchaus an die klassischen Strategien von Sektenführern. Zuerst wird den Leuten, die man für sich einnehmen will, eingeredet, die Welt um sie herum sei verkommen und schlecht. Sodann wird so getan, als sei man selbst der Hüter der einzigen Wahrheit. Damit einher geht das Versprechen, die Menschen aus ihrer Unmündigkeit in eine heilvolle Zukunft zu führen. Gleichzeitig werden die neuen Jünger von ihrem bisherigen Umfeld isoliert; und zwar auch, indem man die bisher von ihnen genutzten Medien verächtlich macht. Angepriesen werden stattdessen die »alternativen« Medien, in denen tagein, tagaus rechtes Gedankengut versprizt wird. Nicht anders geht es in pseudoreligiösen Sekten zu, in denen »säkulare« Bücher verpönt oder verboten sind und stattdessen die eigene Literatur als die »richtige« propagiert wird. Der Effekt ist derselbe und ähnelt einer Gehirnwäsche. Das ohnehin eng und einseitig gefasste Weltbild der radikalisierten Bürger wird dadurch so verfestigt, dass ein Diskurs mit ihnen kaum noch möglich ist. Sobald man ihre Sichtweise kritisiert oder auch nur hinterfragt, fällt der Vorhang. Denn bei der Kritik handelt es sich aus ihrer Sicht schließlich um nichts anderes als den Versuch der Falschgläubigen, sie vom rechten Weg abzubringen.

Mit dieser Strategie kannte sich schon Adolf Hitler bestens aus. Für ihn war die Presse eine »absolut unterwürfige, charakterlose Canaille ihrer Besitzer« und er unterstellte ihr, gemeinsam mit den »alten Parteien« die öffentliche Meinung in ihrem Sinne zu formen.[119] Was er seinen Anhängern und allen anderen aber gerne verschwieg, war, dass er mit Unterstützung des Großverlegers Hugenberg wie kaum ein zweiter versuchte, Presse und öffentliche Meinung zu manipulieren. Durch das Anprangern der anderen lassen sich die eigenen Leser prima davon ablenken, dass sie gerade selbst manipuliert werden. Genau das funktioniert bei den neuen Rechten auch heute wieder prächtig. Wirklich gefährlich wird es, und auch da sei die Parallele zum Aufstieg der Nationalsozialisten erlaubt, wenn aus den Manipulierten selbst wiederum Evangelisten der Manipulation werden: Wenn sie als Verstärker fungieren und die Thesen und Forderungen nicht mehr nur konsumieren, sondern selbst in die Welt tragen. Auch das ist ein Muster, das man in Sekten findet: Aus Opfern werden Täter.

Die Zahl der Publikationen, mit denen etablierten Medien Gedankengut und Nachrichten von rechts entgegengesetzt werden, ist inzwischen vor allem online ziemlich unübersichtlich geworden. Einige Beispiele haben wir an anderer Stelle schon genannt. Ein paar Autoren lohnen allerdings einen etwas genaueren Blick: nämlich André Lichtschlag und Götz Kubitschek, Karlheinz Weißmann, Dieter Stein und Felix Menzel, Jürgen Elsässer, Ken Jebsen und Jürgen Todenhöfer. Sie alle unterscheiden sich in der Wahl ihrer Medien, in ihrer Diktion, in ihren Schwerpunkten. Bei Lichte betrachtet spielen sie aber alle dieselbe neurechte Klaviatur – und dürfen bei ihrem Versuch, die Diskurshoheit zu erobern, auch auf die Unterstützung russischer Staatsmedien und für große Medienhäuser arbeitender deutscher Journalisten zählen.

Das Etikett, das sich das einzelne »alternative« Medium aufklebt, ob nun konservativ oder rechts, liberal oder libertär, ist fast schon egal. Man erkennt sich an den gemeinsamen Forderungen. Das zeigt sich beispielhaft an einem Austausch zweier Publizisten, die vordergründig nicht hätten zusammenfinden dürfen, nennt sich doch der eine libertär und der andere rechts. Zwar waren es nur die Herausgeber zweier Nischenmagazine, weswegen damals kaum jemand davon Notiz nahm. Der Dialog allerdings, der 2003 begann, hatte es in sich. Und heute wissen wir auch, dass man den Einfluss der beiden Protagonisten nicht unterschätzen sollte. Aber der Reihe nach.

Zunächst schrieb André Lichtschlag, Gründer und Chefredakteur von *eigentümlich frei,* einen Gastbeitrag in der *Sezession,* dem Magazin des selbsternannten Rechtsintellektuellen Götz Kubitschek.[120] Kurze Zeit später durfte Kubitschek in Lichtschlags Blatt antworten.[121] Beide sahen sich damals wie heute in der Rolle von Opfern des politischen Zeitgeists. Und beide waren von der Notwendigkeit einer politischen Zeitenwende überzeugt. Deren Blaupause wollten sie in diesem publizistischen Dialog entwerfen. In ihm wird deutlich, dass sie sich viel von der Gründung einer rechten, libertären oder eben rechtslibertären Partei erhofften. Wobei diese nur dann erfolgreich sein könne, wenn sie bereits »mit fertigem radikalen Programm und ansprechendem ausgewähltem Personaltableau« antrete, wie Lichtschlag schrieb. Wer nun sofort an die Alternative für Deutschland denken muss, liegt vermutlich nicht allzu falsch. Keine Frage, dass sowohl Lichtschlag als auch Kubitschek von Anfang an unterstützend an der Seite der neuen Partei wirkten – nicht ohne allerdings mit deutlicher Kritik an der aus ihrer Sicht zu weichgespülten Linie von Bernd Lucke und dessen Unterstützern zu sparen.

Nur auf den ersten Blick kann diese Phalanx aus Rechten und Libertären überraschen. Lichtschlag hatte *eigentümlich frei* zwar ursprünglich Ende der 1990er-Jahre im Dunstkreis der FDP gegründet und etabliert. Auch der heutige Parteichef Christian Lindner hat dort publiziert – was er heute nicht mehr tun würde. Der Rechtsdrall des Magazins ist aber spätestens deutlich geworden, als Lichtschlag versuchte, den Sturz des rechten Skandal-Politikers Ronald Schill im Sinne einer modernen Dolchstoßlegende umzudeuten.[122] Dieser habe »auf Vetternwirtschaft beim Regierungspartner aufmerksam« gemacht, sich deshalb den Zorn der Etablierten zugezogen und sei daraufhin von seinen Parteifreunden, die um ihr Amt bangten, im Stich gelassen worden.

Wer sich die Geschichte hinter Schills Abgang wieder in Erinnerung ruft, weiß, dass die Realität eine andere war. Anlass war der Schill-Vertraute Walter Wellinghausen, der wegen seiner Nebentätigkeiten in die Schlagzeilen geraten war und von Bürgermeister Ole von Beust entlassen wurde. Daraufhin soll Schill von Beust mit der Veröffentlichung einer angeblichen homosexuellen Liebesbeziehung zu dem damaligen Justizsenator Roger Kusch erpresst haben. Das war der Anfang vom Ende des »Richter Gnadenlos« als Innensenator von Hamburg. In die Schlagzeilen kam er danach erst wieder, als ein Video auftauchte, das ihn beim Konsum von Kokain zeigte, und als er, zeitgleich mit dem Erscheinen seiner Biografie, in der er ausschweifend von seinen sexuellen Eskapaden berichtet, in den Big-Brother-Container einzog.

Bei Götz Kubitschek stellt sich die Frage nach der Gesinnung erst gar nicht. Kubitschek steht rechts. Und zwar so weit, dass man ihn wohl am rechten Rand der AfD einordnen könnte. Die AfD-Spitze sieht ihn sogar noch jenseits davon und hat ihm die Mitgliedschaft verweigert. In seiner Funktion als Herausgeber der Zeitschrift *Sezession* und als Gründer und Geschäftsführer des Verlags Antaios ist Kubitschek die Zentralfigur der neurechten Szene und erreicht auch durch seine Auftritte bei Pegida und deren Leipziger Ableger Legida immer mehr Menschen. Dazu passt, dass die Bücher, die man bei ihm kaufen kann, sich nicht auf neurechte und faschistische Werke beschränken, vielmehr findet man durchaus auch Literatur, die in eine gut sortierte konservative Bibliothek gehört.

Kubitschek übertreibt es gerne etwas mit der Selbstinszenierung, sollte aber aufgrund seiner Erfolge mit Magazin und Verlag nicht als Kasper abgetan werden. Und spätestens bei Aussagen wie der, dass man sich in einem »geistigen Bürgerkrieg« befinde, in dem es »um die Existenz unseres Volkes geht«[123], ist endgültig äußerste Vorsicht geboten. Kubitschek wünscht sich anscheinend eine Zeit wie die zwischen 1918 und 1932 zurück. Nicht wegen der damals herrschenden Demokratie, sondern wegen deren Schwäche. Die schon erwähnten Konservativen Revolutionäre, die nichts unversucht ließen, die junge Weimarer Republik weiter zu destabilisieren, gelten ihm als Vorbilder, weil ihre Hauptvertreter »radikal und kompromisslos [waren], so ganz und gar bereit für etwas Neues, einen dritten Weg, einen Umsturz, eine Reconquista, einen revolutionären, deutschen Gang in die Moderne«.[124] Wo dieser Ansatz damals endete, ist bekannt. Kubitschek ruft trotzdem dazu auf, die »Verteidigung des Eigenen« und den Kampf gegen die »Überfremdung« aufzunehmen.[125] »Das Boot ist voll« und »Deutschland den Deutschen, Ausländer raus« hallte es schon Anfang der 1990er-Jahre durch deutsche Städte – die Pogrome kosteten zahlreiche Menschenleben, in Rostock-Lichtenhagen, Mölln und Solingen. Das »Pathos der Kälte«[126], mit dem Kubitschek und seine Mitstreiter ihre Haltung immer wieder beschreiben, der »kalte Blick von rechts«, wie Marc Felix Serrao von der *Süddeutschen Zeitung* schrieb[127], lässt einen vor diesem Hintergrund frösteln.

Kubitscheks öffentliches Abschwören von Gewalt ändert nichts daran, dass er das Ziel der Mörder von damals teilt, nämlich Deutschland wieder zu dem Land zu machen, »in dem die Deutsche leben«. Er geht davon aus, dass wir in einem »kranken Staatsgebilde und Volkskörper leben: amerikanisiert, also umerzogen bis zur Selbstverleugnung; an den Westen verloren entgegen vitaler Interessen, die wir als die Nation der Mitte Europas auch in Richtung Osten zu vertreten haben; am Rande einer demographischen Katastrophe; in manchen Regionen und Städten überfremdet bis zur Unkenntlichkeit; in steilem Sinkflug begriffen von einem Niveau der Bildung herab, das einst seinesgleichen auf der Welt suchte; seelisch verkrüppelt durch eine auf Schuld, Schande und verbrecherisches Erbe fixierte Geschichtserzählung und -politik.«[128] Das ist harter, brutal-neurechter Tobak.

Seit einiger Zeit arbeitet Kubitschek gemeinsam mit seiner Frau überdies fleißig an der internationalen Vernetzung der Rechtsaußenkräfte in ganz Europa. So war er im Februar 2015 Gastredner bei einer von der italienischen Lega Nord ausgerichteten Demonstration und Tagung in Rom »gegen die Überfremdung des Abendlandes«, bei der auch ein Grußwort von Marine Le Pen, der Vorsitzenden des französischen Front National, vorgelesen wurde. Kubitschek schwärmte von dem »metapolitischen Milieu«, das auf dem Treffen geherrscht habe, und von den »Verzahnungen in alle Richtungen: in die Partei sowieso, aber auch zu regionalen, identitären Gruppen, zu Querfrontverlagen, Aktivisten, zur CasaPound und eben auch ins Ausland.«[129] Bei CasaPound handelt es sich um eine dem mussolinischen Faschismus nahestehende rechtsextreme Bewegung in Italien, die sich selbst »Faschisten des dritten Jahrtausends« nennt. Bezeichnend, dass Kubitscheks Frau Ellen Kositza ins Schwärmen geriet und bedauerte, dass so etwas in Deutschland nicht möglich sei.[130]

Mit seiner Weigerung, den Faschismus per se als etwas Schlechtes anzusehen, steht Kubitschek nicht allein. Zwei seiner langjährigen Mitstreiter sind Felix Menzel und Karlheinz Weißmann. Ersterer begeistert sich ebenfalls für CasaPound, da man es dort in einmaliger Art und Weise verstehe, »eine neofaschistische Weltanschauung mit verschiedenen künstlerischen und kulturellen Strömungen eines avantgardistischen Futurismus zu verknüpfen«[131]. Die »Faschisten des dritten Jahrtausends« seien damit ein mögliches Vorbild für die »Identitäre Bewegung«.[132] Weißmann wiederum zeigt seine tiefe Bewunderung für den folgenden Satz des rechten Publizisten Bernhard Willms: »Wer bei dem Vorwurf ›Faschist‹ noch zusammenzuckt, ist schlimmer als ein Feigling, der ist ein Verräter.«[133]

Nun könnte man wieder einmal meinen, man habe nur etwas falsch verstanden. Der Impuls, das Ganze als Satire zu begreifen, ist nur natürlich, denn das kann doch eigentlich niemand ernst meinen, oder? Karlheinz Weißmann kann. Und er ist zweifellos einer der, wenn nicht sogar *der* Vordenker der neuen Rechten im Deutschland der letzten Jahrzehnte. Eine Zuschreibung übrigens, gegen die er sich keineswegs wehrt.[134] Kaum verwunderlich, dass er einen flagranten Geschichtsrevisionismus pflegt. So stellte er während eines Festakts »die Frontsoldaten, die Männer des 20. Juli, die KZ-Häftlinge, die letzten Verteidiger der Ostgrenzen, die Vertriebenen und die Spätheimkehrer« als deutsche Helden auf eine Stufe[135] – was jedem ehemaligen KZ-Insassen und jedem empathischen Menschen das Blut in den Adern gefrieren lassen dürfte.

Weißmann und Kubitschek kennen sich schon lange. Gemeinsam mit dem Chef der *Jungen Freiheit,* Dieter Stein, waren sie Mitglieder in der Deutschen Gildenschaft, einem Studentenbund. Früher schrieben sie beide auch für die *Junge Freiheit,* ebenso wie Kubitscheks Frau Ellen Kositza, der die Wochenzeitung 2008 den Gerhard-Löwenthal-Preis verlieh. Mit der Gründung des Verlags Antaios und der Zeitschrift *Sezession* schien es zunächst fast so, als wolle Kubitschek eine Konkurrenz zur *Jungen Freiheit* aufbauen. Die lange weiterhin stattfindende Zusammenarbeit, die teilweise selben Autoren und die Gründung des Instituts für Staatspolitik (IfS) durch

Kubitschek im Jahre 2000, in dem Weißmann lange in entscheidender Rolle mitwirkte, lassen eher eine andere Deutung zu: Man versucht den »Resonanzraum« zu erweitern und durch Differenzierung ein breiteres Publikum anzusprechen, indem man den Raum von Politik und Metapolitik noch intensiver bespielt.

Die Studien des IfS finden sich selbstredend im Angebot von Antaios und werden darüber hinaus sowohl von der *Jungen Freiheit* als auch von der *Sezession* verwertet und verbreitet. Das Institut fungierte so in den letzten Jahren offensichtlich als Scharnier zwischen dem eher biederen, eher einfacher gestrickten Publikum der *Jungen Freiheit* einerseits und der radikaleren, intellektueller Propaganda zugänglicheren Leserschaft der *Sezession*. Für diese Scharnierfunktion spricht auch, dass Weißmann betonte, es gehe darum, zunächst eine »Gegenöffentlichkeit« zu schaffen, bevor man die »Gegenrevolution« angehen könne.[136]

Dass die unterschiedlichen Protagonisten dabei zumindest im Detail verschiedene Linien verfolgen, hat in den letzten Jahren zu Auseinandersetzungen zwischen den alten Freunden geführt. Weißmann ist bei der *Sezession* und dem IfS ausgestiegen, Kubitschek und Stein haben sich – entgegen allen Regeln der »Metapolitik« – inzwischen mehrfach öffentlich in die Haare bekommen. So nannte Kubitschek Stein einen »ernsthaften Liberalkonservativen«[137], was aus Sicht aller Liberalen und Konservativen einfach ein schlechter Witz ist, von Kubitschek ausgesprochen aber als Herabsetzung verstanden werden muss. Der Vorwurf in Richtung des Chefs der *Jungen Freiheit* zielt auf dessen Annäherung an die Realpolitik. Oder, wie Kubitschek formuliert: Stein befinde sich inzwischen »weit weg von jeder Unversöhnlichkeit mit dieser Gesellschaft«. Und es scheint eine gewisse Frustration durch, wenn er weiter feststellt: »Kulturpessimist aus vollstem Herzen, zynisch obendrein« und »antibürgerliche Affekte«, das gebe es heute kaum mehr. Eine Zusammenarbeit mit gemäßigten rechten Kräften, selbst wenn sie aus Sicht der Mitte alles andere als gemäßigt sind, lehnt Kubitschek im Gegensatz zu Stein rundweg ab, was er mit der Frage: »War dieser schwere Gang seit 1986 notwendig, um in einer geistigen Koalition mit Hans-Olaf Henkel zu enden?« mehr als deutlich macht.[138]

Kubitschek geriert sich zum letzten »aufrechten« Kämpfer für die rechte Sache. Stein dagegen lässt in seinem Blatt inzwischen immer wieder durchklingen, dass er von Kubitscheks Weg nicht allzu viel hält. So fand er auf seiner Facebook-Seite deutliche Worte zu Kubitscheks und Kositzas Flirt mit den italienischen Neofaschisten der CasaPound-Gruppe: »Für einige ist doch der italienische Neofaschismus so eine Art Substitut für den Nationalsozialismus. Mir ist es schleierhaft, was das Ganze mit einer demokratischen Rechten zu tun haben soll.« Und: »Wer beim italienischen Neofaschismus anknüpfen will, befindet sich in anderen Reihen als ich mich glaube mein Leben lang zu bewegen.«[139]

Man sollte sich allerdings nicht täuschen lassen: Ähnlich wie bei den verschiedenen Strömungen der Konservativen Revolutionäre, die sich im Detail auch alles andere als grün waren, schmälern diese unterschiedlichen Auffassungen keinesfalls die Wirkung der neuen Rechten in die Gesellschaft hinein. Im Gegenteil. Es ist Platz für alle und gerade durch die Schattierungen kann man mehr Menschen erreichen. Es macht keinen Unterschied, ob am Ende Stein mit seinem Ansatz, mit seinem Verständnis von Konservativismus in die Mitte einzudringen, erfolgreich ist, oder Kubitschek mit seinem Bestreben, die Mitte weit nach rechts zu ziehen. Das Ergebnis dürfte ähnlich übel sein; *Junge Freiheit* und *Sezession* fischen beide im gleichen trüben Gewässer, nur eben an anderen Stellen.

Auf jeden Fall hat man, bei allen persönlichen Dissonanzen, mit dem IfS den Anschluss an bisher nichtorganisierte Kreise und eine jüngere rechte Klientel tatsächlich geschafft.

Das war wohl auch das Ziel, wenn man Weißmanns Äußerung richtig deutet: Er vermutete, dass die Zahl der »Schläfer« unter jüngeren Menschen gar nicht so klein sei. Wenn es gelinge, diese mit den Älteren zu vernetzen, die nichts zu verlieren hätten, dürfe man davon ausgehen, dass sich tatsächlich ein explosives Gemisch ergibt.[140]

Ein prominentes Gesicht dieses Brückenschlags hin zur jüngeren Generation ist Felix Menzel. Der Chefredakteur der *Blauen Narzisse* schreibt natürlich nebenbei auch für die *Sezession* und lässt einige seiner Schriften von Götz Kubitschek verlegen, andere zumindest über dessen Verlag Antaios vertreiben. Und er nimmt kein Blatt vor den Mund, wie wir schon an seiner Einlassung zum Faschismus erkennen konnten. Ansonsten versteigt sich Menzel immer wieder zu abstrusen Gedanken. Den antiwestlichen Impuls etwa, seine Abneigung gegen den »Hedonismus, verpackt als Wundertüte der Freiheit und des uneingeschränkten Individualismus«[141], treibt er mit der Behauptung auf die Spitze, dass bald »der Vater auch Liebhaber der Tochter, die Mutter auch Geliebte des Sohnes sein kann«. Das könne »die Zukunft des Menschen an sich bedrohen«[142]. Man wundert sich darüber, wie neurechte Denker auf die Idee kommen, dass etwa beim Wegfall des Inzestverbotes alle Menschen plötzlich Sex mit ihrer Mutter haben wollten.

Es ließen sich zu den Kubitscheks, Weißmanns, Menzels und Co. noch unendlich viele weitere Beispiele für ihre drastischen und menschenfeindlichen Ansichten anführen. Wenn man den Herren auch viel vorwerfen könnte, mangelnder Output gehört sicher nicht dazu. Retrospektiv betrachtet hätte man diese Szene viel früher intensiv unter die Lupe nehmen müssen. Nur wenige haben das getan, wie etwa das SPD-nahe Blog »Endstation Rechts« oder die Redaktion der 3Sat-Sendung *Kulturzeit*. Die neurechte Publizistik ist erst stärker in den Fokus gerückt, seitdem viele etablierte Medien immer öfter mit Hasstiraden überzogen werden, die eindeutig auf neurechtem Gedankengut fußen. Die Eurokrise, vor allem aber die im Winter 2013 einsetzende Ukrainekrise haben die Aggressionen in den Leserzuschriften regelrecht explodieren lassen.

Beide Krisen waren Wasser auf die Mühlen antiwestlicher Neurechter wie Menzel, der schon vorher zum russischen Homosexuellengesetz geschrieben hatte: »Unabhängig davon, ob man Putins Vorgehen als konsequent oder überzogen bewertet, stellt die Gesetzgebung Russlands gleichzeitig einen Schutz der traditionellen Familie dar. Russland geht in der Familienpolitik wieder einen Weg, der in Europa einzigartig ist.«[143]

Um sich nicht nur auf Sympathisanten in der unabhängigen (oder auch der neurechten) Publizistik verlassen zu müssen, ergreift die Putin-Administration seit einiger Zeit selbst umfassende Maßnahmen zur internationalen Streuung ihrer Sicht auf die Dinge. Damit sind nicht nur die bezahlten »Hasstrolle« in den Leserforen gemeint, die mittlerweile gezielt Meinungsmanipulation betreiben.[144] Ein noch relativ junges Phänomen am deutschen Medienhimmel ist *RT Deutsch*, eines der Lieblingsprojekte Wladimir Putins. Dabei handelt es sich um einen Ableger des staatlichen russischen Medienimperiums Rossija Segodnja. Man wolle versuchen, ein Gegengewicht zur Sichtweise der westlichen Medien herzustellen, gewissermaßen den »fehlenden Part« darstellen, wie *RT Deutsch* sogar eine ganze Sendung nennt. Was mit dieser »alternativen« Sichtweise gemeint ist, lässt sich bereits nach einem Blick auf den Chef des *RT*-Konglomerats, Dmitri Kisseljow, erahnen. Dieser ist nicht nur ein Vertrauter Putins, sondern auch ein Propagandist erster Güte, der »selbst gemessen nach den Standards des Sowjetfernsehens« mit den von ihm verantworteten Sendern »seinen sowjetischen Vorgängern die Schamesröte ins Gesicht getrieben hätte«, wie der für seine ausgewogene Berichterstattung bekannte britische *Economist* schrieb.[145]

Der Besuch des damaligen Außenministers Guido Westerwelle bei den Revolutionären auf dem Kiewer Maidan hatte bei Kisseljow für einen unfeinen, homophoben Ausraster gesorgt: Er unterstellte Westerwelle, er sei angesichts des Körpers von Schwergewichtsweltmeister Vitali Klitschko »erhitzt, vielleicht überhitzt« gewesen und wolle mit der Ankündigung einer engeren Zusammenarbeit zwischen der EU und der Ukraine eigentlich nichts anderes erreichen, als auch in der Ukraine schwule Werte nach vorne zu bringen.«[146] Diese »alternative Sichtweise« äußerte Kisseljow auch an anderer Stelle, etwa als er feststellte, dass die neue russische Gesetzgebung gegen »homosexuelle Propaganda« zum Schutze von Kindern nicht genug sei. Er finde vielmehr, dass Homosexuellen auch verboten werden sollte, Blut und Sperma zu spenden, und für den Fall, dass sie in einem Autounfall sterben, sollten »ihre Herzen im Boden vergraben oder verbrannt werden«.[147]

Immerhin, man tut bei *RT* gar nicht erst so, als wolle man es mit Neutralität versuchen. Nicolaj Gericke, eines der Gesichter von *RT Deutsch,* schreibt denn auch folgerichtig auf seinem Facebook-Profil, er hasse Diskussionen über Neutralität im Journalismus: »You can't be neutral on a moving train… It's just how it is.«[148] Das mag man so sehen, aber dann darf auch die Frage erlaubt sein, ob diese Art von bezahltem Lobby-Journalismus ein Gewinn für die Medienlandschaft ist. Ist es nicht vielmehr eine Farce, dass gerade diejenigen, die auf der Straße »Lügenpresse« brüllen, diejenigen, die Udo Ulfkottes Buch *Gekaufte Journalisten* offenbar für die neue Bibel halten und sich über die einseitige Berichterstattung der »Kriegstreiber« und »amerikahörigen Speichellecker« in den »linksgrünversifften Mainstream-Medien« sowie dem »Staatsfunk« aufregen, ausgerechnet den Staatssender eines autoritären Landes, der noch nicht einmal den Anschein erwecken will, neutral und umfassend zu berichten, als neues Leitmedium ansehen und jedes dort geäußerte Wort glauben?

Man mochte sich zu Beginn noch wundern, dass *RT* inzwischen den Anteil der Berichterstattung über Russland deutlich zurückgefahren hat. Aber je länger man darüber nachdenkt – und je genauer man sich anschaut, was stattdessen gesendet wird – desto klarer wird die Zielsetzung. In einer Welt, in der es zunehmend wieder nach einer Auseinandersetzung zwischen Russland einerseits und dem Westen andererseits aussieht, reicht es, das Gegenüber schlechtzumachen, um selbst im Ansehen zu steigen. In das eigene Image muss man dann gar nicht mehr viel investieren, es reicht letztlich, sich als Opfer einer aggressiven und expansiven Strategie der NATO und der Amerikaner darzustellen.

Ein Beispiel dafür, dass dieser Ansatz tatsächlich erfolgreich ist, ist sicherlich die Behauptung, der Umsturz in der Ukraine sei fast ausnahmslos durch Faschisten gelenkt und ausgeführt worden. Hat sich das erst einmal in den Köpfen der Deutschen festgesetzt – oder wurden zumindest ausreichend Zweifel an der Version eines pro-westlichen Umsturzes durch das Volk geschürt –, hält sich die öffentliche Empörung über die völkerrechtswidrige Annexion der Krim und das militärische Eingreifen Russlands in der Ostukraine plötzlich in Grenzen. Auf der Seite von Faschisten stehen, das will man nun wirklich nicht. Da ist der offensichtliche Bruch des Völkerrechts durch Russland kaum noch erwähnenswert oder wird sogar offensiv gerechtfertigt wie etwa durch AfD-Spitzenpolitiker Alexander Gauland. Der sprach davon, Putin habe sich auf eine »alte zaristische Tradition besonnen: das Einsammeln russischer Erde«[149]. Die über *RT* in den Westen einsickernde Propaganda ist inzwischen so massiv, dass das Auswärtige Amt für seine Mitarbeiter eine achtseitige Anleitung namens »Russische Behauptungen – unsere Antworten« herausgegeben hat.

Nicolaj Gericke hat sich die Politik seines Arbeitgebers auch über die Ukrainekrise hinaus in »vorbildlicher« Art und Weise zu Eigen gemacht. Rassismus in Deutschland und

Amerika ist für Gericke und *RT* ein großes Thema, Rassismus, Homophobie und die Beeinträchtigung der Pressefreiheit in Russland sind es hingegen natürlich nicht. Während man sich auf *RT* empört und vermeintlich besorgt Gedanken über das »Demokratieverständnis der EU« macht, werden russische Menschenrechtsverletzungen gar nicht erst angesprochen. Und auf seiner persönlichen Facebook-Seite teilt er ein Video, auf dem zu sehen ist, wie russische Truppen ein angeblich von tschetschenischen Separatisten besetztes Haus in Schutt und Asche legen. Dass Russland dort einst gegen 5000 islamistische Rebellen ins Feld zog und inzwischen ein Fünftel der Bevölkerung – bis zu 200 000 Menschen – den Tod gefunden haben, interessiert Gericke nicht.

Harte Konkurrenz im Rennen um den Titel als Mitarbeiter des Monats ist dem Nachwuchsjournalisten Gericke von *RT Deutsch* allerdings sicher. Und zwar in Person eines Mannes, der noch nicht einmal offiziell für den Kreml arbeitet, auch wenn es oft genug so wirkt. Die Rede ist von Jürgen Elsässer, Herausgeber und Chefredakteur des Magazins *Compact*. Elsässer ist Dauergast in den russischen Staatsmedien und gibt dort gerne zum Besten, dass in Deutschland große Zustimmung zur russischen Politik herrsche – wie auch immer er darauf kommen mag. Für Deutschland wiederum beschwört er gerne Untergangsszenarien herauf, um dann das russische Modell als letzten Ausweg zu skizzieren, etwa wenn es um die Diskussion über den Umgang mit Sexualaufklärung geht: »Aber was hier vom Staat und den Medien gefördert wird, ist Kindesmissbrauch und Pädokriminalität«, konstatiert er mit Blick auf öffentlich ausgelebte Homosexualität wie beim Christopher Street Day. Und weiter: »Eine Gesellschaft, die den Jugendschutz nicht über die Lustbefriedigung der Erwachsenen stellt, egal ob homo oder hetero, ist zum Untergang verdammt. Warum werden Veranstalter und auch Erziehungsberechtigte, die Kinder in dieses Milieu einführen, nicht bestraft?« Wie gut, dass er eine Lösung parat hat: »Oder anders gesagt: Warum haben wir nicht die Gesetze, die Putin eingeführt hat?«[150]

Blättert man durch die Titelthemen von *Compact,* weiß man eigentlich recht schnell, woran man ist: Egal ob »Genozid in Gaza«, »Mutti Multikulti«, »Ami go home«, »Nato-Killer«, »Krieg gegen Putin«, »Kriegslügen der USA« oder »In den Klauen des Euro-Monsters« – die Feindbilder bleiben gleich. Bei *Compact* haben wir den Eindruck, es gehe am Ende immer nur darum, die Geschichte so umzudeuten, dass an allem, was auf dieser Welt Schlechtes passiert, die Amerikaner, die Israelis oder irgendwelche ihrer Stellvertreter schuld sind, egal ob es sich dabei um westliche Geheimdienste oder Regierungen, Homosexuelle oder die Konsumgesellschaft handelt. Von Ausgewogenheit und Objektivität keine Spur.

Die Partnerschaft Deutschlands mit den USA wird fast folgerichtig von Elsässer auch als »gängige Umschreibung für das inzestuöse Analverhältnis zum Großen Bruder«[151] beschrieben, weil sich darin gleich mehrere der eigenen Ressentiments in einen Satz packen lassen. Bundespräsident Joachim Gauck, in der neurechten Szene gerne der »Bundesgauckler« genannt, ist für Elsässer und Co. nicht mehr als eine Marionette des German Marshall Funds – weil einer seiner Redenschreiber dort einmal gearbeitet hat.[152] Alle, die an der staatlichen Einheit der Ukraine festhalten, sind Faschisten.[153] Begeistert wird der Ausraster des ehemaligen polnischen Außenministers Sikorski gefeiert, der feststellte: »Wir glauben, alles ist super, nur weil wir den Amerikanern einen geblasen haben. Schwachköpfe. Totale Schwachköpfe. Das Problem [...] ist, dass wir zu wenig Stolz haben und zu wenig Selbstwertgefühl. So eine Negerhaftigkeit.«[154] Dass Sikorski nicht als besonders seriös gilt und mehr als einmal der Lüge überführt wurde, wird gerne unterschlagen. Lieber raunt Elsässer mit Blick auf die deutsche Politik: »Ein deutscher Politiker, der ähnlich Tacheles reden würde, müsste womöglich mit kaputtem Fallschirm abspringen«[155], eine klare Anspielung auf den ehemaligen FDP-Politiker Jürgen Möllemann. Der hatte Israel kritisiert und Geld aus mysteriösen Quellen angenommen. Am Ende beging er Selbstmord. Aber Jürgen Elsässer, so scheint es, weiß auch diesbezüglich wieder viel mehr als alle anderen. Das gilt natürlich auch beim Thema NSU. Bei *Compact* ist immer noch die Rede von »Dönermorden«, und es wird alles getan, um Zweifel an einer rechtsextremen Tat zu schüren und den Verdacht wieder auf die türkische Community zurückzuschieben.[156] Jürgen Elsässer und *Compact*-Autor Kai Voss wussten sogar schon im April 2013: »Zschäpe war's nicht«.[157] Dass die Gerichte bis heute in einem Prozess monströsen Ausmaßes versuchen, der ganzen Wahrheit auf den Grund zu gehen, ficht die Autoren nicht an. Für sie reicht eine im Vergleich oberflächliche Recherche, um »die Wahrheit« ans Licht zu bringen. Überhaupt fällt immer wieder auf: Gerade die Artikel, für die eine besonders knackige Überschrift gewählt wurde, eine, die absolute Klarheit suggerieren soll, strotzen vor Sätzen mit Fragezeichen und Konjunktiven. Die Autoren wollen offenbar Zweifel säen an der Legitimität demokratischer Institutionen, an der Souveränität Deutschlands und Europas. Und wie das funktioniert, haben sie inzwischen ziemlich gut raus. Genauso wie das Schüren antisemitischer Impulse, ohne dass man sie dabei selbst eindeutig des Antisemitismus überführen könnte.

Man kann eine beliebige Ausgabe von *Compact* herausgreifen – und stößt doch immer wieder auf dieselben Geschichten, nur an anderen Beispielen aufgezogen und von wechselnden Personen (nicht allzu vielen, wohlgemerkt) erzählt. Einer von ihnen ist der Verschwörungstheoretiker Ken Jebsen. Er war einst Moderator beim öffentlich-rechtlichen RBB und verlor seinen Job wegen als antisemitisch bewerteter Ausfälle. Seitdem betreibt er eine Art eigene Nachrichtenplattform namens »KenFM« auf Youtube und lässt dort auch gerne Jürgen Elsässer zu Wort kommen. Man hilft sich eben gegenseitig in der Szene. Jebsen schreibt in einer *Compact*-Ausgabe, dass bei allen großen terroristischen Attacken der letzten Jahre parallel eine Anti-Terror-Übung stattgefunden habe, mit der angeblich genau der jeweilige Ernstfall simuliert werden sollte, der dann auch eingetreten sei. Egal ob es sich um den Einsatz von Flugzeugen als Bombe während 9/11, die Attacken in der Londoner U-Bahn 2005 oder das Marathon-Attentat in Boston handelt – Jebsen wittert die große Verschwörung. Nebenbei werden gleich noch Zweifel daran geschürt, dass Anders Breivik tatsächlich das Attentat in Norwegen zu verantworten habe, denn auch das ist laut Jebsen »von einer staatlichen Übung begleitet« worden.[158] Was das genau heißen soll, lässt er freilich offen. Aber wenn er seinen Artikel mit den Sätzen beschließt: »Ich bin nicht schlicht genug, nicht einfältig genug, nicht ungebildet genug, nicht hirngewaschen genug, nicht verängstigt genug, um […] weiter tatenlos zuzusehen. Ich schreibe dagegen an«[159], suggeriert er, wir Anderen, Einfältigen seien Lügen aufgesessen. Wenn man am Ende einer solchen *Compact*-Ausgabe angelangt ist und keine Ahnung hat, welchen Hintergrund manche Autoren haben, könnte man glauben, dass es rechtsextremen Terror nicht gibt und hinter allem Übel der Welt die Amerikaner und Israelis stecken, die Hetze gegen Russland betreiben. Wenn es nur so einfach wäre.

Die sozialen Medien haben ein weiteres Phänomen hervorgebracht, das man hinsichtlich seiner Bedeutung für die neurechte Szene nicht unterschätzen sollte: Einzelpersonen mit einem gewissen Bekanntheitsgrad, die über Facebook und Co. eine riesige Reichweite entwickeln. Ein solches Beispiel ist Jürgen Todenhöfer, den man nach einem Blick auf seinen Facebook-Account, dem inzwischen rund 400 000 Menschen folgen, für einen linken Friedensaktivisten halten könnte. Tatsächlich war er von 1972 bis 1990 CDU-Bundestagsabgeordneter. Ein Blick auf seine damaligen Aussagen, namentlich auf diejenigen aus seinem 1989 erschienenen Buch *Ich denke deutsch – Eine Abrechnung mit dem Zeitgeist*, rückt seine heutige Tätigkeit in ein anderes Bild. Damals noch Posterboy des rechten Rands der CDU, schrieb er im Vorwort großspurig: »Der Bürger will wissen, wo es lang geht. Ich sage, wo es lang geht.«[160] Und das tat er dann auch.

»Wenn Rotgrün nach Bonn kommt, geht die Demokratie«, orakelte er, wohingegen sich das Programm der Republikaner »keineswegs als ›Fahrplan des Faschismus‹ (*taz*)« erweise, sondern »demonstrativ auf dem demokratischen Parlamentarismus« fuße.[161] Darüber hinaus war Todenhöfer davon überzeugt, es gebe »keine Ausländerfeindlichkeit als Grundströmung in der Bundesrepublik«, daher seien die Republikaner auch keine besondere Gefahr, zumindest keine, die größer sei als Rot-Grün. Vielmehr bestehe das Problem darin, dass die »drei großen A's – Asylanten, Ausländer, Aussiedler« – so lange durcheinandergemischt würden, »bis niemand mehr weiß, was mit Ausländerhass eigentlich gemeint ist«[162], was nicht akzeptabel sei in einem Land, »das bis unter den Dachfirst überfüllt ist«[163].

Vor diesem Hintergrund klingt Todenhöfers nächste Erkenntnis fast zwangsläufig: »Nicht Neonazis, sondern linke Terroristen« seien es, die die Axt an die bundesdeutsche Realität legten, denn: »Der rote Mob marschiert – nirgendwo eine braune Front. [...] Es sind nicht die erfundenen Neonazis, die diese Republik gefährden.«[164] Keine zwei Jahre später wurde die geeinte Bundesrepublik von einer Serie tödlicher, menschenverachtender rechtsextremistischer Anschläge heimgesucht.

Seit einiger Zeit nun schreibt Todenhöfer Bücher mit Titeln wie *Mein Traum vom Frieden* und wirbt für einen Dialog mit dem früheren KGB-Agenten Putin, der heute russischer Präsident ist. Ist der »Friedensträumer« also nach links gerückt? Keineswegs: Der CDU-Rechtsaußen Todenhöfer hat sich über die Zeit gewissermaßen im Gleichschritt mit jener Szene entwickelt, die sich eine neue Form von rechtem Denken wünscht, geprägt von Abneigung gegen das westliche

Lebensgefühl, von Sympathie für autoritäre Lösungen, und die für eine möglichst neutrale Stellung Deutschlands wirbt, sozusagen als Insel der Seligen in einer unaufgeräumten Welt. Nein, man ist weder Nazi noch Antisemit, weder Amerikahasser noch Putin-Fan – aber: »Man wird ja wohl noch sagen dürfen…« Mit seiner Mischung aus Welterklärung, Amerika-, Nato- und Israelkritik und Russlandsympathie gelingt es Todenhöfer, die breite Mitte zu erreichen. Selbst für Terroristen bringt er Verständnis auf. In Gerickes Sendung auf *RT* etwa konnte er unwidersprochen sein Mitleid mit IS-Kämpfern ausdrücken, die erst durch die amerikanische Politik zu Terroristen geworden seien. Bei Jürgen Todenhöfer wirken Erklärungen wie Lösungen immer einfach. Und schuld ist immer der Westen.

In dieser Stimmung explodiert auch die Zahl der sonstigen rechten Hetzseiten im Internet, die oft genug oberflächlich nicht als solche erkennbar sind. Sie heißen *Netzplanet*, *Der Honigmann sagt* oder *Dewion24* und geben sich als wahlweise »liberale«, »unabhängige« oder »bürgerliche« Nachrichtenseiten bzw. Blogs aus. Tatsächlich formulieren alle Seiten stramm rechts – teilweise im Stile der Reichsbürger –, allerdings mit unterschiedlich starken Schwerpunkten und Ausprägungen, was Fremdenfeindlichkeit und Rassismus, Islamhass, Verschwörungstheorien und antidemokratische Propaganda angeht.

Je radikaler sie bereits auf den ersten Blick sind, desto größer ist auch die Wahrscheinlichkeit, dass sie über kein Impressum verfügen, die Hintermänner unbekannt sind und die Seiten auf ausländischen Servern liegen. Eine Eingabe von »BRD GmbH« in die Suchmaske hilft, um das jeweilige Portal auf Reichsbürger-Inhalte zu untersuchen, auch ein schneller Test auf das Wort »Juden« gibt Aufschluss; nicht selten trifft man dann schon auf offenen Antisemitismus und weiß Bescheid. Die Verfasser setzen allerdings darauf, dass man genau diesen Schritt nicht geht. Und damit liegen sie meistens richtig, was auch das Beispiel von *Welt*-Autor Matthias Matussek zeigt, der auf Facebook eine Seite teilte, auf der nicht nur Reichsbürger-Ideologie verbreitet, sondern an anderer Stelle überdies den Juden unterstellt wurde, den Holocaust selbst organisiert und bezahlt zu haben, um davon zu profitieren.[165]

Ähnliches passierte der Publizistin Bettina Röhl, die ein Internetgerücht, das sie auf einer fremdenfeindlichen, antisemitischen und vor Reichsbürgerverschwörungstheorien strotzenden Seite aufgeschnappt hatte, auf Facebook teilte.[166] Nun wirken Matussek und Röhl beide auf dem rechten Auge eher sehgeschwächt; das erklärt sicher zum Teil die Anfälligkeit der beiden Genannten für derartige Propaganda. Es macht aber umso deutlicher, dass gerade Journalisten sich ihrer Verantwortung für saubere Recherche und für die Quellen, mit denen sie arbeiten, noch bewusster sein müssen.

Es hat manchmal fast den Anschein, als ob man, einmal auf eine abschüssige Bahn nach rechts geraten, den Trend kaum noch umkehren könne. Einzelnen Medien und Journalisten konnte man in den letzten Jahren quasi bei der Radikalisierung zuschauen. Im Falle des Autorenblogs »Die Achse des Guten« – ursprünglich einmal gegründet, um einem rotgrünen Zeitgeist pointiert und aus einer liberal-weltoffenen Sicht heraus den Spiegel vorzuhalten – geschah genau das. Dort hat sich eine Stimmung breitgemacht, die kaum noch etwas mit dem Ursprung zu tun hat. Und zwar offenbar eine neurechte, wenn man die folgende Beschreibung liest: »Der kulturpessimistische, anti-westliche, national-konservative Gegenpol zur Achse wurde damals von Publizisten wie Konrad Adam und Alexander Gauland repräsentiert, die heute zur Führungsriege der AfD zählen. Beide Herren sind ihrer Weltanschauung treu geblieben und haben damit in jüngster Zeit viel Zulauf gewonnen. Ihr Erfolg geht leider so weit, dass sogar Achse-Autoren diese Partei und ähnlich gestrickte Protestbewegungen wie Pegida verteidigen.« Nun stammen diese Worte allerdings nicht von irgendeinem Kommentator, sondern von einem der Mitbegründer der »Achse des Guten«, Michael Miersch, der nun wirklich nicht verdächtig ist, einer linksliberalen oder gar linken Weltsicht anzuhängen.[167] Umso schwerer wiegen die Vorwürfe, die er in seinen Abschiedszeilen als »Achse«-Autor erhebt.

Miersch stellt mit Blick auf die steigenden Besucherzahlen des Portals resigniert fest: »Wutjournalismus hat eine weitaus größere Leserschaft als Nachdenklichkeit.« Dass er dennoch nicht aufhören wird, für seine Weltsicht zu kämpfen, zeigt sich daran, dass er seinen Frust mit klaren politischen Statements verbindet. So schreibt er: »Menschen nach Herkunft zu beurteilen, finde ich boshaft. Sippenhaft ist absolut inakzeptabel« und macht damit klar, dass er genau das bei der »Achse des Guten« beobachtet. »Liberal«, das macht Miersch deutlich, könne sich das Blog erst wieder nennen, wenn es sich von einer großen Zahl seiner Autoren getrennt hat. Und wenn Äußerungen über »monokulturellen Dünkel« (Mierschs Umschreibung für Ethnopluralismus), absurde Behauptungen wie »die EU ähnele immer mehr der UdSSR und dass der Euro die schlimmste Destruktion seit dem Zweiten Weltkrieg« sei oder Ansichten wie die, »dass das heutige Deutschland dekadent« sei, keinen Platz mehr hätten. Derzeit finde man jedoch von der wirren Theorie, dass »sexuelle oder andere Abweichungen von der Norm Verfallserscheinungen sind«, bis hin zur verlogenen »Idealisierung der christlichen Familie als Keimzelle der Nation« vieles, was das neurechte Herz begehre.[168]

Übel gelaunte Ex-Linke »auf ihrem Weg zum Deutschtümler, Frömmler oder Abendländler« nennt Miersch die neue Klientel der »Achse des Guten«. Und er führt weiter aus: »Die differenzierte Betrachtung ist einem kruden Freund-Feind-Denken gewichen. Oftmals verpackt als Verteidigung der Meinungsfreiheit im Sinne von ›man wird ja wohl noch sagen dürfen‹.« Miersch, der Klimaskeptiker und Jäger, der sich bis heute mit den typischen Großstadtgrünen anlegt, beendet seine Abrechnung mit dem für ihn schärfstmöglichen Fazit. Ihn störe besonders der apokalyptische Ton, den er an den »Öko-Predigern immer kritisiert« habe: »Die aufgeregten Warnrufe vor der EU, dem Euro, der Migration, dem Untergang des Abendlandes klingen ganz genauso wie die Klimakassandras.«[169] Dem ist eigentlich nicht mehr viel hinzuzufügen.

Auch in renommierten Medien finden sich Journalisten, bei denen man auf neurechtes Gedankengut stößt. So wettert Nicolaus Fest gerne gegen den Islam, inzwischen allerdings auf seinem Blog und nicht mehr als Vize-Chefredakteur der BILD am Sonntag. Der Branchendienst meedia.de nannte ihn bezeichnenderweise den »Pegida-Blogger«.[170] Andere Vertreter neurechten Gedankenguts sind Alexander Kissler beim *Cicero*. Oder Michael Klonovsky beim *Focus*.

Klonovsky ist tatsächlich einen genaueren Blick wert, schreibt er doch einerseits seit mehr als zwanzig Jahren bei einem einflussreichen Medium, vertritt aber andererseits in seinen Büchern Positionen, die auch bei den Konservativen Revolutionären in den 1920ern sicher für Applaus gesorgt hätten und heute in der neurechten Szene begeistert gelesen werden. Da sei die Frage erlaubt, inwieweit sich diese beiden Sphären sauber trennen lassen. Die Antwort ist: Genau das scheint Klonovsky nicht immer leichtzufallen. Eine Ende 2014 erschienene *Focus*-Titelstory aus seiner Feder zum Islam war reine Scharfmacherei.[171] Verantwortungsbewusster und objektiver Journalismus sieht anders aus. Hinzukommt, dass der Artikel mit Comics umrahmt war, die an die dunkelsten Zeiten der deutschen Geschichte erinnerten: krumme Nasen, hassverzerrte Gesichter – so wie die Juden einst im *Stürmer* aussahen, sehen Muslime also im *Focus* aus. Verschwörerische Szenen, die so vielleicht nie stattgefunden haben, die Illustration von Demonstranten als wütender Mob, die in der Realität brav nebeneinanderstanden, Schilder hochhielten und fast schon ein wenig verloren wirkten. Artikel und Illustrationen gingen Hand in Hand.

Der Schlussakkord von Klonovskys Artikel schlug dann auch direkt die Brücke zu seinem Gedankenbändchen *Aphorismen und ähnliches*: Europa verleugne seine Kultur und Identität unter den Angriffen eines radikalen Islam, schreibt er im *Focus*. Was er damit meint, kann man in seinem Buch lesen. Dort heißt es zynisch, mit einer »gewissen Vorfreude« erwarte »man den Tag, an welchem unsere Schwulen, Lesben und Feministinnen zum Endkampf gegen die muslimischen Machos antreten«, denn Muslime, davon ist Klonovsky offensichtlich überzeugt, seien dabei, den Westen zu übernehmen – oder besser: zu unterwerfen. Da ist dann die Rede vom Aussterben der weißen Rasse und dem Problem ihrer (vermeintlich muslimischen) Nachfolger, nämlich der »Beseitigung der vielen alten Kadaver«. Damit wären die von den Neurechten beschworenen Schreckensszenarien »Untergang des Abendlandes« und »Volkstod« schon einmal beschworen. Was noch fehlt? Der antidemokratische Impuls zum Beispiel. Aber auch danach muss man nicht lange suchen. »Um die Diktatur einer Partei für die Zukunft auszuschließen«, so ist Klonovsky überzeugt, »wurde in der Bundesrepublik die Mehrparteiendiktatur eingeführt.« Noch deutlicher wird seine Abneigung gegen den Parlamentarismus, wenn er formuliert: »Kein noch so degeneriertes Adelsgeschlecht hätte Kretins hervorbringen können, wie sie heute in jedem Parlament anzutreffen sind.«

»Political Correctness« ist für Klonovsky »der Abschiedsbrief der Weißen an die Welt«, den Kampf gegen rechts sieht er zynisch-ironisierend als besonders krassen Fall »gruppenbezogener Menschenfeindlichkeit«, das Geschichtsdenken, das Schülern zu den Ursachen des Nationalsozialismus nahegebracht wird, nennt er »Mythen«. Die Liste ließe sich beliebig lange fortsetzen. Noch dazu empfiehlt er, sich dezent zu entfernen, sobald »eine Frau, die nie an der Wiege gesessen hat, über das richtige Leben zu predigen beginnt«, und stellt fest, dass die Antisemitismusforschung mitunter »noch stupider als der Antisemitismus« sei. Rapper sind für ihn womöglich nur die Vorboten »der ethnischen Sturmabteilung von morgen«, weshalb er die Frage aufwirft, ob man »in seinem Ekel Unterschiede machen soll zwischen einem NPD-Aufmarsch und einem Rap-Video«. Natürlich kommt auch er nicht umhin, mit sexuellen Vergleichen um sich zu werfen, etwa wenn er feststellt: »Wer sich allzu sehr feminisiert, ob Mann oder Land, sollte sich nicht wundern, wenn er schließlich auch gefickt wird.« Richtig vulgär wird er, wenn er schreibt, dass sich die heutige Generation »das Antlitz einer Frau kaum mehr anders vorstellen« könne »als mit Spermaspritzern darin.«[172]

Interessanterweise reagiert Klonovsky äußerst dünnhäutig und wird ausfallend, wenn man die Zitate öffentlich macht. Er wirft dann mit Vokabeln um sich, die im Wörterbuch der neuen Rechten prominente Plätze haben dürften; von »Denunziantentum« und »Blockwartmentalität« ist die Rede, von »Strolchen« und »Lumpen«. Bemerkenswert, wenn es um Zitate aus einem Buch geht, das vom Verlag zu Rezensionszwecken verschickt wird. Ärgert es den Autor einfach, wenn ein Buch, dessen Zielgruppe offensichtlich die neurechte Szene ist, auch außerhalb dieser diskutiert wird?

Den Verlag und den schon beschriebenen Aphorismen-Band seines Freundes Michael Klonovsky wollte übrigens auch der *Welt*-Autor und ehemalige *Spiegel*-Kulturchef Matthias Matussek in einem Text über die Frankfurter Buchmesse lobend erwähnen. Im Hause Axel Springer hatte man damit allerdings ein Problem und strich die Passage. Sehr zum Unmut Matusseks, wie seiner Facebook-Seite zu entnehmen war.[173]

KAPITEL 7
DIE RECHTEN CHRISTEN – WO DER
HASS IM NAMEN DES HERRN REGIERT

Matthias Matussek ist anscheinend *das* Paradebeispiel für eine wachsende Zahl christlicher Autoren und Journalisten mit einem ordentlichen Rechtsdrall. Der ehemalige Maoist befand sich jahrelang auf einem Kurs in Richtung Konservativismus, scheint dann aber den richtigen Moment zum Anhalten nicht gefunden zu haben und hat sich stattdessen dramatisch radikalisiert. Für seine früheren Texte zum Katholizismus hatte er zum Teil sogar von Nichtkatholiken positive Reaktionen bekommen, weil der Grundton so positiv gewesen war. Der Leser meinte, eine fast schon kindliche Freude am Glauben zu spüren. Der Matussek der Jahre 2014 und 2015 hingegen wirkt bisweilen deutlich anders, pflegt einige typische Feindbilder der neurechten Szene und übernimmt mehr und mehr deren Jargon. Er schreibt wütend gegen Homosexualität und gegen den Islam an und wirft sich für Pegida und die AfD ins Zeug. Während sich die Mitte abwendet, wird er von anderer Seite mit Applaus bedacht – vom rechten Flügel der AfD, von Pegida-Begeisterten und denjenigen, die sich in jenen Ressentiments eingerichtet haben, die Matussek nun bedient.

Besonders offensichtlich wurde diese Entwicklung im Februar 2014, als in der *Welt* ein Artikel erschien, den Matussek mit »Ich bin wohl homophob. Und das ist auch gut so« überschrieben hatte.[174] Der Text war weniger lustig als die offenbar satirisch gemeinte Anspielung auf Klaus Wowereits Spruch: »Ich bin schwul. Und das ist auch gut so« vermuten ließ.

Matussek, der sich zwar in Sachen Christentum belesen gibt, aber offenbar die im Katechismus der katholischen Kirche enthaltene Forderung, Homosexuellen mit Respekt zu begegnen, nicht ganz auf dem Schirm hat, schrieb: »Was für ein Eiertanz um die einfache Tatsache, dass die schwule Liebe selbstverständlich eine defizitäre ist, weil sie ohne Kinder bleibt.«[175] Damit reduzierte er Beziehungen zwischen Menschen auf Sex und Fortpflanzung. Man möchte ihm wünschen, dass er schlicht nicht nachgedacht hat, bevor er in die Tasten haute und dass ihm schlicht nicht in den Sinn kam, dass es durchaus auch heterosexuelle Ehen gibt, die kinderlos bleiben.

Die kritischen Reaktionen waren deutlich, womit bei einer derartigen Provokation eigentlich zu rechnen gewesen war.[176] Doch Matussek stellte sich dem nicht, sondern folgte einem altbekannten Muster: Er inszenierte sich als Angegriffenen, schmollte, zürnte und glaubte betonen zu müssen, wie standhaft er sei und dass er sich seine Gedankenfreiheit nicht nehmen lassen wolle. Er übersah allerdings, dass er – ganz unchristlich – nicht für die Meinungsfreiheit, sondern nur für seine ganz persönliche Freiheit, andere in unfairer Weise beleidigen zu dürfen, kämpfte. Dass es auch anders geht, zeigte Bundeskanzlerin Angela Merkel, die im Bundestagswahlkampf 2013 ihre Skepsis zum Thema Adoptionsrecht für gleichgeschlechtliche Paare geäußert hatte. Und zwar ohne dass als Reaktion darauf die viel beschworene »Homo-Lobby« über sie hergefallen wäre, auch wenn es natürlich Widerspruch gab. Von letzterem, von der Debatte, lebt schließlich die Demokratie.

Natürlich legte Matussek noch einmal nach und zeigte spätestens dann, wie rücksichtslos er gegenüber Minderheiten sein kann. In einer wütenden Beschimpfung seiner Kritiker auf der Online-Seite des Debatten-Magazins *The European* bezeichnete er die »Gleichgeschlechtlichkeit« als »Fehler der Natur« und verglich sie unter anderem mit Taubheit und Erbkrankheiten wie der Ahornsirupkrankheit.[177] Letztere ist ein Gendefekt, der unbehandelt zunächst zu schweren Hirnschäden und dann zum Tod führt. Matussek als Genetiker: Thilo Sarrazin und dem gesamten rechtsradikalen und rechtsextremen Lager dürfte das gefallen haben.

Matusseks Ausraster sind inzwischen Legion. Ausgerechnet in einer Sendung zur »Toleranzwoche« der ARD flippte er im Hessischen Rundfunk aus und beschimpfte den Koran und den Islam wüst.[178] In seiner unablässigen Verteidigung der Pegida-Bewegung ließ er sich auf Facebook zu der Bemerkung hinreißen: »Wer beim rituellen Treten gegen diese Menschen mitmacht, hat die Gesinnung von HJ-Pöbeln.«[179] Wen Kritik an die Methoden der Hitlerjugend erinnert, der zeigt nicht nur schlechte Geschichtskenntnisse, sondern vor allem ein mangelhaftes Verständnis von Demokratie. Aber wenn das Nashorn erst einmal rennt, lässt es sich durch nichts mehr aufhalten. So ist es anscheinend auch im Fall Matussek. Als darüber berichtet wurde, dass der Pegida-Initiator Bachmann Flüchtlinge als »Viehzeug« und »Dreckspack« bezeichnet hatte, wartete man vergeblich auf eine Reaktion des Welt-Journalisten.

Dafür zeigte Matthias Matussek an anderer Stelle die besondere Fähigkeit, etwas für logisch zu halten, was nicht logisch ist. Er unterstellte auf Facebook, dass »diejenigen, die für eine islamische Willkommenskultur streiten, möglicherweise auch eingefleischte Judenhasser gleich mit umarmen«.[180] Klarer ausgedrückt: Wer Muslime nicht per se hasst, steht unter Generalverdacht, ein Antisemit zu sein. Dass seine These sogar auf den Zentralrat der Juden zuträfe, der explizit vor pauschaler Verurteilung von Muslimen gewarnt hat, ist nur eine Randnotiz, die einmal mehr die Absurdität von Matusseks Raserei belegt.

Der katholische Matussek mit seinem Rechtsdrall ist kein Einzelfall, sondern steht pars pro toto für ein ganzes Milieu. Ende 2014 prognostizierte der bereits erwähnte Michael Klonovsky mit kaum verhohlener Vorfreude, es werde »in den nächsten Jahren eine Spaltung dieses Landes in zwei Lager stattfinden. [...] Die Bruchlinien sind mit Namen wie Sarrazin, Pirinçci, AfD und Pegida markiert, desgleichen gehören die Petitionsbetreiber gegen die Schulsexualisierung in bald vielen Bundesländern dazu, vielleicht auch die Maskulinisten, ein paar HoGeSa-Leute [Hooligans gegen Salafisten] und die Handvoll deutsche Libertäre.«[181]

Bei den konservativen Christen beider Konfessionen ist eine solche Spaltung bereits Realität. Besonders evident ist diese Entwicklung bei den »papsttreuen« Katholiken, wobei der Begriff »Rom- oder Papsttreue« mit Vorsicht zu genießen ist, seit Franziskus an der Spitze des Vatikans steht. Der neue Papst ist aus Sicht dieser Gläubigen zu »liberal«, weshalb viele von ihnen keinerlei Hemmungen haben, mit möglichst großer Respektlosigkeit über das Kirchenoberhaupt herzuziehen und ihn zum Beispiel »Plapper-« oder »Plauderpapst« zu nennen. Auch hier zeigt sich wieder die typische Doppelzüngigkeit der rechten Szene. Papsttreu sind Rechtskatholiken nur so lange, wie ihnen der jeweilige Amtsinhaber passt. Ansonsten heißt es eben: »Das ist nicht mein Papst.«

Der nach rechts abgedriftete Teil der konservativen Christen hat die Feindbilder der neurechten Szene nahezu vollständig adaptiert. Man begegnet in den entsprechenden Foren demselben Hass auf den »Staatsfunk« mit seinen »Zwangsgebühren«, der Wut auf die »Mainstream-Medien« und die »Lügenpresse«, dem Gerede von der »Islamisierung« einschließlich des »Geburtendjihads«, dem Zorn auf die »Homo-Lobby« sowie den »Genderwahn« und überhaupt auf die »politische Korrektheit« als solche. Flüchtlinge, Migranten und jede Form der Integration von Behinderten werden ebenfalls skeptisch beäugt. Bequem hat sich das Milieu im Gleichklang mit den nichtchristlichen Neurechten in seinem Opferstatus eingerichtet, bleibt am liebsten unter sich und wittert überall »Kirchenfeinde« sowie – auch das darf nicht fehlen – den

»Untergang des Abendlandes«. Die eigentlichen Kernthemen des Christentums, also Sünde, Erlösung, Barmherzigkeit und Nächstenliebe sind in diesen Kreisen weit hinter die Feindbildpflege zurückgetreten.

So brachte etwa eine am 9. Mai 2015 durchgeführte Suchanfrage nach dem Wort »Homo« auf dem privaten Internetportal *kath.net* insgesamt 1231 Ergebnisse zu Tage, mithin eine Fülle von Beiträgen, in denen Worte wie »Homosexuelle«, »Homosexualität« oder »Homo-Lobby« vorkommen. Kurios wird es, wenn man sich die Trefferanzahl für vermeintlich zentrale Aspekte eines christlichen Portals ansieht. »Jesus« kommt am selben Tag auf 1233 Einträge und hat damit gerade einmal zwei mehr als die Wortsilbe »Homo«. Da wundert es kaum, was für Reaktionen der nicht gerade als liberal geltende Wiener Kardinal Schönborn erntete, als er seinen Gläubigen ein paar christliche Gedanken zu gleichgeschlechtlicher Partnerschaft mit auf den Weg gab. »Beim Thema Homosexualität sollten wir stärker die Qualität einer Beziehung sehen«, gab er zu bedenken. Um dann zu ergänzen: »Und über diese Qualität auch wertschätzend sprechen. Eine stabile Beziehung ist sicher besser, als wenn jemand seine Promiskuität einfach ausübt.«[182]

Wer selbst von eher konservativen Bischöfen, Kardinälen und dem Papst links überholt wird, hat zwei Möglichkeiten zu reagieren: Er kann in sich gehen und seine eigenen Überzeugungen in Frage stellen. Oder er brüllt los und richtet seinen Hass sogar gegen die Kirchenoberen. Es dürfte nicht schwer zu erraten sein, was im Fall von Kardinal Schönborn geschah.

Das gleiche Phänomen zeigte sich im März 2015, als der Passauer Bischof Stefan Oster, bis dato wegen seiner konservativen Haltungen von *kath.net* gefeiert, das Portal mit scharfen Worten bedachte. Oster beklagte die »zunehmend tendenziöse Berichterstattung und den damit einhergehenden Versuch oder wenigstens entstehenden Effekt, eine Polarisierung von Bischöfen, Priestern, Theologinnen und Theologen in klar identifizierbare Lager voranzutreiben«. Am Ende seiner langen Stellungnahme bat er die *kath.net*-Redaktion darum, »ihren Beitrag zum gegenseitigen Respekt voreinander und füreinander zu vertiefen«.[183] Wer tatsächlich gehofft hatte, *kath.net* wäre der bischöflichen Ermahnung mit Respekt und Demut begegnet, wurde schnell eines Besseren belehrt. Abwehr, Trotz, Jammern, Beleidigtsein und arroganter Zynismus waren alles, was die *kath.net*-Redakteure gegenüber dem geweihten Vertreter ihrer Kirche auf Facebook zeigten.

Zornige Kritikunfähigkeit und Hybris sind längst zum Wesensmerkmal der rechten Szene geworden und machen auch vor Christen dieses Schlags nicht halt. Diese Menschen glauben, dass sie sich in einem gerechten Abwehrkampf gegen die Moderne und gegen den Liberalismus befinden. Der moderate konservative katholische Publizist Andreas Püttmann kennt die Begründungen, die einem immer wieder begegnen: Ein wichtiger Punkt sei der Frust über die Dominanz eines eher linksliberal-orientierten reformkatholischen Lagers, das unter anderem die Abschaffung des Zölibats und die Einführung der Frauenordination fordert. Auch sehe sich das Milieu zunehmend gesellschaftlich marginalisiert und flüchte sich in eine immer schriller werdende Opferrhetorik und Verurteilung anderer, die so abstoßend wirke, dass die gesellschaftliche Mitte irritiert reagiere. Außerdem sei eine Unzufriedenheit darüber zu beobachten, dass der Katholizismus gemessen an früheren Dekaden nur noch mit wenigen Gläubigen in politischen Spitzenämtern vertreten ist. Also, so Püttmann, suche man sich andere Verbündete. Und finde diese bei den neuen Rechten.[184]

Andreas Püttmann dürfte der Erste gewesen sein, der diese »unheilige Allianz« beschrieben und festgestellt hat, dass so aus »Rechtgläubigen« am Ende »Rechtsgläubige« werden.[185] Für die neue Rechte wiederum sind nach rechts driftende

Christen eine weitere Möglichkeit, im Sinne der »Metapolitik« die Diskurshoheit zu erlangen. Auffällig oft sprechen z. B. Götz Kubitschek und Ellen Kositza neuerdings von Kirchgängen und von Gott. Und auch Medien wie die *Blaue Narzisse* und *Politically Incorrect* dienen sich einer rechten christlichen Leserschaft an. Gemeinsame Feindbilder sind ausreichend vorhanden. Hinzu kommt – wenngleich aus unterschiedlichen Gründen – die Überhöhung der traditionellen Familie in beiden Lagern, was sich laut Püttmann zu einem regelrechten »Familismus« ausgewachsen hat.[186] Und für den Mythos von der »Nation« waren manche Christen schon immer anfällig.

Mit der Hinwendung zur Nation geht auch bei den rechten Christen die Abneigung gegenüber der EU einher, die man gerne für alle möglichen realen oder imaginierten schlechten Einflüsse verantwortlich macht. So sieht man dort einen Hort der »Homo-Lobby« und des »Genderwahns« und glaubt oftmals, die EU wolle die Geschlechteridentitäten von Mann und Frau in Gänze abschaffen und alle EU-Bürger zu einem »neuen Menschen umerziehen«.[187] Dass der verstorbene Papst Johannes Paul II. die Katholiken noch 2003 in seinem Apostolischen Schreiben »Ecclesia in Europa« aufgefordert hatte, konstruktiv am Aufbau des Hauses Europa mitzuarbeiten, gerät völlig in Vergessenheit. Bei den evangelikalen Protestanten wuchs die Ablehnung der EU in den letzten Jahren nicht minder.

Die Radikalisierung gewisser christlicher Kreise hat auch mit dem publizistischen Dauerfeuer bestimmter Internetmedien zu tun. Dazu gehörten allen voran das bereits erwähnte Portal *kath.net* sowie die erzkatholische Bloggerszene. Dass es anders gehen kann, ohne dass man sein Christentum verleugnet, beweisen einige moderate und dennoch dezidiert konservative katholische Publizisten wie Stephan Baier, der im *VATICAN magazin* einen ausgewogenen Essay zur EU publizierte. Er kritisierte dort aus katholischer Sicht etwa die

Forderung, Kruzifixe aus Klassen zu verbannen, und wies auf den generellen Schwund christlicher Werte auf dem Kontinent hin. Nicht ohne jedoch zugleich zu fragen: »Wo wären unsere Europaskeptiker eigentlich zufriedener als in der Europäischen Union des Jahres 2014? Wo ist die Lebensqualität höher, die Freiheit größer – selbst für kritische Fragen wie die hier gestellten? In der aufstrebenden Weltmacht China, im erdölreichen Saudi-Arabien oder in Putins Russland?«[188]

Zumindest letzteres glauben sehr viele rechte Christen inzwischen wohl wirklich. Putin gilt auch bei ihnen als Held im Kampf gegen die angebliche westliche Dekadenz. Die katholische Publizistin Gabriele Kuby, Mitglied im »Forum deutscher Katholiken« und von der evangelischen Nachrichtenagentur »Idea« 2008 als »Journalistin des Jahres« ausgezeichnet, brachte es gar fertig, 2014 an einer Tagung namens »Große Familien und die Zukunft der Menschheit« im Kreml teilzunehmen und anschließend davon in deutschen Medien zu schwärmen. Die dortige Präsenz des FPÖ-Politikers Johann Gudenus und des Front-National-EU-Abgeordneten Aymeric Chauprade erwähnte sie ebenso wenig wie die Teilnahme russischer Oligarchen, die auf westlichen Sanktionslisten stehen und die Separatisten in »Neurussland« unterstützen.

Wie schon am Beispiel Matussek gesehen, beschränkt sich der Einfluss der radikalen Christen nicht auf die Milieu-Medien, sondern reicht in etablierte Verlagshäuser und deren Publikationen hinein. Ein gutes Beispiel dafür ist Alexander Kissler, der Kulturchef des *Cicero*. Er könnte in seiner Position durchaus eine abwägende Haltung einnehmen und Debatten anstoßen; die dafür nötige Mitte hat er allerdings offensichtlich auch nach seinem Debakel aus dem Jahre 2011, zu jener Zeit noch in Diensten des *Focus,* nicht gefunden. Damals war er einem Papier aufgesessen, in dem behauptet wurde, ein Teil der deutschen Bischöfe plane, sich von Rom abzuspalten, um eine liberale Agenda durchzusetzen. Kissler, wahrscheinlich etwas überhitzt bei dem Versuch, »romtreue

Positionen« zu verteidigen, nannte das Papier »inoffizielles Dossier« und behauptete, einige Beobachter sehen die Gefahr einer bevorstehenden Kirchenspaltung.[189] Das führte zu einer signifikanten Empörung unter Katholiken, besonders als der Vatikan-Korrespondent der *Tagespost,* Guido Holst, infolge eigener Recherchen öffentlich machte, dass dieses »Dossier« aus nichts anderem bestand als »sechs Seiten ohne Anlagen oder Belege«, »geschrieben von jemandem, der Zeit hat, so etwas zu schreiben.«[190] Nach dieser Blamage hatte sich Kissler in seinen Texten etwas zurückgenommen. Seit einiger Zeit aber widmet er sich wieder ausgiebig und vor allem hochtourig dem Kampf gegen seine Feindbilder.

Kisslers Verbindungen sind eindeutig. So trat er bereits Anfang 2011 öffentlich mit Götz Kubitschek bei einer Diskussion im Pressesaal des Münchner »Gasteig« auf, um sich gemeinsam an Sarrazins *Deutschland schafft sich ab* zu erfreuen. Das rechtslibertäre Magazin *eigentümlich frei,* das damals auch Texte von Kissler publizierte, war vor Begeisterung über den gelungenen Abend ganz aus dem Häuschen und jubelte, dass »bei Kissler und Kubitschek die Gemeinsamkeiten« überwogen: »Beide sind sich bewusst darüber, was Deutschland zunächst braucht. Kissler nannte es eine ›Ausweitung der Formulierungszone‹«.[191] Im Publikum saß – wen wundert es? – Michael Klonovsky. Und Moderator der Diskussion war Felix Menzel, der Kopf der *Blauen Narzisse.*[192] So waren sie also fast vollständig versammelt, die führenden Bannerträger der neurechten Publizistik.

Überhaupt ist man erstaunt, wie wenig Berührungsängste manche dezidierte Christen mit diesem Umfeld haben. So gab etwa die katholische Bestsellerautorin Birgit Kelle der *Sezession* Ende 2013 ein ausführliches Interview. Und der ebenfalls katholische Publizist Jürgen Liminski, Redakteur beim *Deutschlandfunk*, hielt eine flammende Laudatio auf Ellen Kositza, als diese 2008 mit dem Journalistenpreis der *Jungen Freiheit* und der Gehardt-Löwenthal-Stiftung ausgezeichnet wurde. Liminski ist übrigens selbst Autor jener Zeitung, ebenso wie der Dominikanerpater Wolfgang Ockenfels. Im Februar 2015 ging Ockenfels in einem auf *kath.net* publizierten Text auf die »Lügenpresse« los, sprach von den »Resten der Reputation einer moribunden Presse« und »der medialen Großoffensive gegen die Protestbewegung PEGIDA«.[193] Mindestens genauso schwer wiegt der Umstand, dass er in der von ihm herausgegebenen katholischen Zeitschrift *Die Neue Ordnung* immer wieder Autoren mit typisch neurechtem Gedankengut Platz bietet. Ockenfels hatte nicht einmal Hemmungen, dort Hans-Peter Raddatz in einer vulgären Weise gegen Homosexuelle hetzen zu lassen: »Je schwerer nun eine Person in der Kindheit deformiert wird, in der Moderne immer häufiger durch sexuellen Missbrauch, desto deutlicher, so die Analytikerin, tendiert der entstehende Narzisst zum homosexuellen, fäkal besetzten Pol. Die gestörte Genitalentwicklung überträgt die Penisorientierung auf die Analzone, die sich in der Abwehr der Vagina als Ekelobjekt (s. u.) und im faktischen Analverkehr – auch mit der Frau – ausdrückt. Dies kann bis zum ›nachwachsenden Penisersatz‹ gehen, als prothetische Zeugung einer halluzinierten Kotsäule, die dem Gestörten suggeriert, das Exkrement in das andere Extrem, in den ›Wert von Gold‹ umwandeln zu können.«[194] Das stellt sogar Akif Pirinçci deutlich in den Schatten.

A propos: Man darf davon ausgehen, dass eine große Zahl derjenigen, die Raddatz zustimmen, auch Pirinçci feiern und andersherum. In ihrer Aufgekratztheit blenden sie allerdings offenbar aus, dass Pirinçci gewisse Aspekte der Homosexualität durchaus goutiert. Wie anders soll man Aussagen wie »Lesbische Deutsche, ich muss gestehen, dass ich mir sehr gerne Pornos angucke, wo es zwei Weiber miteinander treiben« verstehen? Man muss insoweit einen typischen Fall von Feindbildkollision konstatieren. Eigentlich hätte jeder Christ den Porno-Fan Pirinçci als Vorbild ablehnen müssen. Rechte Christen aber konnten der Versuchung, in ihm einen Verbündeten im Kampf gegen andere Feindbilder als das der Pornographie zu sehen, anscheinend nicht widerstehen. Im Zweifel tritt also die eine Antipathie zurück, wenn eine stärkere bedient wird. Je brutaler dabei die Sprache, desto größer der Applaus – so wirkt es zumindest.

Auch Alexander Kissler arbeitet weiter recht kontinuierlich an der von ihm herbeigesehnten »Ausweitung der Formulierungszone«, etwa im Fall des ehemaligen Limburger Bischofs Tebartz-van Elst. Diesen schätzt Kissler sehr, weil er für eine strenge »konservative« Linie in der Kirche steht. Andreas Püttmann, der es gewagt hatte, Tebartz für seine Unaufrichtigkeit und sein Fehlverhalten beim Bau des neuen Diözesanzentrums zu kritisieren, wurde von Kissler prompt als »professioneller Kirchenkritiker« apostrophiert. Bei dieser Gelegenheit teilte der heutige *Cicero*-Kulturchef auch gleich genüsslich einen Blogeintrag der spätkonvertierten ultrakatholischen Autorin Barbara Wenz, die Püttmann allen Ernstes als »geistigen Brandstifter, Spalter und Verdunkler der Kirche Jesu Christi«[195] bezeichnete. Püttmann hatte genau dieses Denken kurz zuvor in seinem Essay »Die Moralpächter« für die *Zeit*-Beilage *Christ & Welt* beschrieben: »War Moral im Kommunismus eine Frage des richtigen Klassenstandpunkts, so ist sie im kirchlich-konservativen Betonblock eine Frage des richtigen theologischen Lagerstandpunkts. [...] Dem rechtgläubigen Bannerträger sieht man gravierende Charakterdefizite nach, mit dem kirchenpolitischen Gegner, Abweichler oder Renegaten geht man ins Gericht. Man sucht bei ihm persönliche Blößen, um sich mit seinen Argumenten nicht auseinandersetzen zu müssen. So entsteht eine Rudelmoral mit zweierlei Maß.«[196]

Kissler ließ in der Causa Tebartz jede Zurückhaltung vermissen, regte sich permanent über die Kritiker des Bischofs auf und verstieg sich in einem Text mit der Überschrift »Wem nutzt die Hatz auf Tebartz?« gar zu wilden Verschwörungstheorien. Darin sah er eine »konzertierte Aktion der innerkirchlichen und der antikirchlichen Kritiker, dies- und jenseits der Medien« am Werk.[197] Man macht sich fast zwangsläufig Gedanken darüber, wie man sich diese »konzertierte Aktion« im Detail vorstellen muss. Gab es tägliche Telefonkonferenzen »dies- und jenseits der Medien«, in denen alle Beteiligten sich überlegten, wie man auf den armen Bischof einschlagen kann? Kissler fragte sogar ganz ernst gemeint: »Welche wichtigen Themen werden in den Hintergrund gespielt, damit die Provinzposse das Volk beschäftigt? Was bereitet sich vor, während diese hysterisch aufgeblasene ›Borgia‹-Story aufgetischt wird? Dräuen neue Rettungspakete, neue Abhörmaßnahmen, neue Waffenlieferungen?«[198] Auf den naheliegenden Gedanken, dass man sich über das Gebaren des Bischofs schlichtweg zu Recht empören kann, kam er nicht.

Alexander Kissler hat sich inzwischen gewissermaßen zu einem Kontraindikator für moderate Christen entwickelt: Wenn er sich aufregt, muss irgendjemand etwas richtig gemacht haben. Und wenn er sich *sehr* aufregt, muss irgendjemand etwas *sehr richtig* gemacht haben. Letzteres war rund um einen Kongress des päpstlichen Hilfswerks »Kirche in Not« der Fall. Die Person, die hier etwas sehr richtig gemacht hatte, war Christiane Florin, Chefredakteurin von *Christ & Welt*. Aber der Reihe nach. »Kirche in Not« unterhält in insgesamt 21 Ländern Vertretungen und setzt sich unter anderem für verfolgte Christen ein. Klingt zunächst einmal gut. Als die Organisation ihren jährlich stattfindenden »Kongress Weltkirche« auch 2015 wieder in *Christ & Welt* bewerben wollte, warf Florin einen Blick ins Programmheft und stolperte über ein Podiumsgespräch mit dem Titel »Gegen den Strom von Meinungsdiktatur und Political Correctness«. Über diesen im neurechten Duktus formulierten Programmpunkt war sie empört, weshalb sie die Anzeige ablehnte. Sie begründete ihre Entscheidung damit, dass sie es als Diffamierung empfinde, »dieses Land als Diktatur zu bezeichnen«. Und fragte völlig zu Recht: »Aber wie kommt eine solche

Verachtung für die plurale Demokratie in den Anzeigentext eines Hilfswerks, das es aufgrund seiner Erfahrung mit den Opfern lupenreiner Diktaturen besser wissen müsste?«[199] Kissler, der zunächst als Podiumsteilnehmer angekündigt war, stellte dazu auf Twitter fest, *Christ & Welt* gehe »aufrecht in den Abgrund«.

Der Blick auf das Podium belegt: Christiane Florin hatte ganz offensichtlich ein gutes Näschen bewiesen. Neben Gabriele Kuby war unter anderem Hedwig von Beverfoerde geladen. Diese ist eng verbunden mit der rechtskonservativen AfD-Politikerin Beatrix von Storch. Einem breiteren Publikum ist Beverfoerde als Sprecherin (und inzwischen auch Organisatorin) der »Initiative Familienschutz« bekannt, die nach dem französischen Vorbild »Manif pour tous« die »Demo für alle« gegen die Bildungspläne in Baden-Württemberg und Niedersachsen veranstaltet.

Generell fällt beim Blick auf die Szene der radikalen Christen immer wieder auf, dass sie sich mit theologischen Fragen nicht allzu gut auskennt. In der Regel werden einzelne Sprüche oder Aussagen – oftmals aus dem Kontext gerissen und nicht verstanden, sondern auswendig gelernt – als Basis für die eigene Argumentation beständig wiederholt. Und zwar egal, ob es sich nun um das Christentum oder etwa den Islam handelt. Der Islam ist inzwischen zu einem ihrer größten Feindbilder avanciert. In der für sie so typischen Komplexitätsreduktion machen sie sich selten die Mühe, zwischen dem Islam und den Islamisten zu unterscheiden. Und das obwohl die katholische Kirche in der Erklärung »Nostra Aetate« explizit den Respekt gegenüber Muslimen anmahnt.[200]

Angesichts ihrer ausgeprägten Neigung zum Ressentiment war es geradezu zwangsläufig, dass sowohl Rechtskatholiken als auch ihre evangelikalen Entsprechungen eine große Sympathie bis hin zu flammender Begeisterung für Pegida zeigen und ebenso wie diese eine »Islamisierung des Abendlandes« herbeiphantasieren. Man fragt sich angesichts eines Anteils von immer noch deutlich über 50 Prozent Christen an der hiesigen Gesamtbevölkerung, wie man sich selbst so klein machen kann, indem man eine andere Religion, die nur einen Bruchteil dieser Zahl als Anhänger hat, so groß macht. Aber vielleicht steckt dahinter erneut Kalkül: Indem man sich als bedrohte Minderheit, als Gemeinschaft von Opfern gar inszeniert, erwirbt man sich quasi durch Bedrängung das Recht auf Notwehr.

Bei den Organisatoren des Frankfurter Pegida-Ablegers war sogar ursprünglich eine – inzwischen allerdings abgesägte – Evangelikale namens Heidi Mund mit dabei, die zuvor schon auf der Hannoveraner Demonstration der »Hooligans gegen Salafisten« auf der Bühne gestanden hatte.[201] Ihr Kennzeichen ist eine große Deutschlandfahne, die sie bei ihren öffentlichen Auftritten stets dabei hat und auf der in silberner Schrift »Jesus Christus ist Herr« zu lesen ist.[202] In der Speyerer Gedächtniskirche verlor sie im Februar 2015 vollkommen die Fassung und schrie hysterisch, man habe Gott verraten und die Kirche entweiht, indem man einen Imam in jener Kirche habe predigen lassen.[203]

Sogar unter Kirchenvertretern gab es solche, die unfähig waren, die Gesinnung mancher Demonstranten richtig einzuordnen. So behauptete der mecklenburgische Pfarrer Markus Holmer, dass es nicht gut um die Demokratie stehe, »wenn einem aufbegehrenden Volk verwehrt wird, christliche Symbole zu erheben und Weihnachtslieder zu singen, wenn ihm verübelt wird, den Ruf von 1989 zu wiederholen: Wir sind das Volk.«[204] Der Priester Paul Spätling ging sogar noch weiter und hielt eine Rede bei einer Veranstaltung des Duisburger Pegida-Ablegers, bei der er empört ins Mikro fragte: »Seit 1400 Jahren haben Christen Europas gegen den Islam kämpfen müssen. Jetzt sollen wir das nicht mehr tun?«[205] Gott sei Dank teilte sein Bistum diese fast schon an die Kreuzritter erinnernde Sichtweise nicht und erteilte ihm kurzerhand ein Predigtverbot.

Auch mit Flüchtlingen haben es die rechten Christen nicht so. Die Verfolgung ihrer Glaubensbrüder und -schwestern prangern sie zwar zu Recht an. Oftmals hat man dabei aber den Eindruck, dass damit vor allem der Blick auf Gräueltaten von Muslimen gerichtet werden soll. Anders nämlich ist kaum zu erklären, dass auch verfolgte Christen mit dem Grenzübertritt nach Europa von Rechtsgläubigen pauschal unter das Feindbild »Asylant« fallen. Es sind genau diese Empathielosigkeit und der eklatante Mangel an Nächstenliebe, der die rechten Christen so unangenehm macht. Als der Bamberger Erzbischof Schick im September 2014 in einem Hirtenwort sagte, dass angesichts des Flüchtlingselends Gottesdienst auch Menschendienst werden müsse[206], fragte Alexander Kissler auf Twitter höhnisch, ob das dann »Dianetik« sei, und rückte den Erzbischof damit in die Nähe von Scientology. Diejenigen, die sich selbst wie Sektenmitglieder verhalten, werfen Menschen anderer Meinung genau das vor, um sie zum Schweigen zu bringen. Die Muster, sie wiederholen sich einfach immer wieder.

Ab und an begehrt übrigens doch einmal jemand gegen die menschenfeindliche Linie innerhalb des radikalen Milieus auf; eine Beobachtung, die zumindest ein wenig Hoffnung macht. Ziel der Kritik war in diesem Fall Beatrix von Storch, zu deren Netzwerk das Online-Medium *Freie Welt* zählt, weshalb sich dort regelmäßig nicht viel mehr als »Hofberichterstattung« für sie und ihr Umfeld findet. Martin Reinhardt ist es zu verdanken, dass es ausgerechnet in diesem Portal zu einer Ausnahme kam. »Frau von Storch, Sie stellen sich gerne als engagierte Christin dar. Mir erschien das glaubwürdig«, schrieb er in einem Beitrag. Eine abwertende Bemerkung von Storchs über das Flüchtlingselend auf Lampedusa habe ihn aber »empört« und »wütend gemacht. Wütend über Ihre Kälte, über die Berechnung, die aus Ihrer Äußerung spricht. Warum tun Sie das? Wollen Sie Ängste schüren? Die Angst vor Überfremdung. Die Angst vor Kriminellen. Die

Angst vor Sozialschmarotzern. Ihre Äußerung entlarvt Sie als Populistin. Und viel schlimmer, sie entlarvt Sie als Werbende um den rechtsextremen, den braunen Rand unserer Gesellschaft.«[207] Wer will ihm diese Einschätzung verdenken?

»Selbstreferenziell, selbstgerecht, selbstmitleidig, denunziatorisch, unbarmherzig und unversöhnlich bis zur Rachlust« – was für eine präzise Beschreibung der neuen Rechten, könnte man meinen. Diese Aufzählung von Andreas Püttmann bezog sich allerdings auf die Rechtskatholiken, denen er eine »narzisstische Kirchlichkeit«[208] bescheinigt. Spätestens jetzt wird klar: Da fand in den letzten Jahren zusammen, was zusammengehört. »Mit dem Evangelium hat dies ebenso wenig zu tun wie das ideologische Gebräu der politischen Rechten. Und so findet sich nun mancher kirchlich Konservative an der Seite von Liberalen und Linken wieder und manch anderer in Gesellschaft jener, deren Wertetrias nicht ›Glaube, Liebe, Hoffnung‹, sondern ›travail, famille, patrie‹ zu sein scheint«, führt Püttmann weiter aus. Die Angst vor der Hölle scheint angesichts der »Angst« vor einer Islamisierung und dem anschließend vermeintlich folgenden Untergang des Abendlandes in den Hintergrund getreten zu sein. Man hat den Impuls, für manche dieser armen Seelen spontan beten zu wollen.

KAPITEL 8
DIE ANGSTMACHER – WIE MAN MIT SORGEN GELD VERDIENT

Was haben die Mayas und der Konservative Revolutionär gemeinsam? Beide lagen mit ihren Prognosen nachweislich vollständig daneben, müssen sich dafür aber keine dummen Fragen mehr gefallen lassen, weil sie tot sind. Es ist ein in der Geschichte wiederkehrendes Phänomen, dass der Untergang meistens einfach nicht stattfinden will, auch wenn er noch so sehr beschworen wird. Der Maya-Kalender lief 2012 nach mehreren tausend Jahren ohne den angekündigten Weltuntergang aus. Und wie der Historiker Volker Weiß in seinem lesenswerten Buch *Deutschlands Neue Rechte* hervorgehoben hat, würde hierzulande schon seit Jahrzehnten niemand mehr leben, der nach der Definition von Edgar Julius Jung deutsch ist, hätte dieser mit seinen Berechnungen in *Die Herrschaft der Minderwertigen* auch nur im Ansatz richtig gelegen.[209]

Leider haben allerdings nicht wenige Menschen eine fatale Tendenz, auf apokalyptischen Unsinn hereinzufallen. Und zwar nicht nur dann, wenn er von religiösen Sekten propagiert wird. So nimmt es kaum Wunder, dass insbesondere seit dem Ende des 19. Jahrhunderts die Beschwörung eines nahenden Untergangs Teil der öffentlichen Debatte ist. Das Anfang der 1920er-Jahre erschienene Buch *Der Untergang des Abendlandes* des konservativen Revolutionärs Oswald Spengler ist bis heute so etwas wie die Mutter aller Werke in diesem Genre, zu dem man auch *Deutschland schafft sich ab* von Thilo Sarrazin und *Deutschland von Sinnen* von Akif Pirinçci zählen muss. Hinzu kommen inzwischen auch all die Blogs und

Bücher, die uns immer für übermorgen den wirtschaftlichen Kollaps des Westens voraussagen. Oder sind wir zu optimistisch? Ist es vielleicht diesmal nun wirklich so weit?

Versuchen wir einen Realitätscheck. Wer die einschlägigen Magazine und Webseiten der neurechten Szene aufschlägt oder ansteuert, kommt an einem Thema in den Anzeigenspalten nicht vorbei: Anlagetipps. Die Kreativität hält sich dabei in Grenzen: Vor allem Edelmetalle, auch Immobilien, vielleicht noch Wein, Gemälde oder Oldtimer werden von Händlern feilgeboten. Dagegen ist natürlich zunächst einmal nichts zu sagen; ein diversifiziertes Depot gilt seit jeher als kluge Anlagestrategie. Interessanter ist die Argumentationslogik, die einzelne dieser Anbieter geltend machen: Nicht Diversifikation ist das Thema, sondern die Möglichkeit, von dem sicher nahenden Crash zu profitieren. Auf den ganz radikalen Seiten gibt es zudem noch Gaskocher, Konserven und Co. zu kaufen, um im Zweifel im Keller Reserven für die ersten chaotischen Tage nach dem großen Knall zu haben, bis man dann endlich Kasse machen kann. Genau mit dieser Angst vor dem finanziellen Zusammenbruch und dem wirtschaftlichen Ruin lässt sich also gutes Geld verdienen.

Zu denen, die das versuchen, zählen einzelne, spezialisierte Anbieter, Anlageberater und Händler, aber auch Politiker und Aktivisten, Autoren und Journalisten. Sie alle beschwören fortwährend den kommenden finanziellen Zusammenbruch – und sitzen damit nicht nur neurechten Phantasien des Untergangs des Abendlandes, einer aufkommenden EUdSSR und den Vorbehalten gegen den (jüdischen) Zinskapitalismus auf, sondern schüren diese weiter. Die entsprechenden Plattformen erkennt man an Namen wie »Hartgeld« oder »Marktorakel«. Und fast immer fühlt man sich bei der Lektüre der dortigen Beiträge an eine gesprungene Schallplatte erinnert, die ein ums andere Mal dieselbe Stelle ansteuert und wiederholt.

Einer der bekannteren Blogger wagte am 8. Juli 2014 in

einem Beitrag für die *Huffington Post* die Voraussage, dass Gold bis zum Jahresende wohl um 35 Prozent steigen würde, Silber gar bis zu 50 Prozent.[210] Als Begründung war unter anderem klar zu lesen: Der »Tag X« nahe, »immer mehr Crash-Prognosen machen die Runde«, »immer mehr Daten für einen System-Reset werden herumgereicht«, »es wird inflationiert, solange es geht« und »Sachwerte werden steigen (müssen)«. Auch die weitere Entwicklung sah der Blogger schon klar voraus: »Bis zum Frühjahr/Sommer 2015, wo das Ausmaß der Neuordnung täglich spürbarer und sichtbarer wird, beschleunigt sich der preisliche Anstieg noch einmal enorm.«

Nun sah die Realität leider – oder besser: Gott sei Dank – etwas anders aus. Gold hat zwischen dem Tag der Prognose und dem Ende des Jahres 2014 die atemberaubende Rendite von 0,929 Prozent erwirtschaftet. Knapp daneben also. Aber vielleicht reißt der Silberkurs es ja heraus? Auch das ist nicht der Fall, ganz im Gegenteil: Es sieht sogar noch viel schlimmer aus. Anstatt einer Steigerung um 50 Prozent verlor das Edelmetall über 25 Prozent seines Wertes! Aber diese Fehleinschätzung stammte ja nur von einem »kleinen Blogger«. Vielleicht sieht es bei den »seriöseren« Vertretern der Szene besser aus?

Weit gefehlt. Nehmen wir einen beliebigen der namhaften Edelmetall-Apologeten im deutschen Sprachraum, der vor Hyperinflation, Enteignung, dem Zusammenbruch im Allgemeinen und was ihm sonst noch an Horrorszenarien einfällt, warnt. Beruflich hat er sich auf die im selben Atemzug angepriesenen »Gegenmittel« spezialisiert und dürfte daher ein ziemliches Interesse daran haben, dass das anlagefreudige Publikum immer eine Art Grundpanik verspürt. Der Herr ist also ein Lobbyist, den man aber so tun lässt, als ob er neutraler Beobachter sei.

Warum ihm die Medien, in denen er regelmäßig eine Bühne bekommt, das durchgehen lassen, ist schwer verständlich. Dass er seit Jahren einen explodierenden Goldpreis, der als der Krisenindikator schlechthin gilt, prognostiziert, verwundert in diesem Kontext aber kaum noch. Ein Blick auf seine Treffergenauigkeit sollte ihm aber – ebenso wie seinen Kollegen mit ähnlichen Interessen – die Schamesröte ins Gesicht steigen lassen. 2011 sah er den Goldpreis am Ende des Jahres bei 2000 bis 2500 Dollar – weniger als 1600 Dollar wurden es. 2012 beglückte er seine Fans mit der Aussage, der Goldpreis werde nun weiter massiv ansteigen. Tat dieser aber nicht, sondern erreichte stattdessen im April 2013 die tiefsten Stände seit 2011. Sorgte das für Demut? Ach was, warum auch? Ende 2013 werde der Goldpreis bei 2000 Dollar stehen – so das ausgegebene Zwischenziel. Was natürlich auch nicht passierte. Am 31. Dezember 2013 stand der Goldpreis bei 1204,50 US-Dollar. Aber hey, die 40 Prozent Abweichung von der Prognose, das kann doch wirklich mal passieren. Immerhin wurden die Zahlen aber gemäßigter, das muss man ihm lassen. Für das erste Quartal 2014 sagte er einen Goldpreis von 1570 Dollar voraus. Muss man es noch sagen? Natürlich wieder ein Schlag ins Wasser. Knapp wurde die Grenze von 1300 Dollar erreicht, was nur noch eine Abweichung von 16 Prozent bedeutete. Da lag der kleine Blogger auch nicht wesentlich schlechter als der vermeintliche Profi.

Letzterem wird das allerdings vermutlich nicht schaden, befindet er sich doch in guter Gesellschaft. Daniel D. Eckert, Wirtschaftsredakteur der *Welt*, widmete den »Crash-Propheten«, wie er sie nennt, einen gut recherchierten Artikel – und attestierte ihnen im Schnitt ein »grandioses Scheitern«. Mit etwas Erstaunen stellte er allerdings auch fest, dass das offensichtlich kaum jemanden interessierte: »Ein Astronom, der eine Sonnenfinsternis vorhersagt, die dann aber gar nicht stattfindet, wäre vermutlich schnell seinen Job los. Bei Crash-Propheten ist das anders«, konstatiert er, um dann ein Bild zu zeichnen, was uns schon aus anderen Zusammenhängen bekannt ist: »Das Nichteintreffen ihrer Prognosen scheint eher noch die Aura zu verstärken, die sie umflort. Gemäß dem Motto: Da muss noch viel mehr faul sein im Staate, wenn es trotz guter Gründe nicht crasht!«[211]

Das ist für die Crash-Propheten eine äußert komfortable Position, können sie doch fast tun und lassen, was sie wollen, sie verdienen ohnehin immer mit ihren Vorträgen und Büchern, Artikeln und Fan-Shops. Ihre Anhänger wiederum erleben in der Regel einen finanziellen Niederschlag nach dem anderen, schreiben diesen aber nicht ihren Propheten, sondern den großen Strippenziehern im Hintergrund zu, die alles manipulieren. Eines Tages, so redet man sich ein, müsse der Crash schon kommen, weil die Manipulation nicht ewig aufrechterhalten werden könne. Und dann – so der unerschütterliche Glaube – steht man endlich auf der richtigen Seite der Geschichte.

Die sich daraus entwickelnde Sehnsucht nach dem Knall, der dann die teuer gekauften Immobilien und das teuer gekaufte Edemetall im Wert explodieren lässt, geht einher mit der Sehnsucht nach einer politischen Einfachheit, nach einer Katharsis, einem Neuanfang, mit dem man den ganzen Ballast zurücklässt und die Welt zu einem besseren Ort machen kann. Das Bild gleich dem eines reinigenden Gewitters. Dabei sollte man ja aus der Vergangenheit gelernt haben, dass es sich bei dieser Hoffnung um eine romantische Verklärung handelt, die mit der Realität nicht allzu viel zu tun hat. Wer 1914 noch aus einer ähnlichen Denke heraus den Beginn des Ersten Weltkriegs bejubelt hat, dürfte zwei Jahre später in einem Schützengraben liegend einen anderen Blick auf die Dinge gehabt haben.

Die Zahl derer, die immer wieder nicht nur steigende Preise von Sachwerten, sondern auch eine explodierende Inflation, und gar die Gefahr einer Hyperinflation voraussagen, ist in den letzten Jahren sicherlich nicht kleiner geworden – selbst wenn die Vorhersagen regelmäßig nicht eintrafen. Warum tun die Crash-Propheten also weiterhin das, was sie tun? Weil sie trotz der Fehlschläge tatsächlich weiterhin daran glauben? Vielleicht. Wahrscheinlicher ist aber, und das ist der wichtigere Aspekt der Geschichte, dass es im Interesse all dieser Menschen liegt, Panik zu schüren. Denn sie haben eines gemeinsam: Ihnen hilft die Angst vor einer Krise dabei, richtig Geld zu verdienen. Und weil sie alle miteinander direkt, über eine oder zwei Ecken verbandelt sind, helfen sie sich gegenseitig, zitieren sich fröhlich untereinander und laden sich wechselseitig zu Veranstaltungen ein.

Besonders gerne treten sie etwa mit Frank Schäffler auf, dem kaltgestellten FDP-Politiker und ehemaligen Bundestagsabgeordneten, der mit seiner Kampagne gegen den Europäischen Stabilitätsmechanismus (ESM) bekannt wurde. Viele sind bekennende Anhänger der Österreichischen Schule der Nationalökonomie und Mitglied in den entsprechenden Zirkeln, die für die Szene als Schnittstellen dienen. Schäffler tat als amtierendes Bundestagsmitglied und auch danach alles, um die Panik weiter Kreise der Bevölkerung hochzuhalten. Und bei einer Veranstaltung im Jahr 2011, die vom neurechten Szenemedium *Blaue Narzisse* dokumentiert wurde, antwortete er auf die Frage einer »besorgten Sparerin«, wie sie ihre Altersvorsorge absichern könne, orakelhaft: mit »Gold, Grundbesitz, und in der Freundschaft zu einem Landwirt.«[212]

Wenn schon einer aus dem Bundestag, einer aus dem Machtzirkel so etwas sagt, dann muss ja etwas dran sein, raunen die naiven Bürger dann. Und für den Umsatz der Untergangspropheten bringen solche Statements sicherlich gute Impulse. Als Schäffler im Herbst 2014 ein Buch zur Finanzkrise veröffentlichte, konnte er sich der öffentlichen Unterstützung fast der gesamten Szene gewiss sein – bis tief hinein ins AfD-Milieu. Dass die neue Partei selbst mit Gold handelt – und gezielt diejenigen anspricht, die »gegen die Verwerfungen des Eurosystems auf den Erwerb von Gold in Münzen oder Barren« setzen, wie auf der Webseite zu lesen ist, ist inzwischen bekannt.[213] Dass einer der einschlägigen wirtschaftlichen Akteure der Szene auch noch familiär mit einer AfD-Spitzenpolitikerin verbandelt ist, sei hier nur als Randnotiz erwähnt.

Natürlich versammelt sich die Szene überdies auf dem Portal *Freie Welt,* das von Beatrix von Storch gegründet wurde und inzwischen von ihrem Mann geführt wird, entweder selbst mit Namens-Artikeln oder zumindest mit ihren Büchern, die dort positiv besprochen werden. Dasselbe gilt für *eigentümlich frei,* die ehemals liberale, inzwischen aber deutlich nach rechts abgerutschte Depesche von André Lichtschlag, die dasselbe Milieu bedient. Auch hier dürfen die Untergangspropheten also Angst verbreiten und zu Anlagen außerhalb des Euros raten – redaktioneller Teil und Anzeigen passen dort so gut zusammen wie selten. Und Carlos A. Gebauer moderiert gerne mal Veranstaltungen mit Schäffler – beide sind Kolumnisten bei *eigentümlich frei* –, Starbatty und dem Ex-AfD-Vizeparteivorsitzenden Hans-Olaf Henkel; zu einer solchen Veranstaltung hat wiederum die von Beatrix von Storch gesteuerte Organisation »Zivile Koalition« schon einmal eingeladen.

Irgendwie scheint alles mit allem zusammenzuhängen, ein finanzielles perpetuum mobile gewissermaßen. Natürlich können diese Verbindungen alle auch ganz wundersame Zufälle sein. Aber das fällt uns doch schwer zu glauben. Mit dem Leitspruch »Follow the money« lag man in der Vergangenheit relativ häufig richtig. Dass das ganz nebenbei ein Satz ist, der gerne in der Szene gemurmelt wird, wenn es darum geht, Weltverschwörungen zu erklären, macht das Ganze noch interessanter. Hier wendet sich die eigene Logik gegen die Szene. Die Untergangspropheten werden nicht müde, hinter der überraschenderweise ausbleibenden Hyperinflation und Explosion der Edelmetallkurse Marktmanipulationen zu wittern, was sie natürlich nicht beweisen können. Kein Problem, hier greift das Muster der Beweislastumkehr, das man schon von den Reichsbürgern kennt: Wenn eine Manipulation sich nicht widerlegen lässt, entzieht man sich der Pflicht, sie zu belegen. Aber danach fragt unter ihren Fans ja ohnehin niemand. Und genau das ist das Problem: Vor lauter gesteuerter, klug orchestrierter Empörung, vor lauter Vorwürfen gegen die etablierten Kräfte gerät unter den Anhängern der Angstmacher, wie wir diese Leute nennen, schnell die Notwendigkeit in Vergessenheit, auch bei den eigenen Vordenkern einmal genauer hinzuschauen und zu prüfen, welche Interessen sie denn wirklich haben.

Wirft man einen Blick auf die Buchregale der Untergangsapologeten, wird es eintönig: Man stößt dort stets auf dieselben Namen und Themen. Zunächst einmal gibt es kaum jemanden aus der Szene, der nicht mindestens ein Buch über den Euro – oder besser: gegen den Euro – geschrieben hat. Gleich als allererstes etwas gegen Ausländer zu publizieren so wie Thilo Sarrazin, das traut sich eben nicht jeder. Der Euro ist so etwas wie das Einstiegsthema der heutigen Untergangspropheten. Ganz vorne mit dabei: Hans-Olaf Henkel, der ehemals Präsident des Bundesverbands der deutschen Industrie war und heute Europaabgeordneter ist. Der einstmals so sachlich und bürgerlich zurückhaltend anmutende Ex-Manager brachte ein Buch mit dem gar nicht so seriös und konstruktiv klingenden Titel *Die Euro-Lügner: Unsinnige Rettungspakete, vertuschte Risiken – So werden wir getäuscht* auf den Markt. Sein Europaparlamentskollege Joachim Starbatty, der wie Henkel inzwischen aus der AfD ausgetreten ist, nannte sein Werk zum Thema *Tatort EURO*. Man darf vermuten, dass mit dem parteipolitischen Engagement bei der AfD die Leserschaft der beiden Verfasser gewiss nicht kleiner geworden ist. Oliver Janich, Initiator der politisch wenig erfolgreichen libertären »Partei der Vernunft« hat ja vorgemacht, wie man mit einer Parteigründung die Zahl der eigenen Leser erhöht. Janich lobt übrigens Henkels Buch. Aber das überrascht wohl kaum noch. Fraglos kann man natürlich

Konstruktionsfehler des Euro monieren; bei diesen Büchern wird jedoch pauschal Stimmung gemacht.

Auch der inzwischen verstorbene Wilhelm Hankel, der in AfD-Kreisen als »Vorbild« im Kampf gegen den Euro bezeichnet wird, schrieb gleich zwei Bücher mit so gar nicht zurückhaltenden, sondern scharfmachenden Titeln: *Die EURO-Lüge* und *Die Bombe*. Der allgegenwärtige Hans-Werner Sinn sieht uns alle *Gefangen im Euro*, und Max Otte fordert *Stoppt das Euro-Desaster!*. Nicht zu vergessen der Ex-Haider-Spezi Karl Albrecht Schachtschneider. Er stellt die *Rechtswidrigkeit der Euro-Rettungspolitik* fest und konstatiert im Untertitel seines Buchs einen *Staatsstreich der politischen Klasse*. Alle bisher Genannten haben einen Professorentitel, was in bildungsbürgerlichen Kreisen ein gewisses Renommee garantiert, selbst wenn man den allergrößten Blödsinn behauptet. Daran, dass dieses Ansehen sinkt, arbeiten die Herren aber mit Nachdruck.

Nun hat nicht jeder das Glück, mit einem solchen akademischen Titel beeindrucken zu können. Aber es gibt ja auch noch andere Qualifikationen, die einen befähigen, sich in Buchform zum Euro zu äußern und dessen Untergang (früher oder später) vorherzusagen. Bruno Bandulet etwa war in den 1970er-Jahren mal Mitglied in der Chefredaktion der Illustrierten *Quick* und betreibt nun einen Goldinformationsdienst. Dazu gehörte er – wie auch Joachim Starbatty – dem inzwischen aufgelösten Bund freier Bürger (BfB) an, der sich nicht nur gegen den Euro, sondern in Person seines zeitweiligen Vorsitzenden Manfred Brunner auch für eine Umdeutung des 8. Mai 1945 starkmachte. Bandulet fühlte sich jedenfalls dazu berufen, gleich zwei Bücher zu verfassen, die *Die letzten Jahre des Euro* beschreiben, und zwar *Am Vorabend der dritten Währungsreform,* so die Titel. Das hört sich ausgesprochen abwechslungsreich an. Wolfgang Hetzer, in der Vergangenheit Referatsleiter im Bundeskanzleramt – wenn auch in einem ganz anderen Bereich als der Währungspolitik –, lässt uns wissen: *Die Euro-Party ist vorbei.* Und natürlich darf auch Thilo Sarrazin nicht fehlen, wenn es irgendwo mit Untergangsphantasien Geld zu verdienen gibt: *Europa braucht den Euro nicht,* stellt er fast schon trocken fest.

In der Regel sind die Titel so gewählt, dass die Leser schon beim Blick auf das Cover eine Gänsehaut bekommen. Als Meister dieser Strategie muss man den Kopp Verlag und seit einiger Zeit auch den FinanzBuch Verlag nennen. Letzterer hat nicht nur Frank Schäffler und Carlos A. Gebauer im Programm, sondern auch Michael Maier, den Macher der *Deutschen Wirtschafts Nachrichten,* und zwar mit seinem Buch *Die Plünderung der Welt: Wie die Finanz-Eliten unsere Enteignung planen.* Ebenso verlegt wurde Oliver Janich mit *Die Vereinigten Staaten von Europa: Geheimdokumente enthüllen: Die dunklen Pläne der Elite.* Frank Karsten und Karel Beckman dürfen sich im schönsten neurechten Duktus über das Thema *Wenn die Demokratie zusammenbricht: Warum uns das demokratische Prinzip in eine Sackgasse führt* auslassen. Und Andreas Popp, der Verschwörungstheoretiker, der gemeinsam mit Jürgen Elsässer und Ken Jebsen auf den Montagsmahnwachen auftrat, warnt beim FinanzBuch Verlag vor dem *Währungscountdown.*

Der Kopp Verlag hat aber noch deutlich »mehr« zu bieten. Bruno Bandulet findet man dort ebenso wie die AfD-Unterstützer Schachtschneider und Hankel, die Grandt-Brüder, die sich auf Verschwörungstheorien rund um das Geldsystem spezialisiert haben, Ex-ThyssenKrupp-Chef Spethmann, aber auch Starbatty. Verlagsinterner Bestseller-Autor dürfte Udo Ulfkotte sein, der vor langer Zeit einmal FAZ-Redakteur war und seitdem mit einem unglaublichen Ausstoß an reißerischen Titeln wie *Vorsicht Bürgerkrieg!, Politische Korrektheit: Von Gesinnungspolizisten und Meinungsdiktatoren, SOS Abendland: Die schleichende Islamisierung Europas* oder *Mit Gold durch die Krise* auffällt. Dass diese Bücher in den »Mainstream-Medien« bis auf seinen jüngsten Megabestseller *Gekaufte*

Journalisten kaum Anklang fanden, dürfte mehrere Gründe haben: Zunächst den Kopp Verlag selbst, darüber hinaus aber auch den Autor und seine Art zu arbeiten.

Stefan Niggemeier hat sich die Mühe gemacht, Ulfkottes »Enthüllungsbuch« einem Faktencheck zu unterziehen, und reichlich »Übertreibungen, Verdrehungen und Unwahrheiten« gefunden – und dokumentiert.[214] Selbst glatte Lügen – nachvollziehbar anhand von unterschiedlichen Erzählungen von Ulfkotte selbst zum gleichen Sachverhalt – konnte er nachweisen.[215] Wenn man aber Bücher zu den »richtigen« Themen und für das »richtige« Publikum schreibt, stört all das nicht.

Mit *Vorsicht Bürgerkrieg!* hat Ulfkotte ein Werk veröffentlicht, das sich gleich mit allen neurechten Untergangsszenarien auf einmal beschäftigt: »Finanzcrash und Massenarbeitslosigkeit, Werteverfall, zunehmende Kriminalität, Islamisierung, ständig steigende Steuern und Abgaben, der Zusammenbruch von Gesundheits- und Bildungssystem«. Natürlich darf in der Ankündigung der Hinweis auf den großen Knall nicht fehlen: »Es ist nur noch eine Frage der Zeit, wann sich aufgestauter Ärger und Hass entladen werden.« Clever, wie Ulfkotte und Kopp allerdings sind, belässt man es natürlich nicht bei diesem Überblick, sondern veröffentlicht zu jedem einzelnen Punkt weitere Bücher. Es muss äußerst lukrativ sein, ein Untergangsprophet zu sein.

Die Angstmacher sind ein Phänomen, das mit Sicherheit befeuert wird durch das, was die Publizistin Thea Dorn schon vor einiger Zeit die »Lust an der Apokalypse« nannte.[216] Interessanterweise zeigt sich auch an dieser Stelle, dass die vermeintlich Bürgerlichen, die, spräche man sie darauf an, jede Neigung zur Hysterie weit von sich weisen würden, genau solche hysterischen Verhaltensmuster zeigen.

Vielleicht steckt hinter der Sehnsucht nach dem Zusammenbruch eigentlich eine Sehnsucht nach einem Heroismus, der dem Angestellten im Anzug, dem Pensionär und dem

Ökonomieprofessor heute in der Regel verwehrt bleibt. Vielleicht ist es die Sehnsucht nach dem »One Shot«, nach dem einen Mal, in dem man richtig lag, aufs richtige Pferd – Gold zum Beispiel – gesetzt hat und auf der Seite der Gewinner steht. Das Dumme daran ist nur: Die Hoffnung darauf, selbst als Gewinner dazustehen, würde auf der anderen Seite eine ganze Gesellschaft von Verlierern produzieren. Es wäre nicht die eigene Leistung, die denjenigen, der den Crash herbeigesehnt hat, nach oben spült, sondern der Niedergang der anderen.

»Es gibt Leute, die sich über den Weltuntergang trösten würden, wenn sie ihn nur vorhergesagt hätten«, zitiert Thea Dorn einen Satz des Dramatikers Friedrich Hebbel aus dem Jahr 1845.[217] Übersetzt in die heutige Zeit heiße das: »Es gibt Leute, die Straßenkämpfe, das Ende der Demokratie und den neuerlichen Aufstieg eines autoritären Regimes akzeptieren würden, wenn sie Recht behalten – und damit auch noch Geld verdienen würden.« Da ist was dran. Während die einen nur versuchen, mit immer schrilleren Vorhersagen auf einem Markt, dessen erste Währung Aufmerksamkeit ist, ihren Schnitt zu machen, wollen andere eine »revolutionäre Situation« herbeiführen, die einen politischen Neuanfang in ihrem Sinne erlaubt. Die Stoßrichtung ist dieselbe, daher schließt man sich zusammen. Und genau deswegen ist die Gefahr, die sich aus einem Zusammenfinden von neuen Rechten und Finanzapokalyptikern, Libertären und Anarchisten ergibt, wahrlich nicht zu unterschätzen. Wie der *Zeit*-Wirtschaftsredakteur Mark Schieritz in seinem Buch *Die Inflationslüge* richtig formuliert: »Die größte Gefahr für unseren Wohlstand ist im Moment nicht die Geldentwertung selbst – sondern die Angst vor ihr. Sie verleitet zu Fehlentscheidungen und trübt den Blick für die wahren Herausforderungen unserer Zeit.«[218]

Lässt sich mit der Panikmache allerdings kurzfristig gutes Geld verdienen, so entwickelt sich eine Sogwirkung, die es für immer weitere Spieler attraktiv macht, auf den Zug aufzuspringen. Damit sind nicht nur die Medien gemeint, die gerade in Zeiten abnehmender Abonnentenzahlen und Verkäufe in Teilen durchaus bereit scheinen, auf die Seite der Kassandras zu wechseln, um damit vielleicht ihr Überleben zu sichern. Denn wer, wenn nicht die vermeintliche Mitte hat noch das Geld, um in Massen Bücher und Magazine zu kaufen? Vielmehr geht es auch um diejenigen, die als Privatanleger zunächst selbst Zielgruppe sind und dann auf die andere Seite wechseln. Denn das ist das Phänomen in der Anlegerszene: In dem Augenblick, in dem man sich für ein Produkt entschieden hat, denkt man nur noch ans Geldverdienen. Wer auf fallende DAX-Notierungen gewettet hat, weil er Angst davor hatte, dass ein Absturz bevorsteht, wechselt mit dem Kauf ins Lager derjenigen, die sich über den Absturz freuen. Genauso verhält es sich auch mit den Sachwert-Jüngern. Wer sich auf Geheiß der Kassandras etwa mit Edelmetallen für alle Eventualitäten absichern will, wird plötzlich selbst zur Kassandra. Wird daraus ein Erdrutsch, könnten die dauernden Untergangsszenarien sich irgendwann als selbsterfüllende Prophezeiungen herausstellen.

Womit wir wieder am Anfang des Kapitels wären, denn es fehlt noch die Auflösung, von welcher Seite die Prognosen für den Goldpreis stammten. Es handelte sich um Udo Wolf, den Betreiber von Marktorakel.com. Doch was ist dort los? Die Seite ist offline. Die Recherche ergibt zunächst einige Treffer mit der Meldung, Wolf sei tot. Es handele sich um Selbstmord, wird behauptet. In einschlägigen Foren schießen sofort die wildesten Vermutungen ins Kraut: »Whistleblowers leben gefährlich«[219] wird da etwa konstatiert und damit sofort am Mythos des ehemaligen Marktorakel-Betreibers als aufrechten Kämpfer gegen irgendwelche Unterdrücker gestrickt. Noch dazu wird die Frage in den Raum gestellt: »War es Mord?«[220] »Verschwörungsanalytiker werden umgebracht«[221], behauptet ein anderer.

Mitten hinein in all die wilden Verschwörungstheorien platzt dann aber die Bombe: Wolf lebt. Sein vermeintlicher »Abschiedsbrief« liest sich dann plötzlich ganz anders: In dem fabuliert er nämlich in erschreckendem Deutsch (was ihn authentisch erscheinen lässt, wenn man seine sonstigen Texte liest), er habe sich »im Laufe der Zeit viele Feinde gemacht« mit dem, was er sagte und schrieb. Von Drogen ist die Rede, von Kindersex und Börsenbetrug. Wolf ahnt: »Man wird versuchen, mich als Pädophiler und Betrüger darzustellen.« Daran sei zwar natürlich überhaupt nichts dran, aber: »Niemand wird mir das glauben, zu dicht und professionell hat man die Sache über Jahre eingefädelt.« Liest man seine Texte, aus denen wir vorher schon zitiert haben, unter diesem Eindruck noch einmal, ahnt man: Auf den Untergang dürfen wir noch lange warten, Wolf hat seinen ganz persönlichen allerdings gerade erlebt. Seine Anhänger gehen derweil natürlich weiter von einer großen Verschwörung aus. Und irgendwer wird auch Wolfs Lücke füllen und die immer gleichen Behauptungen in Artikel und Forenbeiträge gießen, um den Menschen Angst zu machen und daran zu verdienen.

KAPITEL 9
DIE BRÜCKENBAUER – WIE DAS RADIKALE GEDANKENGUT VERANKERT WERDEN SOLL

Ein paar Gruppen von radikalen Geistern, versprengt über die ganze Republik und nicht untereinander vernetzt, damit kann eine Demokratie gut umgehen. Was aber, wenn plötzlich diejenigen, die bei aller Unterschiedlichkeit eine gemeinsame Agenda haben, zusammenfinden? Wenn aus einem losen Netzwerk eines wird, das trägt? Es ist genau diese Tendenz, die derzeit zu beobachten ist. Mit der AfD und Pegida haben sich innerhalb kürzester Zeit zwei Phänomene entwickelt, die gleichermaßen untereinander verbunden und für die neurechte Szene zum Treffpunkt geworden sind. Auf diese Weise ist es ihnen gelungen, die Schlagkraft zu vervielfachen. Sie stehen gewissermaßen sinnbildlich für die Institutionalisierung des Ressentiments in Partei- und Vereinsform.

Zumindest bei der AfD geschieht diese Zusammenführung dezidiert rechter Kräfte zum ersten Mal in der Bundesrepublik in Verbindung mit einer ernstzunehmenden Professionalität. Das macht die Partei für Sektierer wie für kalte Analytiker gleichermaßen attraktiv. Und so wundert es nicht, dass nicht nur der schon bekannte Nationalbolschewist Jürgen Elsässer die Nähe zur Partei sucht, sondern auch Karl Albrecht Schachtschneider. Es ist kein Geheimnis, dass dieser immer wieder bei der FPÖ, der NPD oder radikalen Burschenschaften auftrat und die Rechtsprechung des Bundesverfassungsgerichts »freilich verfassungswidrig« nennt, weshalb er zum

Widerstand gegen die bestehende Ordnung aufruft.[222] Auch Götz Kubitschek und seine Frau Ellen Kositza befassen sich mit der Partei. Sie hatten als Vordenker der neuen Rechten sogar jeweils einen Mitgliedsantrag gestellt. Dass diese nach langem Hin und Her durch den Bundesvorstand abgelehnt wurden, sollte nicht über die Radikalität mancher handelnder Personen innerhalb der AfD hinwegtäuschen.

Es war ein Samstag im Februar 2015, als einigen am rechten Rand der Partei zu verortenden Mitgliedern der Kragen platzte. Die »Patriotische Plattform« veröffentlichte eine vor Empörung nur so bebende Solidaritätsadresse an das Ehepaar vom Rittergut Schnellroda, überschrieben mit den Worten: »Die AfD wird entweder mit Götz Kubitschek sein oder sie wird gar nicht sein!«[223] Bei der Gruppierung handelt es um einem eingetragenen und inzwischen bundesweit über Ortsgruppen verfügenden Verein, der als Sammelbecken für all jene in der Partei fungiert, denen sich schon bei dem Begriff Liberalismus die Haare sträuben. Bundesweit bekannt wurde sie, nachdem im sächsischen Landtagswahlkampf 2014 drei ihrer Mitglieder, die außerdem AfD-Landtagskandidaten waren, den ehemaligen FPÖ-Spitzenkandidaten zur Europawahl, Andreas Mölzer, eingeladen hatten. Dieser war zuvor sogar der FPÖ zu radikal geworden, nachdem er die EU als »Negerkonglomerat« bezeichnet und mit dem Nationalsozialismus verglichen hatte. Und damit ist der Kurs der radikalen AfD-Mitglieder auch schon ganz gut skizziert.

In ihrer flammenden Erklärung überschlug sich die Patriotische Plattform regelrecht vor Bewunderung für Kubitschek und Kositza und erklärte, dass man in ihnen »schon immer die natürlichen Verbündeten der AfD« gesehen habe und vor allem Kubitscheks »Aufnahmeantrag längst überfällig« gewesen sei. »Eine angemessene Reaktion auf seinen Entschluss, nun doch die Mitgliedschaft zu beantragen«, so der Verein weiter, wäre gewesen, »ihn zum Hauptprogrammverantwortlichen zu ernennen.«[224] Auch der sachsen-anhaltinische

AfD-Landeschef André Poggenburg, in dessen Zuständigkeitsbereich Schnellroda liegt, zeigte sich alles andere als amüsiert und warf dem Bundesvorstand eine »Bevormundung« sowie einen »großen Eingriff in die Landesautonomie« vor.[225]

Die klare Positionierung kommt nicht ganz überraschend. Blicken wir zurück in den Spätsommer 2014. Damals fand sich die neurechte Szene zu ihrem alljährlichen Treffen in Bonn ein, dem »Zwischentag«. Ausrichter der von Götz Kubitscheks *Sezession* initiierten Veranstaltung war Felix Menzel von der *Blauen Narzisse,* Austragungsort das Haus der »Alten Breslauer Burschenschaft der Raczeks«, die immer wieder in den Ruch rechtsextremer Umtriebe gerät. Die Teilnehmer wurden heimlich gefilmt, die WDR-Sendung *Monitor* strahlte das Video ein paar Tage später aus.[226] Im Garten des Burschenschaftshauses standen die Anhänger neurechten Denkens beisammen und parlierten. Optisch ganz normale Bürger, keine Springerstiefel, keine Bomberjacken, nirgends. Die Büchertische der Aussteller zeigten indes, dass das hier propagierte Gedankengut bei weitem nicht so harmlos war wie das Aussehen der Teilnehmer hätte vermuten lassen können. Auf den Tischen lagen Werke wie *Bombenterror, Deutsche Gebietsverluste 1919–1945, Identitäre Bewegung, Wir lesen deutsche Schrift* und *Der Irrweg Einwanderung – Die weiße Welt am Abgrund.*

Unter den Gästen, die sich im Garten eingefunden hatten, war auch ein Herr mittleren Alters im bräunlich-olivgrünen T-Shirt und mit schwarzer Lederjacke, Hornbrille, Hipster-Bart und Hipster-Glatze. Unverkennbar Hans-Thomas Tillschneider, Islamwissenschaftler an der Universität Bayreuth und Mitglied im Landesvorstand der AfD Sachsen. Außerdem Mitbegründer und Sprecher der Patriotischen Plattform. Laut Begleitprogramm befanden sich unter den Rednern auf dem »Zwischentag« auch zwei AfD-Stadträte.[227] Einer von ihnen ist auf dem Video zu sehen und sagt frank und frei, dass die AfD »eine ganz wichtige Funktion« habe, da sie »das

die bürgerliche Mitte

Maximum an Resonanzraum für unsere Ideen, das wir uns vorstellen können« sei.

Genau auf einen solchen politischen Arm, auf einen Brückenbauer, der ihre Theoriegerüste in die Praxis umsetzt, hofft die neue Rechte schon lange. Zumal ihre Protagonisten wie Götz Kubitschek sich zunächst nicht selbst in die Niederungen der Parteipolitik hinabbegeben wollten. Das scheint sich aber inzwischen geändert zu haben, was man nicht nur an Kubitscheks Mitgliedsantrag sieht, sondern auch daran, dass dieser sich verstärkt Gedanken über die Ausrichtung der AfD macht. Mit einer gewissen Genugtuung resümierte er etwa, dass »durch die Siege in Sachsen, Thüringen und Brandenburg der dezidiert konservative Flügel der AfD zu einem mächtigen Faktor geworden« sei. Nun müsse »das Konservative, das Rechte, das Reaktionäre, das Unzeitgemäße, das Widerständige, das Immergültige gestärkt werden – in der AfD genauso wie gesamtgesellschaftlich«. Kubitschek lässt in seinem Artikel keinen Zweifel daran, dass er die AfD zur Infiltration neurechter Ideen in »die bürgerliche Mitte« nutzen will. Denn die Bürgerlichen sieht er als »Türöffner«. Allerdings befinde sich »hinter dieser Tür der Abgrund«, der »in die Parlamente und in die praktische Politik führe«, wo »sich bisher ungestört ein Teil jener Verantwortlichen aufgehalten [hat], denen wir im Bereich der Zuwanderung, der Finanzkrise, der Europolitik, der Inneren Sicherheit, der Bildungspolitik, der Demographie die Zersetzung unseres Staates und unseres Volkes verdanken.«[228] Der Parlamentarismus als Abgrund, klarer kann man seine Gesinnung kaum zeigen.

Bei aller Radikalität, die in Kubitscheks Äußerungen zu erkennen ist, kann die Ablehnung seines Mitgliedsantrags trotzdem nur strategisch bedingt gewesen sein, vermutlich aus Angst um den Ruf der AfD. Denn anderenfalls müsste man auch prominente Mitglieder aus der Partei werfen, etwa Kubitscheks langjährigen Bekannten Björn Höcke, seines Zeichens Vorsitzender der Thüringer AfD-Landtagsfraktion.

Bernd Lucke brachte einen Austritt Höckes im Mai 2015 tatsächlich ins Spiel. Da war Höcke allerdings mit Luckes Unterstützung schon mit einem Parlamentssitz ausgestattet worden. Höcke ist das, was wir mit einem *gefährlichen Bürger* meinen, gewissermaßen der Prototyp des neuen Rechten, ähnlich wie Götz Kubitschek. Wie der Soziologe Andreas Kemper richtig bemerkt, gibt es »ideologisch [...] keine Unterschiede« zwischen den beiden Herren.[229] Wer wissen möchte, wie die neurechte Szene tickt, kann sich entweder Kubitscheks Publikationen durchlesen oder sich mit Höckes Reden oder seinen zahlreichen Interviews in den einschlägigen Blättern beschäftigen. Oft genug bekommt man auch beides zusammen, Kubitschek interviewt Höcke gerne und Höcke wiederum spricht gerne mit Kubitscheks *Sezession*.

Da kann man dann vernehmen, dass Höcke die AfD für die »letzte evolutionäre Chance für unser Land«[230] hält und glaubt, sich auf einer »historischen Mission« zu befinden, um den »Verlust der eigenen Identität zu stoppen«[231]. Der Verteidigung der ethnokulturellen Diversität müsse »höchste Priorität eingeräumt werden«, lässt er sich zitieren und auch aus seiner Sympathie für die »Identitäre Bewegung« macht er keinen Hehl: Die AfD ist für Höcke eine »identitäre Kraft«, wie er gegenüber der *Blauen Narzisse* betonte.[232] Darauf von den *Monitor*-Redakteuren nur wenige Tage später angesprochen, legte er sogar noch nach: Er wisse, dass es eine europaweite Vernetzung junger Menschen gebe, die sich um die Entwicklung auch Europas sorge, um »unkontrollierte Einwanderung und die hierfür auch pragmatische Lösungen wollen.« Diese jungen Leute wollten den Diskurs »ohne Tabus, ideologiefrei, sachlich und mit offenem Ausgang führen«, so Höcke.

Bezeichnenderweise kam ihm kein Wort zu dem Umstand über die Lippen, dass die etwa auch von Kubitschek und Menzel positiv rezipierte »Identitäre Bewegung« bundesweit vom Verfassungsschutz beobachtet wird und ein Ableger des rechtsextremen französischen »Blocs Identitaire« ist. Der Verfassungsschutz attestiert ihr einen »völkischen Nationalismus«, stellt fest, dass es »Anhaltspunkte« für »verfassungsfeindliche Bestrebungen« gebe, und nennt sie überdies »islam- und fremdenfeindlich«.[233] Alles kein Problem für den AfD-Landes- und Fraktionsvorsitzenden aus Thüringen. Und auf die Vokabel »ideologiefrei« muss man in diesem Zusammenhang erst einmal kommen.

Kaum überraschend zieht sich auch ansonsten die auf Kubitscheks Rittergut Schnellroda gepflegte Verachtung der politischen und gesellschaftlichen Realität wie ein roter Faden durch die Verlautbarungen Höckes. Ganz oben rangiert die Sorge vor dem vermeintlich bevorstehenden »Aussterben des deutschen Volkes«[234], weshalb er permanent eine am »Volkswohl orientierte Politik«[235] einfordert. Er postuliert überdies ohne jede Hemmung, »dass es in einer freien Gesellschaft möglich sein muss, auch über das Dritte Reich unorthodoxe Meinungen zu äußern«[236]. Dazu passt, dass er das Naziregime erst gar nicht beim Namen nennt, sondern lieber verharmlosend von den »zwölf Jahren«[237] spricht. Und gerne phantasiert er auch über die »erstarrte und von der Macht korrumpierte Berufspolitik«, »die Islamisierung, Hypersexualisierung, die Masseneinwanderung und das Kartell der veröffentlichten Meinung, das dies alles verschweigt«.[238] Keine Frage, Höcke steht in Sprache und Jargon den Konservativen Revolutionären in nichts nach. Man hört die Lautsprecher der Radios aus den 1920ern fast knistern, wenn er spricht. Öffentlicher Widerspruch aus der Parteispitze zu Höckes radikalen Thesen war lange übrigens nicht zu hören. Erst nachdem dieser immer offensiver wurde und Mitte März 2015 zusammen mit André Poggenburg und diversen anderen Erstunterzeichnern, darunter Hans-Thomas Tillschneider, eine neue rechte Parteigruppierung namens »Der Flügel« gründete, die eine Resolution im klar neurechten Duktus vorlegte, kam Bewegung in die Partei. Bernd Lucke, der lange nicht zugeben wollte, auf welch abschüssigem Weg sich die Partei schon befand, warnte plötzlich vor der »so genannten Neuen Rechten«, die verstärkt Einfluss auf die AfD zu nehmen suche[239]. Nachdem Höcke im Mai 2015 abgelehnt hatte, alle NPD-Mitglieder als extremistisch einzustufen, war für Lucke das Maß voll, weshalb er Höcke zum Rück- und Austritt aufforderte.[240]

Doch es kam bekanntermaßen ganz anders. Höcke blieb und Lucke ging. Anfang Juli 2015 vollzog sich auf dem Essener Parteitag der Showdown zwischen Lucke und seiner Rivalin Frauke Petry. Zu diesem Zeitpunkt war die Partei bereits so weit nach rechts gekippt, dass Lucke trotz seines eigenen Flirts mit rechtspopulistischen Parolen unbeliebt geworden war. Seitdem sind endgültig alle Dämme gebrochen. Höckes Kontrahenten Alexander Gauland und die neue Vorsitzende Frauke Petry haben beide betont, dass die innerparteiliche Meinungsfreiheit ihre Grenze erst an der freiheitlich-demokratischen Grundordnung finde. Mit anderen Worten: Alles außer plumper Volksverhetzung und Holocaustleugnung darf gesagt werden.

Wer allerdings Bernd Luckes Erzählung glaubt, er stünde für eine gemäßigte liberal-konservative Linie und sei mit dem Versuch, die Partei frei von Rechtsaußenkräften zu halten gescheitert, der irrt, auch wenn sein Rücktritt diese Interpretation nahelegt. Schon vor der offiziellen Gründung der AfD war ihr Rechtskurs sichtbar – wenn man sich die Mühe umfassender Recherche machte. Inzwischen ist diese Erkenntnis einfacher zu erlangen, vor allem seit der *Spiegel* im Januar 2015 die Auswertung von über 3000 internen E-Mails öffentlich machte, mit denen Bernd Lucke die »Büchse der Pandora öffnete«, wie es die Autoren treffend formulierten. »Ins Wahlprogramm gehören nur die Punkte mit Schmackes«, hatte Lucke noch vor der Bundestagswahl geschrieben. »Schmackes«, so könnte man auch Björn Höckes Stellungnahmen bezeichnen. Mit Recht konstatierte der *Spiegel* allerdings auch mit Blick auf Lucke, dass dieser die Lücke »zwischen dem unverhohlenen Rechtsextremismus einer NPD und der neuen, durchmodernisierten Merkel-CDU« besetzen wollte. Auch vor dem Spiel mit Ressentiments gegenüber anderen Politikern schreckte der große Zampano der AfD nicht zurück. Im Protokoll einer Sitzung entdeckten die *Spiegel*-Redakteure die Notiz, Bernd Lucke habe hervorgehoben, »im Slogan müsse der Protestgedanke zum Tragen kommen, dies könne auch ruhig aggressiv geschehen, z. B. ›Politiker sind machtgeil‹. Wir müssen provozieren.«[241] Wo war da noch gleich der Unterschied zu den Tillschneiders, Höckes und Kubitscheks?

Den Vogel schoss Bernd Lucke aber mit dem inzwischen als »Zunächst-Rede« in die Annalen eingegangenen Wahlkampfauftritt im sächsischen Borna ab. Dort betätigte er sich als skrupelloser Agitator und rückte das politische System unseres Landes in die Nähe der Endphase der DDR: »Die Sachsen haben gezeigt, dass sie sich Politiker vom Halse schaffen können, von denen sie sich nicht vertreten fühlen, von denen sie sich vielleicht sogar verraten fühlen«, erklärte er, um dann vielsagend zu ergänzen: »Und dass sie dafür dann auch auf die Straße gehen und eine friedliche Revolution machen. So weit sind wir noch nicht. Ich schlage vor, wir bleiben zunächst bei demokratischen Mitteln.«[242]

Der neuen Rechten dürfte das Herz aufgegangen sein, denn so ausgeprägt hatte Lucke ihren Wunsch nach einem Systemwechsel selten zuvor bedient. Man habe sich eben »für den parlamentarischen Weg entschieden, einerlei wie aussichtsreich, aussichtslos oder widerwärtig er auch sein mag.«[243] Das Zitat ist aber dann doch nicht von Lucke und meint auch nicht die AfD, sondern stammt vom ehemaligen NPD-Vorsitzenden Udo Voigt und war auf seine Partei bezogen. Wir glauben an dieser Stelle aber doch denselben Geist heraushören zu können. Und richten den Blick noch einmal in die Vergangenheit: Auch in den 1920ern waren sich die Konservativen Revolutionäre und die Nationalsozialisten in vielen Fragen durchaus einig, zumindest was die Stoßrichtung anging. Die einen trugen dabei Anzüge und formulierten etwas feiner, die anderen hatten Stiefel an den Füßen und formulierten brachialer. Erst später entfernten sich die Überzeugungen voneinander.

Bis zur Bundestagswahl im September 2013 gelang es Lucke immerhin, die rechten Kräfte in der Partei einigermaßen aus der Öffentlichkeit herauszuhalten und zugleich in Talkshowauftritten nach außen hin den gemäßigten professoralen Eurokritiker zu mimen. Die Doppelstrategie, sich vor allem durch ein noch relativ moderat klingendes Wahlprogramm bürgerlich zu geben, zugleich aber durch gezielte ressentimentgeladene Äußerungen auch am rechten Rand nach Stimmen zu fischen, schien lange aufzugehen. Inzwischen ist die Richtung jedoch offensichtlich, die rechten Töne werden immer deutlicher und schriller. Was öffentlich immer geleugnet wurde, ist hinter den Kulissen in den Partei-Untergliederungen an der Tagesordnung: Kontakte in die rechtsradikale und bisweilen sogar in die rechtsextreme Szene. Während sich AfD-Politiker über die Christenverfolgung im Irak empören, polemisieren andere vor Ort gegen Asylbewerberunterkünfte, wo auch diese Flüchtlinge untergebracht werden. Und während Bernd Lucke gegen Antisemitismus kämpfte, wurde zumindest über einen offiziellen AfD-Account eine antisemitische Verschwörungstheorie verbreitet.[244]

Außerdem erschüttert seit der verloren gegangenen Bundestagswahl eine Austrittswelle hochrangiger gemäßigter Eurokritiker die Partei. Hans-Olaf Henkel blieb zwar zunächst AfD-Mitglied, erklärte aber seinen Rücktritt aus dem Bundesvorstand, da »Rechtsideologen« die Partei zu übernehmen drohten und führende Funktionäre »charakterliche Defizite« aufwiesen[245]. Auch sonst ist die Begründung für die Resignation vergleichsweise gemäßigter Kräfte immer dieselbe: Der Kampf zwischen vermeintlich Liberalen und Rechten kippt zugunsten der Radikalen, zugunsten der reaktionären Kräfte. Die frühere Sprecherin des Landesverbands Thüringen, Michaela Merz, die vormalige Vorsitzende des Landesverbands Niedersachsen, Martina Tigges-Friedrichs, die ehemalige Integrationsbeauftrage der Partei, Bouchra Nagla, sowie der frühere Pressesprecher der AfD Bayern, Franz Eibl, sind nur einige, die ihre Austrittsgründe klar und deutlich offengelegt haben. Einig sind sich die ehemaligen Mitglieder auch darin, dass dieser Weg wegen der guten Vernetzung der radikalen Kräfte nicht mehr umzukehren sei.

Alexander Gauland, Aushängeschild des eher traditionellen rechten Flügels der AfD, dürfte das gefallen, hat er doch die Parole ausgegeben: »Deshalb beherzigt das alte Schlieffen-Motto und macht den rechten Flügel stark.«[246] Wer mit Schlieffen nicht vertraut ist: Der preußische Offizier hatte einen strategischen Plan entwickelt, auf dessen Grundlage das Deutsche Kaiserreich während des Ersten Weltkriegs über den »rechten Flügel« französische Truppen einkreisen und so Frankreich erobern wollte. Das ist eine bemerkenswerte Analogie, die Gauland sicher nicht zufällig zieht.

Überhaupt lohnt ein näherer Blick auf den 1941 geborenen Gauland, der als einer der wichtigsten Gegenspieler Bernd Luckes aus dem rechtskonservativen Lager gilt. »Das Konservative ist nicht ein Hängen an dem, was gestern war, sondern ein Leben aus dem, was immer gilt«, schrieb der Mann, der am liebsten Karo-Sakkos trägt, am Ende seiner 2002 erschienenen Fibel *Anleitung zum Konservativsein.*[247] Auch sonst gefällt er sich in der Rolle als konservativer Intellektueller. Macht man sich allerdings die Mühe und liest seine zahlreichen Schriften, reibt man sich verwundert die Augen. Denn plötzlich scheint der brandenburgische Landeschef und Fraktionsvorsitzende der AfD sozusagen der Inbegriff von Wendehalsigkeit zu sein. So schaffte er es, in ein und demselben Buch, zunächst vor dem Rechtspopulismus der Herren »Haider, Le Pen und Fortuyn« zu warnen und diese als »ein erstes Warnzeichen für gesellschaftliche Verwerfungen« zu bezeichnen.[248] Nur wenige Seiten später schrieb er dann aber seiner damaligen Partei ins Stammbuch, die »CDU sollte deshalb mehr Mut zu einem konservativen moralischen Profil und weniger Furcht vor den Hütern der ›political correctness‹ haben. Dass eine solche Politik noch immer Stimmungen in Stimmen verwandeln kann, zeigt der Erfolg des Pim Fortuyn.«[249]

Auch registriert man heute mit Schaudern, dass Gauland sogar Verständnis für terroristische Aktionen von Islamisten äußerte und diese mit der Globalisierung entschuldigte. Mit Bewunderung zitierte er in diesem Zusammenhang Botho Strauß: »Dass jemand in Tadschikistan es als politischen Auftrag begreift, seine Sprache zu erhalten wie wir unsere Gewässer, das verstehen wir nicht mehr. Dass ein Volk sein Sittengesetz gegen andere behaupten will und dafür bereit ist, Blutopfer zu bringen, das verstehen wir nicht mehr und halten es in unserer liberal-libertären Selbstbezogenheit für falsch und verwerflich.«[250] Und Gauland fügte hinzu: »Wenn die westliche Welt einen so unvorstellbaren Hass auslöst, muss sie sich fragen, ob wirtschaftliche Modernisierung immer auch ein Stück kulturelle Überwältigung sein muss oder ob es sanftere Methoden der Anpassung gibt, die das Selbstbewusstsein der davon Betroffenen schonen.«[251]

Sanft ging Gauland auf jeden Fall mit dem anderen Ende des politischen Spektrums um, als er versuchte, den alten »Querfront«-Gedanken wiederzubeleben, und im brandenburgischen Wahlkampf 2015 gezielt das Wahlmilieu der Linken umgarnte. Man habe doch einiges gemeinsam, etwa bei den Haltungen zur Euro-Rettungspolitik oder zu den Wirtschaftssanktionen gegen Russland, schrieb er an die Wähler der Linkspartei. Gegenüber dem *Handelsblatt* erwog er gar eine »mögliche punktuelle Zusammenarbeit« mit jener.[252] Konservativ ist das nicht. Aber was zählen schon Mauertote und Stasigefängnisse, wenn man auf Stimmen hoffen kann?

Eng verbunden mit Gauland ist die sächsische AfD-Chefin Frauke Petry, die für einen ganz ähnlichen Kurs steht, deren Gedankengut deutlich neurechts eingefärbt ist und die nicht davor zurückscheut, völkisches Denken zu verbreiten. So begründet sie etwa ihre Forderung nach einer Verschärfung des Abtreibungsrechts nicht mit Erwägungen des Lebensschutzes, sondern damit, dass die »deutsche Politik eine Eigenverantwortung [habe], das Überleben des eigenen Volkes, der eigenen Nation sicherzustellen«. Mit derselben Begründung spricht sie sich auch für eine Drei-Kind-Familie als Leitbild aus.[253] Edgar Julius Jung würde applaudieren, wäre er noch am Leben.

Bei einem anderen Thema zeigte die Partei ihre ambivalente Haltung gegenüber den Grundrechten: Während AfD-Politiker permanent »Meinungsfreiheit« für ihre Ansichten reklamieren, fordern einige von ihnen nonchalant die Einschränkung der ebenfalls grundgesetzlich abgesicherten Religionsfreiheit, zumindest wenn es um Muslime geht. »Jeder Moslem kann in Deutschland selbstverständlich seine Religion ausüben, auch ohne Moschee«, meinte etwa Björn Höcke. Man brauche »eine deutliche Scheidung der Begriffe Toleranz und Selbstaufgabe«.[254]

Vor geschichtsrevisionistischen Tendenzen macht die AfD Sachsen ebenfalls nicht halt. Für sie ist »die beste Form der Identitätspflege ein aufgeklärter Umgang mit der eigenen Geschichte«. Zu diesem gehört offenbar, die für sie wohl lästige Nazizeit deutlich weniger in der Schule zu behandeln. »Aufwertung und Umgewichtung des Geschichtsunterrichts« nennt sich dieses Vorhaben im AfD-Jargon. Ziel ist, »nicht nur ein vertieftes Verständnis für das historische Gewordensein der eigenen Nationalidentität, sondern auch ein positives Identitätsgefühl [zu] vermitteln«. Was das heißt, bleibt nicht offen: »Wir wollen einen deutlichen Schwerpunkt auf das 19. Jahrhundert und die Befreiungskriege gesetzt wissen. Die Grundlagen unseres Staates wurden in den Jahren 1813, 1848 und 1871 gelegt.«[255]

Tatsächlich? Nicht 1945? Das klingt ja fast nach Reichsbürgern. In jedem Fall erscheint evident, dass die AfD an einem

»Schlussstrich« unter die Beschäftigung mit dem Dritten Reich gelegen ist.

Selbstverständlich hat die Partei auch zum Thema Integration eine Meinung, und zwar dahingehend, dass diese die alleinige Aufgabe der Migranten sei. So ist die Forderung: »Keine Unterstützung für Integrationsfolklore« den Verantwortlichen der AfD Sachsen sogar einen eigenen Punkt im Wahlprogramm wert gewesen. Unter diesem war zu lesen, man brauche »keine an die sächsische Bevölkerung gerichteten Kampagnen für Weltoffenheit oder gar Antidiskriminierungsschulungen, sondern eine an die Einwanderer gerichtete aktivierende Integrationspolitik«[256]. Die AfD ist vermutlich auch davon überzeugt, dass Sachsen kein Problem mit gewaltbereiten Neonazis hat. Selektive Wahrnehmung nennt man das wohl. Und auf die Idee, dass man auch das eine tun kann, ohne das andere zu lassen – also Integration fordern und fördern –, kommen AfD-Politiker natürlich auch nicht.

Einmal mehr liegt der Schluss nahe: Es scheint nicht um eine Lösung des Problems zu gehen, nicht um das Suchen von Kompromissen. Sondern um Agitation. Das Vorgehen der AfD erinnert eindeutig an die Republikaner, die Ende der 1980er- und Anfang der 1990er-Jahre einige Erfolge feiern konnten; weniger, was die Wahlergebnisse, aber durchaus, was ihren Einfluss auf die Politik anging. »Man bemühte sich um ein Programm, das nicht eindeutig rechtsextrem klang, sondern auch Konservative ansprach. Mit ihrer Agitation gegen ›Überfremdung‹ und den ›Ausverkauf deutscher Interessen‹, für eine schärfere Verbrechensbekämpfung und mehr ›nationale Identität‹ wirbelten die Republikaner in der zweiten Hälfte der Achtzigerjahre denn auch die Politik durcheinander.« Diese Beschreibung der beiden Journalisten Toralf Staud und Johannes Radke trifft gleichermaßen auf die AfD zu. Und beim Versuch, »die in der Bevölkerung verbreiteten rassistischen Ressentiments zu bündeln und das Thema Asylmissbrauch auf die politische Tagesordnung zu drücken«[257], ist die AfD ebenfalls auf einem »guten« Weg.

Was selbst Gruppierungen mit kleinen Mitgliederzahlen oder niedrigen Wahlergebnissen erreichen können, ist abermals am warnenden Beispiel der Republikaner zu sehen und sollte eine Mahnung sein, die AfD, Pegida und Co. nicht zu unterschätzen. So ließ sich der damalige CSU-Vorsitzende Theo Waigel unter dem Eindruck der erstarkenden Rechtspartei auf dem Schlesiertreffen 1989 unter einem riesigen Banner mit dem Deutschen Reich in den Grenzen vor 1937 zu der Aussage hinreißen: »Am 8. Mai 1945 ist das Deutsche Reich nicht untergegangen.« Er ergänzte, die Frage der Gebiete jenseits der Oder und Neiße »sei offen«. Eine Erkenntnis, zu der Waigel kurz vor den Feierlichkeiten zum 50. Jahrestag des deutschen Überfalls auf Polen gelangte. Und obwohl man von Seiten des CDU-Bundespräsidiums offiziell jegliche Koalition mit den Republikanern ausgeschlossen hatte, ließ man sich unter deren Druck am Ende auf eine Einschränkung des Asylrechts ein, verabschiedet mit den Stimmen von Union, FDP und großen Teilen der SPD. Nur drei Tage, nachdem die SPD ihre Zustimmung signalisiert hatte, kam es zum Brandanschlag von Mölln. »Die Republik rückt nach rechts – aus Angst vor dem Rechtsruck«, schrieb damals der *Spiegel* in einem Artikel mit dem treffenden Titel »Anklang an Weimar«[258]. Und auf diese Karte setzen auch in der heutigen Zeit noch Aktivisten.

Schon bevor die AfD gegründet wurde, konnte man bei Union und FDP Initiativen beobachten, die offenbar darauf setzten, dass ihre Parteien aus der Vergangenheit nicht gelernt hätten und denselben Fehler noch einmal machen würden. Der »Stresemann-Club« in der FDP, gespeist aus den Reihen derer, die maßgeblich auch den FDP-Mitgliederentscheid gegen den ESM unterstützten, war so ein Fall. Inzwischen ist die Gruppierung allerdings tot, die Protagonisten sind fast geschlossen an den rechten Rand der AfD gewechselt. Stärker setzte sich die CDU-nahe Gruppe »Aktion Linkstrend stoppen« in Szene, die 2010 vom inzwischen verstorbenen ehemaligen Bundesrichter Friedrich-Wilhelm Siebeke gegründet worden war. Siebeke hatte schon den Parteiausschluss Martin Hohmanns nach dessen »Tätervolk-Rede« abgelehnt. Außerdem stellte er die steile – neurechte – These auf, Deutschland sei noch nie in seiner tausendjährigen Geschichte so bedroht gewesen wie derzeit. Nur drohe die Gefahr diesmal nicht von außen, sondern von innen.[259]

Und auch in dem von Siebeke verfassten »Manifest gegen den Linkstrend« ging es zur Sache. Neben dem Vorwurf der »Multi-Kulti-Integrationspolitik«, die »selbst Sozialdemokraten wie Thilo Sarrazin als illusionär entlarven«, wurde verblüffenderweise schon damals der CDU »Scheu« unterstellt, »der Gefahr der Islamisierung entgegenzutreten«. Außerdem fördere sie »linke Gesellschaftspolitik« in Form der »Geschlechterumerziehung des ›Gender Mainstreamings‹«.[260] Wer denkt bei diesen Anwürfen nicht an die AfD und Pegida? Immerhin etwa 7500 CDU-Mitglieder unterzeichneten den Aufruf, zu den Unterstützern zählten unter anderem der ehemalige sachsen-anhaltinische Ministerpräsident Werner Münch, der damals bereits aus der CDU ausgetreten war, der *Junge-Freiheit*-Kolumnist Klaus Hornung, Johanna Gräfin von Westphalen aus dem Kuratorium des konservativen »Forums deutscher Katholiken«, der aus Talkshows bekannte katholische Publizist Martin Lohmann sowie René Stadtkewitz, der später von 2010 bis 2013 Bundesvorsitzender der islamophoben Partei »Die Freiheit« war.

Keine Frage, Initiativen wie »Aktion Linkstrend stoppen« haben den Weg für AfD, Pegida und Co. bereitet. Auch wenn die zugehörige Internetpräsenz nicht mehr verfügbar ist, unterhält die Initiative weiterhin eine Facebook-Seite, der immerhin knapp über 10 000 User folgen und auf der die typischen Feindbilder der PC-Gegner täglich gepflegt und natürlich auch munter Artikel aus der *Jungen Freiheit* gepostet werden. FDP und Union haben den Angriffen aus den eigenen Reihen diesmal standgehalten und sind nicht der Verlockung des Populismus gefolgt. Die Gefahr ist damit allerdings noch nicht gebannt, denn die AfD wird die Strategie, die schon die Republikaner mit einigem Erfolg betrieben haben, weiter verfolgen und verfeinern.

Wie das aussehen kann, zeigt eine von *Spiegel*-Redakteuren beschriebene Szene aus der Vergangenheit, die auch heute noch nachdenklich machen sollte: »Republikaner-Führer Franz Schönhuber lehnt sich zufrieden zurück und hält hinter dem Asyl- schon das nächste Angstthema parat: ›Wir sind die einzige wahre Anti-Maastricht-Partei. Wir werden unseren Kampf gegen die Europa-Verträge verschärfen. Unsere Losung heißt: Maastricht ist Versailles ohne Krieg.‹«[261] Die Republikaner sind inzwischen eine Splitterpartei ohne Einfluss, Franz Schönhuber, der alte SS-Mann ohne Reue, ist tot. Die führenden Köpfe der AfD entstammen einer Generation, die mit dem Krieg aktiv nichts mehr zu tun hatte. Das Erbe der Republikaner treten sie allerdings gerne an: Der Euro ist das neue Maastricht, auch wenn Lucke ohne Bezüge zu Versailles auskommt. Ansonsten aber halten sich die Unterschiede in Grenzen. Wen will es da noch wundern, dass die AfD heute wie die Republikaner zu ihrer Zeit gemeinsam mit »besorgten Bürgern« auf der Straße gegen die Ausgestaltung und Anwendung des Asylrechts oder Asylbewerber an sich agitiert? AfD und Pegida – oder deren etwaige Nachfolger, das spielt keine Rolle –, die Verbindung ist symbiotisch.

Überhaupt, Pegida ist das wohl meistzitierte Akronym des letzten Jahres; es steht, nur zur Erinnerung, für »Patriotische Europäer gegen die Islamisierung des Abendlandes«. Es ist schon bemerkenswert, dass diese Bewegung gerade in Dresden entstanden ist, der Hauptstadt eines Bundeslands, in dem kaum Muslime leben, die allerwenigsten davon mit einem radikalen Islamverständnis. Da kommen dann auf einen

Moslem ganz schnell ein paar Demonstranten – gegen das tatsächlich bestehende und in den amtlichen Statistiken nachzuvollziehende Problem mit gewalttägigen Neonazis und deren »national-befreiten Zonen« wollten diese Menschen aber nicht auf die Straße gehen. Auf den »Spaziergängen« skandieren sie: »Wir sind das Volk« und beschimpfen die etablierten Parteien und Qualitätsmedien im besten Nazi-jargon als »Volksverräter«. Meistens wird auch »Lügenpresse, halt die Fresse« gebrüllt. Gespräche mit Medienvertretern werden in der Regel verweigert, aber wenn einzelne Teilnehmer dann doch den hingestreckten Mikrofonen nicht wider-stehen können, offenbart sich all das, was man bei Pegida und der AfD für einen legitimen »Volkszorn« hält – aus dem in Wahrheit jedoch nichts anderes als abgrundtiefe Menschen-verachtung spricht.

Die Vernetzung zwischen Pegida und AfD war von Anfang an enger, als es auf den ersten Blick aussehen mochte. Hans-Thomas Tillschneider, Mitglied im sächsischen Lan-desvorstand der Partei, hat gleich an mehreren Dresdner Demonstrationen teilgenommen. Und auch Alexander Heu-mann, Gründer und Vorsitzender des nordrhein-westfälischen Zweigs der »Patriotischen Plattform«, zeigte sich eifrig und meldete die erste Düsseldorfer Version der Demonstration – Dügida genannt – an. Gegenüber der *FAZ* gab er ganz ernst gemeint zu Protokoll, dass »in zwanzig Jahren in Deutschland die Scharia eingeführt wird, wenn die Islamisierung so weiter-geht«. Ein Problem hat er auch damit, »wenn Muslime in Deutschland für die öffentliche Sicherheit zuständig seien, etwa als Polizisten. Diese könnten von radikalen Muslimen mit dem Hinweis, sie seien ›Brüder‹, beeinflusst werden.«[262] Da schwingt anscheinend der Wunsch nach einem Berufsver-bot mit, was einen mit Schaudern an den Umgang mit der jüdischen Bevölkerung ab dem Jahr 1933 denken lässt. Heu-mann distanzierte sich erst Anfang Januar 2015 von Dügida, nachdem die Anmelderin des Bonner Pegida-Ablegers, Melanie Dittmer, dem *Spiegel* gegenüber sagte, für sie sei es »unerheblich«, ob es den Holocaust gegeben habe[263], und sich die Pegida-Organisatoren daraufhin zunächst nicht von Dittmer distanzierten.[264] Dittmer selbst hat eine dezidiert rechtsextreme Vergangenheit und war Mitglied im Landesvorstand der rechtsextremen Partei »Pro NRW«. Akif Pirinçci störte das übrigens nicht – der trat in Bonn neben Islamhasser und *Politically-Incorrect*-Autor Michael Mannheimer als Redner auf.[265] Da ist sie wieder, die Brücke zwischen Bürgerlichen und Rechtsradikalen.

Auch Alexander Gauland hielt mit Sympathiebekundungen für Pegida nicht hinter dem Berg. Er sah die eigenen Parteimitglieder sogar als »ganz natürliche Verbündete dieser Bewegung« an. Außerdem dürfte Gauland das Gerede von der westlichen »Kriegshetze« gegen Russland auf den »Spaziergängen« gefallen haben, hatte er doch kurz zuvor selbst stolz verkündet, es gebe in der Mitgliedschaft der AfD eine »deutliche anti-amerikanische Unterströmung« und er erhalte großen Beifall für seine Russland-Positionen. Frauke Petry stand Gauland, was die Haltung zu Pegida angeht, in nichts nach. Auch sie erfreute sich an der »offensichtlichen inhaltlichen Überschneidung« von Pegida mit dem Programm der AfD, weshalb sie im Januar 2015 sogar zum gemeinsamen Austausch in den sächsischen Landtag einlud.[266]

Björn Höcke ging in der Verteidung von Pegida gar zum Gegenangriff über und warf den »Altparteien« und anderen vor, »10 000 friedlich demonstrierende Menschen bei der Ausübung von Grundrechten behindern« zu wollen, was alles über »das gestörte Demokratieverständnis dieser Institutionen« aussage. »Das ist eigentlich ein Fall für den Verfassungsschutz.«[267] Tatsächlich hatte niemand ein Verbot von Pegida gefordert und die Polizei hatte die »Spaziergänger« bei der Ausübung ihres Demonstrationsrechts sogar geschützt. Höcke waren offensichtlich Gegenreaktionen jeder Art, und wenn es nur verbale Kritik war, einfach ein Dorn im Auge.

Wie radikal Höcke ist, zeigt sich einmal mehr daran, dass ihm die Bewegung anfangs selbst gar nicht radikal genug war. So erhob er den Vorwurf, die Forderung nach sexueller Selbstbestimmung bedeute die »potenzielle Aushöhlung der klassischen Familie«. Auch das Pegida-Ziel des Schutzes des »christlich-jüdisch geprägten Abendlandes« fand er nicht ausreichend, weil ihm dort der Bezug zu den »antiken und germanischen Wurzeln« fehlte.[268] Kritik an Pegida ist also doch erlaubt – sofern sie von der richtigen Seite kommt. Höckes alter Bekannter, Götz Kubitschek, fällte übrigens ein deutlich milderes Urteil über Pegida. Auch das ist eine Aussage.

Gründer und mediales Gesicht von Pegida ist der mehrfach vorbestrafte Lutz Bachmann, der 1998 vor einer achtmonatigen Haftstrafe nach Südafrika geflohen und dort zwei Jahre untergetaucht war, bis er gefasst und nach Deutschland ausgeliefert wurde. Er war dann auch gleich für den größten Skandal rund um Pegida verantwortlich, war er doch auf den Titelblättern der Zeitungen zu sehen, wie er mit Hitler-Frisur posierte. Gegenüber der *Bild*-Zeitung tat er das als Scherz ab.[269] Aber damit war das Thema für Bachmann noch nicht ausgestanden. Auf seiner Facebook-Seite hatte er nämlich noch im September 2014, also kurz vor der Pegida-Gründung, Kriegsflüchtlinge als »Dreckspack«, »Viehzeug« und »Gelumpe« bezeichnet. Auf Druck seiner Mitorganisatoren trat Bachmann daraufhin zwischenzeitlich als Pegida-Sprecher zurück.

Der Rückzug währte allerdings nicht lange, was auch zum Bruch innerhalb des Organisationsteams führte. Hinzugekommen war der Streit über den Umgang mit dem nochmals deutlich rechteren Leipziger Ableger Legida. Zu dessen offiziellen Forderungen zählte unter anderem die »Beendigung des Kriegsschuldkults« und die Behauptung, »dass die Vermischung von Kulturen immer zum Zusammenbruch der Urkulturen führt«. Dieser flagrante Geschichtsrevisionismus und Rassismus rief sogar den sächsischen Verfassungsschutz

auf den Plan, der »eindeutig rechtsextreme Tendenzen« fest-
stellte.[270] Am Schluss fanden Pegida und Legida allerdings
zusammen, die radikalen Kräfte hatten sich durchgesetzt. Mit
der Folge, dass mehr und mehr schillernde Gestalten als
Redner auftauchten. So das ehemalige AfD-Mitglied Tatjana
Festerling, die in einem Gastbeitrag auf dem rechten Portal
Journalistenwatch schon die »Hooligans gegen Salafisten«-
Demonstration in Köln, bei der Rechtsextreme rund fünfzig
Polizeibeamte verletzten, bejubelt hatte und zwischenzeitlich als Pegida-Kandidatin zur Oberbürgermeisterwahl in
Dresden antrat. Jürgen Elsässer gehört inzwischen ebenfalls
zum Line-Up der Dresdner Untergangspropheten. Götz Ku-
bitschek ist sowieso in beiden Städten auf der Bühne zu erleben. Und wo der ist, ist auch seine Gattin Ellen Kositza
nicht weit.

Auf einer Legida-Demonstration war Kositza mit der sogenannten »Wirmer-Flagge« zu sehen, die ein schwarz-gol-
denes Kreuz auf orangefarbenem Grund enthält. Die Wider-
standsgruppe um Graf von Stauffenberg hatte diese dereinst
für die Zeit nach Hitler auserkoren. Heute dient sie der rechten Szene als Symbol des Widerstands gegen die bestehende
Ordnung. Ende Februar 2015 säuselte Kositza, auf die Fahne
angesprochen, mit verklärtem Gesichtsausdruck in die Ka-
mera eines Reporterteams der ZDF-Sendung *Frontal 21:* »Das
ist die Fahne des geheimen Deutschland.«[271] Das wiederum
ist ein klares Bekenntnis zur Konservativen Revolution,
wurde die Parole vom »geheimen Deutschland« doch vom
Dichter Stefan George geprägt, der dieser Bewegung nahe-
stand. Darüber hinaus weist diese Aussage darauf hin, dass
Kositza sich als Kämpferin im Untergrund sieht, die wartet,
bis der Tag gekommen ist, an dem man sich wieder zeigt. Und
wenn man sich mit dieser Flagge bei einer Demonstration
sehen lässt, dann ist zu vermuten, dass zumindest Kositza
diesen Moment für gekommen hält. Der normale Fernseh-
zuschauer ahnt von alledem zunächst nichts, Insider aber ver-

stehen einen Code wie diesen. Und genau das ist anscheinend das Ziel – für den Moment zumindest.

AfD und Pegida sind nicht nur untereinander bestens vernetzt, sondern dienen auch als Sammelstelle für die Reichsbürger und sonstigen Verschwörungstheoretiker, für rechtskonservative und reaktionäre Publizisten, für radikale Christen und für die Finanzapokalyptiker. Nicht alle von diesen Gruppen mögen direkt miteinander verwoben sein, über das neue Zentrum aus AfD und Pegida sind sie allerdings alle höchstens einen Kontakt voneinander entfernt. Dafür gibt es zahlreiche weitere Beispiele: So sorgte in Bad Kreuznach der Fall eines über die AfD-Liste gewählten Stadtrats für Aufsehen. Dieser hatte die Existenz der Bundesrepublik Deutschland geleugnet und sich Phantasie-Nummernschilder mit »Freiheit« als Aufschrift ans Auto geschraubt.[272] Wer das für einen bedauerlichen Einzelfall hält, dem sei gesagt, dass führende Mitglieder der AfD Nordrhein-Westfalen die neurechten Verschwörungstheoretiker Jürgen Elsässer, Andreas Popp, Eberhard Hamer und Karl Albrecht Schachtschneider als Referenten zu einem »Alternativen Wissenskongress« eingeladen haben.[273]

Trotz des so offensichtlichen Rechtsdralls der AfD wird sie ebenso wie Pegida auf Online-Plattformen wie der »Achse des Guten« gefeiert. Mahnende Stimmen wie die des ehemaligen Achse-Gründers Michael Miersch, der feststellte, dass es viele Belege dafür gebe, »dass ein Großteil der Anhänger von AfD, Pegida und verwandten Organisationen ausländerfeindlich und antisemitisch sind und anti-westliche Verschwörungsgerüchte verbreiten«[274], werden nicht gehört.

Die bekannten Journalisten Matussek von der *Welt* und Kissler vom *Cicero* singen in derselben Ausgabe des evangelikalen Magazins *idea Spektrum* Loblieder auf die AfD.[275] Kissler hatte zuvor sogar den damaligen Freiburger Erzbischof Robert Zollitsch angegriffen, der anlässlich der Bundestagswahl 2013 vor der AfD gewarnt hatte: Das sei eine »Blutgrätsche gegen die bürgerliche Konkurrenz aus den Tiefen des Unbewussten«[276]. Auf Twitter tritt er immer offensiver für die Partei ein, teilt munter kritiklos und ohne jeden Kommentar Tweets von Bernd Lucke (vor dessen Austritt) und Beatrix von Storch und retweetete die Aussage eines anderen Nutzers, wonach die AfD »schon immer« »die Alternative für Christen« gewesen sei.

Anette Schultner, ehemalige Beisitzerin im Landesvorstand der AfD Niedersachsen, ist Bundeskoordinatorin der Gruppierung »Christen in der AfD«. Auf deren Facebook- und Twitter-Profilen werden durchaus neurechte Feindbilder wie die »Gender-Indoktrination« und Ressentiments gegen den Islam gepflegt und immer wieder die *Junge Freiheit* gepostet. Kein Wunder also, dass Schultner im Januar 2015 auch als Rednerin bei dem Hannoveraner Pegida-Ableger »Hagida« auftreten wollte. Zu den Gründungsmitgliedern der Patriotischen Plattform gehört sie übrigens auch.

Klaus-Peter Schöppner, Chef des Meinungsforschungsinstituts Emnid, sah schon früh »die finanzkonservativen Bildungsbürger« als wichtigste Zielgruppe der AfD neben den Rechtskonservativen.[277] Da ist es natürlich kein Zufall, dass die AfD in ihrem Shop, mit dem sie den nötigen Geldmittelzufluss generieren will, um Anspruch auf die kompletten Zuschüsse staatlicher Stellen zu erhalten, Glühbirnen für die EU-Hasser und Gold für die Finanzapokalyptiker verkauft. Man kennt ja seine Pappenheimer. Die Patriotische Plattform wiederum gibt auf ihrer Webseite Buchtipps – aus dem Portfolio von Götz Kubitscheks neurechtem Verlag Antaios.

Edgar Julius Jung beschrieb in der Einleitung zu der Neuauflage seines Buches *Die Herrschaft der Minderwertigen,* wie er, der einsame rechte Kämpfer, zum Brückenkopf für die Verbreitung seines Gedankenguts werden könne: »Dieser Mann steht auf verlorenem Posten! [...] Wer gegen den Strom schwimmt, gilt als Narr. Und doch erreicht er das neue Ufer, zu dem ›ein neuer Tag lockt‹. Der verlorene Posten wird zum

Brückenkopf, der das Überschreiten dem siegreichen Heere eines neuen Geistes ermöglicht. Mag die ersehnte Brücke heute noch nicht geschlagen sein, der Brückenkopf ist gebildet und so befestigt, dass auf dem ›verlorenen Posten‹ eine unüberwindliche Truppe auszuharren vermag, gewillt, ihn zu halten und zur Position des Sieges auszugestalten.« Zwei Jahre nach dem Erscheinen seines Buches, so konstatiert Jung, habe sich der Zustand des deutschen Volkes bereits deutlich verändert: »Die Einsamkeit derer, die mit dem Verfasser gleichen Zielen zustreben, ist durchbrochen.«[278] Das war 1930.

Genau dieses Fazit dürften auch die neurechten Brückenbauer von heute ziehen. Von den jahrzehntelang über den Fluss geworfenen Seilen haben sich inzwischen einige auf der gegenüberliegenden Seite verfangen – die harsche Kritik an der EU und dem Euro etwa, der Kampf gegen die »Homo-Lobby« und gegen die »Islamisierung des Abendlandes«, Sarrazins Eugenik und der Antiamerikanismus. Um aus diesen losen Verbindungen ein tragfähiges Netz zu weben, haben sich inzwischen ein paar Handvoll Menschen in wichtigen Positionen gefunden, die trotz all ihrer Unterschiede gemeinsam gegen die offene Gesellschaft arbeiten. Bürgerlich auftretend, mit zunehmendem Professionalisierungsgrad, einem sich peu à peu verschärfenden Duktus und einer wachsenden Zahl aktiver Unterstützer.

Die Brückenbauer, sie haben ganze Arbeit geleistet in den letzten Jahren. Es wird alles andere als einfach, zu verhindern, dass bald die Massen über die Brücke strömen. Der leichte Weg – sinnbildlich für die einfache Lösung – ist für manche eben doch verlockend.

Mittelmäßigkeit
+ dopa

Zeit → Nebenwirkungen
Folgeschäden

deshalb "Angst"
↓
Terror

TEIL III
WIE WIR UNS JETZT WEHREN MÜSSEN

Mit der Beschreibung eines Problems hat man es noch lange nicht gelöst. Im nächsten Schritt muss man sich Gedanken darüber machen, wie man sich diesem stellt, an welchen Schrauben man drehen kann und wo man Gleichgesinnte findet. Denn Siegfrieds sind wir alle nicht, den vielköpfigen Drachen erlegt keiner von uns alleine. Wir Demokraten sollten uns unserer Stärken besinnen. Freiheit, Gleichheit, Brüderlichkeit – diese Ziele waren nicht mit dem Versprechen verbunden, dass sie anstrengungslos zu erreichen und zu bewahren wären. Packen wir es also an.

Einer der wichtigsten Ansätze in der Demokratie ist und bleibt die Überzeugungsarbeit mit der Macht des Wortes. Auch wenn es schwerfällt: Dort, wo Menschen falschen Propheten – vor allem aber falschen Argumenten – aufsitzen, muss man sich die Mühe machen, auch die absurdesten Behauptungen zu widerlegen. Diese Überzeugungsarbeit von Mensch zu Mensch muss Hand in Hand mit dem Versuch gehen, dem Misstrauen im Allgemeinen entgegenzuwirken. Wer mit einem Bauchgefühl, dass er es in Politik und Medien ohnehin nur mit Dienern fremder Interessen und Mächte zu tun hat, an Themen herangeht, der ist sicher viel empfänglicher für Populismus jeglicher Art als diejenigen, die – ohne dabei unkritisch zu sein – immer noch ein Grundvertrauen in die demokratischen Institutionen haben. Transparenz und Bodenständigkeit, klare Bekenntnisse und Offenheit für den Dialog zu schaffen, dürfen daher nicht nur in Sonntagsreden als Ziele formuliert, sondern müssen in der Realität auch umgesetzt werden. Denn natürlich ist nicht jeder Vorwurf immer komplett aus der Luft gegriffen. Fehlern, die von Demokraten gemacht werden, sollten sich diese auch in Demut stellen.

Aber was macht man nun mit denjenigen, mit denen ein Dialog nicht mehr möglich ist? Denn diesen Typus gibt es natürlich auch – an vielen Stellen in diesem Buch haben wir ihn beschrieben. Diesen Menschen gegenüber wäre Demut komplett fehl am Platze. Die richtige Antwort ist in der Theorie einfach, verlangt einem in der Realität allerdings einiges ab: »Gegenhalten, Grenzen setzen, Tabus verteidigen«, könnte man die notwendigen Maßnahmen vielleicht zusammenfassen. Die gute Nachricht ist: An verschiedenen Stellen sind die ersten Schritte in diese Richtung schon zu erkennen. Am Ende muss eine demokratische, offene Gesellschaft all denjenigen, die nach den gemeinsamen Regeln mitspielen wollen, die Chance geben, genau das zu tun. Das ist jede Anstrengung wert. Gleiches gilt aber auch für die Verteidigung der Regeln nach außen.

KAPITEL 10
DIE AUFKLÄRUNG VERSTÄRKEN – WIE ARGUMENTE DOCH ERFOLGREICH SEIN KÖNNEN

Die neurechte Szene nutzt an vielen Stellen die Komplexität von Sachverhalten, die Verkürzung der Berichterstattung und die Verweigerung ihrer Zielgruppe, sich intensiv mit wichtigen Fragen zu beschäftigen. So einfach darf man es ihnen aber nicht mehr machen. Denn auch wenn man mit den besseren Argumenten niemals alle überzeugen wird, gilt: Wir sollten uns die Mühe machen, Irrtümer aufzuklären und Falschinformationen zu berichtigen. Alles andere wäre fahrlässig. Wichtig ist allerdings die Auswahl der richtigen Themen. Nämlich solcher, bei denen wirklich noch inhaltlich argumentiert werden kann und wo nicht Ressentiments und sonstige Emotionen alles überlagern.

Wir wollen an dieser Stelle versuchen, für einige Themen exemplarisch mögliche Argumente und Argumentationsmuster aufzuzeigen, mit denen man vielleicht den einen oder anderen überzeugen kann. Wobei weder die Themen noch die dazugehörigen Vorschläge einen Anspruch auf Vollständigkeit erheben, sondern als Anregung dienen sollen. Wichtig ist insbesondere die Frage, wie man es mit der offenen Gesellschaft hält und – in Verbindung damit – wie mit dem autoritären, von Wladimir Putin geprägten russischen Gesellschaftsmodell. Der Euro und die Europäische Union müssen als Themen natürlich angerissen werden. Außerdem wollen wir uns des ominösen »Volkswillens« annehmen und bei denen, die diesen zu vertreten vorgeben, einen Blick hinter die Kulissen werfen. Schließlich geht es noch um die Frage des Miteinanders – oder Gegeneinanders? – der Kulturen. In diesem Kontext werden wir uns mit den Voraussagen aus der Zeit zwischen den Weltkriegen und deren Halbwertszeit beschäftigen. In der Hoffnung, dass am Ende dieses Kapitels genug Munition für harte, aber kluge Debatten bereitsteht.

Einer der wesentlichen Angriffspunkte für neurechte Agitation ist das »westliche Gesellschaftsmodell« oder der »Liberalismus«. Gemeint ist damit immer jene Mischung aus Marktwirtschaft und weitgehenden persönlichen Freiheiten, die wir schätzen und die viele andere Menschen aus der ganzen Welt magisch anzieht. Die neuen Rechten wissen natürlich, dass sich die meisten Deutschen angesichts einer offenen Forderung nach der Einschränkung genau dieser Freiheiten zugunsten eines autoritären Ansatzes schnellstens abwenden würden. Sie wählen daher einen Umweg: Zunächst wird das Symbol für den westlichen Lebensstil – die USA – demontiert und gleichzeitig das Symbol für den autoritären Ansatz, Putins Russland, zum Gegenpol und Hort der Freiheit stilisiert. Das führt in immer größer werdenden gesellschaftlichen Kreisen zu einer Haltung, die André Glucksmann schon vor etwa zehn Jahren beobachtet hat: »In Amerika haben die besten Absichten immer die größten Katastrophen zur Folge. In Anti-Amerika führen die schlimmsten Taten zur reinen Glückseligkeit.«[279]

Nun ist es legitim – und in einer pluralistischen Gesellschaft sogar gewünscht –, auch die Schwächen der westlichen Wertegemeinschaft klar zu benennen und ihre offensichtlichen Fehler zu geißeln. Gerade die Vereinigten Staaten mussten sich in dieser Hinsicht in den letzten Jahren zu Recht einiges anhören, egal ob es sich nun um den Irak-Krieg oder Guantanamo, die Drohnenattacken oder das gezielte Ausspähen von Bündnispartnern handelte. Und keine Frage: Bisher hat sich Amerika in Sachen Aufklärung zu wenig bewegt, der Friedensnobelpreis für Barack Obama wirkt derzeit wie Hohn. Aber eines ergibt deshalb noch lange keinen Sinn: Die Quasi-Heiligsprechung Wladimir Putins und seines autoritären Freundeskreises. Man kann es nicht anders sagen: Das Ressentiment gegenüber der westlichen Welt treibt – und da treffen sich radikale rechte und radikale linke Kräfte in ihrem gemeinsamen Weltbild – in der Putin-Vergötterung eine seiner absurdesten Blüten.

Dazu zunächst ein paar Fakten: Russland liegt auf der »Rangliste der Pressefreiheit« auf einem phänomenalen 152. Platz; beim Korruptionswahrnehmungsindex sieht es mit Rang 136 nur unwesentlich besser aus.[280] All denjenigen, die Putin und die Wahrheit gleichermaßen mögen, sei das TV-Interview empfohlen, in dem der russische Präsident zugibt, dass er den Befehl zum Einmarsch auf der Krim gegeben hat – ein Jahr zuvor hatte er noch das Gegenteil behauptet. Und all diejenigen, die Putin und den Frieden gleichermaßen mögen, seien darauf hingewiesen, dass Russland über die letzten Jahre hinweg wieder massiv aufgerüstet hat, während in den westlichen Demokratien die Rüstungsetats fast ausnahmslos gekürzt wurden. Der Einsatz von russischem Kriegsgerät in der Ukraine zeigt deutlich, dass man nicht nur für die großen Paraden eingekauft hat.

Wer sich nun darauf zurückzieht, dass der Westen »auch nicht besser sei«, und anführt, man führe ja nur dort Kriege, wo es Öl oder andere Rohstoffe zu holen gibt: Ja, auch der Westen hat seine blinden Flecken. Aber wer darauf schaut, darf gleichzeitig nicht die Rolle Russlands im Kosovo-Konflikt vergessen. Wer der Krim und der Ostukraine ganz selbstverständlich die Autonomie oder den Anschluss an Russland ermöglichen will – gegen den Willen der Ukraine –, der scheint zu vergessen, dass Putins Russland das Kosovo bis heute nicht anerkannt und der russische Präsident höchstselbst sogar die einseitige Anerkennung des Landes durch den

Westen als »illegal« bezeichnet hat.[281] Und wer nun meint, mit dem Irak-Krieg der USA noch das große As aus dem Ärmel ziehen zu können, der sollte sich noch einmal den Vernichtungsfeldzug Russlands gegen Tschetschenien anschauen. Während des zweiten Tschetschenien-Krieges war Putin übrigens schon in der Verantwortung. Bis zu 200 000 Menschen sollen in den beiden Kriegen den Tod gefunden haben. Und das in einem Land, das heute gerade einmal etwas mehr als eine Million Einwohner zählt. Russland gegen Köln gewissermaßen, und am Ende ist einmal die Bevölkerung von Mainz tot. Davon ganz abgesehen, dass auch wir bis heute davon betroffen sind, steigt doch die Zahl der Flüchtlinge aus Tschetschenien nach Deutschland seit Jahren an. Putins Marionettenregierung in Grosny scheint es dort bis heute mit den Menschenrechten nicht so zu haben. Dass unter den Flüchtlingen auch islamistische Terroristen sind – radikalisiert durch die brachiale Gewalt und gestählt im Kampf gegen die russische Besatzung – interessiert die neurechten Antiamerikaner nicht. Auch im Terrorregime des IS nehmen einige dieser Tschetschenen führende Positionen ein.

Ähnlich sieht es auch bei einem anderen Thema aus. Während in Deutschland inzwischen immer wieder empört die vermeintliche Einmischung Amerikas und der NATO in der Ukraine vorgebracht und der Mythos verbreitet wird, die »Waffen-Lobby« des Westens wolle uns in einen dritten Weltkrieg – einen Angriffskrieg natürlich! – gegen ein unschuldiges Russland treiben, das mit der Besetzung der Krim nur auf diese Aggression und Provokation reagiere, schafft der Kreml fröhlich Fakten. Und zwar weitgehend unbemerkt von der deutschen Öffentlichkeit. Immerhin, die Redaktion der *Zeit* nahm sich einmal Land für Land im Osten und Südosten Europas vor und stellte verblüfft fest, dass Russland gerade dabei sei, »seinen Einfluss auszuweiten, andere Länder an sich zu binden oder gar unter seine Kontrolle zu bringen«. Um dann aufzuzählen, was man zutage gefördert hat:

In Bulgarien wurden russische Geheimdienstler eingeschleust, die jetzt als russische Minderheit auftreten und von Moskau »beschützt« werden wollen. In Montenegro kauft Russland großflächig Grundstücke auf. Georgien wurde durch einen Krieg gefügig gemacht. Mal wird wirtschaftlicher Druck ausgeübt, mal wird über die Medien oder gekaufte NGOs, sogenannte Nichtregierungsorganisationen, Einfluss auf die Stimmung im Land genommen. Kaum ein Land des ehemals sozialistischen Lagers wird ausgelassen, und so reichen die Expansionspläne Russlands von den baltischen Ländern an der Ostsee über den Kaukasus bis hinunter in den Süden des Kontinents, an die Adria. Estland, Lettland, Litauen, Weißrussland, Ukraine, Ungarn, Moldau, Bulgarien, Rumänien, Armenien, Georgien, Serbien und Bosnien-Herzegowina – das gesamte östliche und südöstliche Europa wird traktiert.[282]

»Putins großer Plan«, so der Titel des Artikels, wird in seinen Grundzügen inzwischen auch von der Bundesregierung bestätigt.

Nicht Russland ist derzeit in der Defensive; das Gegenteil ist der Fall. Die offensichtliche Müdigkeit der Amerikaner, sich in Krisenregionen robust zu engagieren, sowie die andauernde Nabelschau der EU, gekoppelt mit der Abhängigkeit vieler Länder von russischem Gas, sorgen dafür, dass Putin seinen Einflussbereich aggressiv erweitern kann. »Russland kann auftrumpfen, weil die Europäer eine offene Flanke haben. So gibt es heute kaum noch ein Land, das von Moskau nicht angegangen wird – und keine Methode, die nicht angewandt wird: Vergabe russischer Pässe ins Ausland, Geheimdienstoperationen, Zollkriege, wirtschaftliche Erpressung, Propaganda, Parteispenden, Waffenhilfe, militärische Intervention«, schreibt die *Zeit* in oben erwähntem Artikel. Und wer es immer noch nicht verstanden hat, dem hilft vielleicht das Bild weiter, das wir alle kennen: Wladimir Putin mit nacktem Oberkörper, den Blick in die Ferne gerichtet, grimmig schauend. Sieht so jemand aus, der verängstigt ist, der sich von der Osterweiterung der NATO bedrängt fühlt?

Bleiben wir noch einem Moment beim Thema Außenpolitik und beschäftigen uns mit dem Innenleben der Europäischen Union, insbesondere der Eurozone. Der Übergang bietet sich an, ist doch die Partei der Putin-Versteher, die AfD, gleichzeitig auch diejenige, die vermeintlich einfache Lösungen für die seit Jahren schwelenden innereuropäischen Probleme anbietet. Nun ist an dieser Stelle kein Platz für eine komplette Dekonstruktion der Positionen der AfD. Zumal diese manchmal schwer zu greifen sind, weil selbst innerhalb der Partei zu gelten scheint: zwei Stühle, drei Meinungen. Um klar zu machen, dass es einfache Lösungen für komplizierte Fragen gar nicht geben kann, reicht der Blick darauf, wie oft Bernd Lucke in kurzer Zeit zu einem zentralen europapolitischen Thema – der Bankenrettungspolitik – die Meinung gewechselt hat.

Das erste Mal, dass der ehemalige AfD-Chef Bernd Lucke auf der großen politischen Bühne wahrgenommen wurde, war der Tag, an dem er gemeinsam mit seinem Professoren-Kollegen Harald Hau eine denkbare Alternative zur Einrichtung der Euro-Rettungsschirme vorstellte. Diese sogenannte Hau-Lucke-Alternative basierte nicht auf einer Unterstützung von Staaten, sondern auf einer alleinigen Rekapitalisierung des Bankensystems.[283] So wollte man dafür sorgen, dass im Fall von Staatsinsolvenzen ein Übergreifen auf den Bankensektor abgemildert würde. Lucke und Hau bezogen eindeutig Position für eine international durch die EU durchgeführte Rekapitalisierung.

Der Vorschlag stammt aus dem September 2011, einer Zeit also, als Bernd Lucke noch als Ökonom ernstgenommen wurde und nicht als Heißmacher einer neuen, rechten Partei fungierte. Seitdem es diese gibt, scheint Lucke selbst auf seine früheren Ideen nicht mehr viel zu geben. 2011 war er im Hau-Lucke-Papier noch begeistert, dass Deutschland mit der steuerfinanzierten Rekapitalisierung Aktienpakete an ausländischen Banken erhalten würde: »Dass das deutsche Aktienpaket mittelfristig werthaltig sein wird, kann kaum bezweifelt werden.« Der »von Deutschland geleistete Rekapitalisierungsaufwand« könne sich daher »als eine bessere Investition erweisen als prima facie erwartet«, führte er weiter aus. Inzwischen allerdings warnt Lucke vehement vor einer Banken-Rekapitalisierung durch den ESM. Kein Wort mehr zu den Chancen eines solchen Konzepts, die er 2011 noch so hervorhob.

Anstelle der europäischen Lösung, die Lucke 2011 vorgeschlagen hatte, forderte sein EU-Abgeordneten-Kollege Hans-Olaf Henkel 2014 »die sofortige Renationalisierung der Stabilisierung des Finanzsektors«, ohne dass Lucke ihm widersprach. Henkel ergänzte: »Bald wird nicht mehr nur die AfD fragen: Was haben deutsche Steuerzahler und Sparer mit der Zockerei ausländischer Banken zu tun?«[284] Eine Frage, die sich Lucke vor einigen Jahren entweder nicht gestellt hat oder die er heute anders beantwortet. So eindeutig scheint das dann doch alles nicht zu sein mit dieser Eurorettungspolitik. Und ähnliches gilt auch für das vorher beschriebene Themenfeld Russland. Egal in welches Thema man tiefer einsteigt, zeigt sich am Ende doch recht häufig, dass die Komplexität der Herausforderungen deutlich höher ist als die von der AfD oder den neuen Rechten angebotenen »Lösungen«. Das sollte man in den Debatten deutlicher herausarbeiten, als das bisher geschieht.

Eine weitere Behauptung neurechter Agitatoren lässt sich gleich auf zweierlei Art argumentativ abräumen: Nämlich die, dass sie nur den »Volkswillen« vertreten würden, der von den etablierten Parteien so schmählich verraten werde. Da ist zum ersten die Frage nach dem Volkswillen an sich. Das mag ein eingängiger Begriff sein, hinter dem man sich leicht versammeln kann. Sobald aber genau definiert werden müsste, was damit eigentlich gemeint ist, ginge der Streit los. Es würden sich Lager bilden, die um ihre Sicht der Dinge, um ihre Interessen und auch um ihre Vorrechte kämpfen würden. Die Stadt- und die Landbevölkerung, wohlhabende und notleidende Bürger, Arbeiter und Angestellte, Eltern und Kinderlose, alle hätten Themen, bei denen sie sich uneinig wären. Von *dem* »Volkswillen« oder *dem* »Volkswohl« bliebe dann schon nicht mehr viel übrig. Wer glaubt, diesen vertreten zu können, vertritt doch immer nur einen kleinen Ausschnitt der Bevölkerung, nicht die Allgemeinheit.

Warum die Berufung auf den »Volkswillen« nicht bloß unrealistisch, sondern völlig fehl am Platz und gefährlich ist, hat *Spiegel*-Autor Dirk Kurbjuweit in seinem Text »Freiheit?« beschrieben.[285] Bezogen auf die Sprechchöre bei Pegidaveranstaltungen in Dresden formulierte er: »In dem von ihnen missbrauchten Satz ›Wir sind das Volk‹ steckt ihr Totalitätsanspruch.« Denn, wie er richtig feststellt, taugt dieser Spruch zwar »für eine Revolution gegen einen autoritären Staat wie die DDR«, in einer Demokratie jedoch sei er sinnlos, »weil es das Volk als Einheit nicht geben kann, wenn jeder die Freiheit hat, seine eigene Meinung zu vertreten«. 1989 war mit der Zeit aus »Wir sind *das* Volk« das integrative »Wir sind *ein* Volk« geworden. Wer weiterhin »Wir sind das Volk« ruft – auf manchen Pegida-Transparenten stand auch vielsagend »*Nur wir* sind das Volk« –, meint an alle anderen gerichtet: »Ihr seid nicht das Volk.« Und wer sich so positioniert, grenzt aus und macht klar, dass er keinen Kompromiss sucht. Nur der Sieg zählt, und zwar total. Darin drückt sich eine zutiefst antidemokratische Haltung aus. Dass ihre Parole: »Wir sind das Volk« eines Tages so in ihr Gegenteil verkehrt wird, hätten sich die Bürgerrechtler von 1989 sicher nicht träumen lassen.

Der zweite Ansatz zur Entzauberung der Mär von dem »einen wahren Volkswillen« ist der Blick auf einige derjenigen, die an der Spitze dieser Bewegung stehen. Beginnen wir mit Thilo Sarrazin. Immer wieder ertönte von seinen Anhängern der Ruf nach einer Sarrazin-Partei. Bemerkenswert war dabei, dass diejenigen, die sich den langjährigen SPD-Politiker an der Spitze einer solchen Partei wünschten, augenscheinlich ganz unterschiedliche Vorstellungen von Sarrazin als Person hatten. Manche meinten in ihm, der jahrzehntelang als Karrierebeamter dem Staat zumeist ziemlich unauffällig gedient hatte, fast schon Züge eines deutschen Che Guevara zu erkennen, der das Volk zum Sturm auf das Regierungsviertel führen sollte. Andere sahen in dem Ex-Bundesbank-Vorstand mit sechsstelligem Gehalt und Beamtenpension »einen von ihnen«, also einen Volkstribun, der die Probleme der »kleinen Leute« verstehe. Und wieder andere erhofften sich von ihm so etwas wie einen Anstoß zu einer konservativen Revolution, die dazu beitragen könne, die Ansprüche der Unterschicht abzuwehren und den eigenen Besitzstand zu wahren. Es braucht keine besonderen Fähigkeiten, um zu erkennen, dass die Ziele der unterschiedlichen Gruppen nicht zueinander passen. Allein das »Volk« der Sarrazin-Jünger hat hier sehr unterschiedliche Vorstellungen.

Aber wo steht Thilo Sarrazin wirklich? Ein besonderer Einblick in das Seelenleben Sarrazins ist dem *Zeit*-Redakteur Moritz von Uslar zu verdanken, der im Frühjahr 2014 einen Spaziergang mit ihm unternahm. Während Sarrazin einen Affen imitierte, gab er zum Besten, dass diejenigen, die »so mit Hängehosenboden und so durch die Gegend« laufen, nicht in der Lage seien, »über das Wesen eines ungleichnamigen Bruches ausreichend tief nachzudenken«[286]. In Sarrazins Welt ist also offenbar einer, der Hemd, Sakko und Bundfalten trägt, ein aufrechter Bürger, der die alten Tugenden hochhält. Völlig egal ist indes, ob hinter der bürgerlichen Fassade eventuell widerliche Ressentiments gegenüber Frauen, Ausländern, Juden oder Homosexuellen lauern. Derjenige aber, dessen Hose etwas zu tief hängt oder dessen Gesicht vielleicht etwas zu schlecht rasiert ist, nähert sich nach dem kruden Weltbild Sarrazins anscheinend automatisch dem Primaten an.

Vor diesem Hintergrund ist es bemerkenswert, dass gerade dieser von Standesdünkeln und Vorurteilen geprägte Mann es geschafft hat, Beifall auch von jenen zu bekommen, die seinen Leistungskriterien kaum gerecht werden dürften. Oder, wie Volker Weiß es ausdrückte: »Dass seine Leistungsideologie letztendlich auch die sozialstaatliche Hilfe einer autochthonen Unterschicht bedroht, ist durch die Fokussierung auf Sarrazins Attacken gegen ›Türken und Araber‹ bei dieser Schicht selbst aus dem Blickfeld geraten. Ihr Überlegenheitsgefühl speist sich ausschließlich durch das Angebot Sarrazins, sich wenigstens genetisch auf der sicheren, weil ›deutschen‹ Seite zu fühlen.«[287] Anders lässt sich kaum erklären, warum auch Menschen, die gesellschaftlich nicht zur Ober- und Mittelschicht gehören, einem Mann zujubeln, der Hartz-IV-Empfängern einst empfahl, sich wärmere Pullover anzuziehen, um Heizkosten zu sparen.

Ein ganz ähnliches Phänomen lässt sich beim AfD-Spitzenpolitiker Alexander Gauland beobachten. Schon 2002 schrieb dieser: »Die Welt war bildungsbürgerlich und selbst Stalin nur die Karikatur dieser Welt [...]. Die geisteswissenschaftlich gebildete Elite bestimmte die Themen und definierte den Kanon. Das klassische Zitat galt mehr als technisches Wissen. Wer über Düsenjäger und Autos, die Atomspaltung und die ersten Computer Bescheid wusste, aber den *Faust* und *Richard III.* nicht kannte, hatte kaum Chancen in der spätbürgerlichen Gesellschaft der Nachkriegszeit.«[288] Man meint die Trauer über das Ende dieser »guten alten Zeit« fast herauszuhören aus diesen Zeilen. Aber Gauland konnte sogar noch deutlicher werden. In der »Kenntnis von Bildern und Büchern« manifestiere sich der bildungsbürgerliche »Anspruch auf Einfluss und Herrschaft«, ließ er sich aus.[289] Oder anders gesagt: Wer Goethe zitieren und bei der Entwicklungsgeschichte des Jugendstils mitreden kann, erfüllt die Voraussetzungen für den Aufstieg in verantwortliche Positionen, selbst wenn er ansonsten ein unfähiger, von Hass zerfressener armer Tropf ist.

Hinter solchen Aussagen Sarrazins und Gaulands steckt tatsächlich ein Denken, das vor allem auf die Ausgrenzung bestimmter Bevölkerungskreise ausgerichtet zu sein scheint. Der Mannheimer Professor Roland Vaubel, wie Gauland Gründungsmitglied der AfD, trieb dieses Denken sogar noch auf die nächste Stufe, als er laut darüber nachdachte, wie ein Klassenwahlrecht aussehen könnte – um die »Leistungseliten vor der Tyrannei der Mehrheit« schützen zu können.[290] Und AfD-Bundessprecher Konrad Adam äußerte sich nicht nur abfällig über Behinderte, »die es als ihr gottgewolltes Recht betrachten, von dem zu leben, was andere für sie aufbringen müssen«, wie Andreas Kemper in seinem Blog dokumentiert hat, sondern räsonierte in einem anderen Text auch über mögliche Begründungen für die Einschränkung des Wahlrechts bei »Inaktiven und Versorgungsempfängern«[291].

Man sollte sich also nicht täuschen lassen: Die rechten Vordenker meinen mit dem »Volk« nicht all diejenigen, die sich selbst dazu zählen, sondern nur diejenigen, die sie selbst für wertvoll – und wertschöpfend – genug halten. Und aus diesem Raster kann man ganz schnell herausfallen. Da ist die etwas mühsame Demokratie, in der alle gleich behandelt werden – egal ob belesen oder nicht und egal, wo sie ihre Hose hängen haben –, mit ihren langwierigen Entscheidungsprozessen und den manchmal für alle gleichermaßen unbefriedigenden Kompromissen vielleicht doch keine so schlechte Alternative.

Ein weiteres Thema, bei dem Halbwissen die Debatte beherrscht, sind die Spannungen zwischen Religionen und Kulturen. In der neurechten Szene – aber eben nicht mehr nur dort – werden alle Indizien ausgeschlachtet, die auf einen nicht mehr aufzuhaltenden »Clash of Civilizations« oder auf weltweite Religionskriege hinweisen könnten. Die Absicht ist klar: Seht her, die passen nicht zu uns, also schotten wir uns lieber ab! Die Völker und die Religionen bleiben besser unter sich, will man sagen, und unterstützt damit das rassistische

Konzept des Ethnopluralismus. Nun wäre es natürlich töricht, die real existierenden Probleme und Auseinandersetzungen, die unter der Flagge von Religionen ausgetragen werden, zu verleugnen. Wie auch? Im Namen der Religion werden Menschen unterdrückt, ausgegrenzt, ermordet. Der Islamische Staat (IS) ist ebenso Fakt wie Boko Haram in Nigeria.

Und doch hilft die Verkürzung der Debatte, der Verweis auf das Konfliktpotenzial, nicht, wie etwa Claus Dierksmeier, Direktor des Weltethos-Institutes in Tübingen, feststellt. »Die Gemeinsamkeiten, die in den Religionen an sich angelegt sind, sind viel größer als bekannt. Und eigentlich im Alltag auch viel mächtiger, als die Unterschiede, die heute im Fokus der Öffentlichkeit stehen«, gibt er zu bedenken. Die jahrzehntelange Forschung für das Tübinger Weltethos-Projekt habe gezeigt, dass sich über alle Grenzen von Kulturen, Religionen und Generationen hinweg immer wieder zwei Prinzipien und vier Werte förderlichen Umgangs miteinander bewährt haben. Dazu gehören die goldene Regel der Gegenseitigkeit und das Prinzip der Menschlichkeit sowie das Streben nach den Werten der Gewaltlosigkeit, Gerechtigkeit, Wahrhaftigkeit und der Partnerschaft der Geschlechter. »Diese sechs Weisungen sind der Kern einer ethischen Haltung, die Menschen überall auf der Welt und stets zu verantwortlichem Handeln inspiriert haben«, sagt Dierksmeier. Und wenn man diese Beobachtungen umdreht, erkennt man auch, dass etwa der IS, aber auch Putins Russland sich mit ihrem Verhalten nicht nur außerhalb des westlichen Wertekonsenses stellen, sondern auch außerhalb dessen, was in ihren eigenen Kulturen und Religionen grundsätzlich angelegt ist. Dass der IS vor allem gegen Muslime vorgeht, die seine Glaubensauslegung nicht teilen, wird gerne vergessen, bestätigt aber Dierksmeiers These.

Dass alle Menschen die Chance bekommen sollten, sich frei und auf Augenhöhe begegnen zu können, war schon 1948 Konsens, als die Vereinten Nationen die Allgemeine Erklä-

rung der Menschenrechte verkündeten. Dass die General-
versammlung der UN sie verabschiedete, belegt, dass Menschenrechte als Freiheitsrechte nicht nur in der westlichen
Aufklärung verwurzelt sind, sondern auch in anderen kulturellen Traditionen. Ebenso zeigt die Etablierung der Vereinten
Nationen als Institution an sich, dass Konsens über alle Grenzen hinweg möglich ist. Dass dies auch in religiösen Fragen
denkbar ist, belegt die Gründung des sogenannten Parla-
ments der Weltreligionen im Jahr 1893. Hundert Jahre später
verabschiedeten Vertreter von 125 Religionen die »Erklärung
zum Weltethos«. Es gibt also genügend interreligiösen und
zivilisatorischen Konsens zwischen den Kulturen und Religionen, auf dem ein Dialog aufbauen kann. Vielleicht wäre
es an der Zeit, sich auf die Gemeinsamkeiten zu besinnen,
anstatt die Unterschiede zu unüberwindbaren Hindernissen
aufzubauschen?

Am Ende dieses Kapitels wollen wir auch einmal ein
Dankeschön loswerden. Und zwar dafür, dass den Vertretern
der neuen Rechten heute nicht viel anderes einfällt, als ihre
Alarmrufe ganz ähnlich zu verpacken und zu begründen, wie
es schon ihre geistigen Väter und Großväter getan haben.
Die Parallelen in der Argumentation zwischen den 1920er-/
1930er-Jahren und heute haben wir zwar schon an der einen
oder anderen Stelle aufgezeigt. Wir wollen den Faden trotzdem an dieser Stelle noch einmal aufnehmen und dabei folgenden Aspekt in den Mittelpunkt stellen: Wir wissen heute,
dass die Behauptungen von vor hundert Jahren die Wahrheit
verfehlten. Mit welcher Begründung sollte man glauben, dass
heute alles anders wäre? Die Konservativen Revolutionäre
stehen aus heutiger Sicht bis auf die Knochen blamiert da.
Und man kann davon ausgehen, dass es der neuen Rechten in
einigen Jahren nicht sonderlich anders gehen dürfte.

Aber der Reihe nach. Wem kommt die Klage nicht bekannt
vor, die Deutschen würden unterdrückt, hätten keine wirkli-
che Entscheidungsfreiheit, wären gar ein besetztes Land ohne

Souveränität, mit einer Regierung, die den Amerikanern, dem Ostküstenkapital – oder gleich den Juden – hörig ist? Ja, richtig, das hört man in den letzten Jahren allenthalben aus der Szene der Russlandfreunde und Verschwörungstheoretiker. Doch halt. Gab es das nicht alles schon einmal? Ein Blick in die Zeit der Weimarer Republik gibt Aufschluss: »Wir bekamen eine Republik, deren Grundlage nicht die Verfassung von Weimar ist, sondern der Vertrag von Versailles«, beklagte sich etwa Arthur Moeller van den Bruck schon 1923 in seinem Werk *Das dritte Reich*. Und weiter: »Wir wurden ganz und gar zu Hörigen, und auch an Hörigengeist fehlte es nicht, Geist von Frankophilen, die in unsere Feinde verliebt und ihrem Denken verfallen sind.«[292] Heute die Amerikaner, damals die Franzosen, ansonsten alles gleich.

Und es geht noch besser. Schon Moeller van den Brucks Zeitgenossen zitierten in ihrem Furor den Theaterdichter Theodor Körner, wenn sie gegen die Vertreter der Weimarer Demokratie hetzten: »Noch sitzt ihr da oben, ihr feigen Gestalten, vom Feinde bezahlt und dem Volke zum Spott. Doch einst wird wieder Gerechtigkeit walten, dann richtet das Volk und es gnade euch Gott!« Heute taucht dieses Zitat immer wieder auf, wenn »Reichsbürger« oder andere Lunatiker ihrem Ärger über die deutsche »Vasallenregierung« Luft machen. Körner kämpfte einst gegen Napoleon und fiel 1813, ist also schon mehr als 200 Jahre tot. Seitdem ist ja nun einiges passiert, erstaunlich, dass er immer noch so hoch im Kurs steht. War 1923 schon nicht mehr wie 1813, so ist 2015 nicht mit 1923 zu vergleichen und schon gar nicht mit 1813. Wem trotzdem nichts Besseres einfällt, als sich bei einem zu bedienen, der mit 22 Jahren das Zeitliche segnete und der bis dahin noch nicht einmal ein Auto gesehen hatte (das gab es erst hundert Jahre später), der sollte sich mal Gedanken über die Relevanz seiner Agenda machen.

Noch ein Beispiel. Heißt es nicht immer, alle würden sich auf Kosten der Deutschen bedienen? Griechen und andere

Südländer über den ESM, die Franzosen über die Agrar-subventionen, die Bulgaren, Rumänen und Türken oder wer auch immer im Rahmen von »Armutszuwanderung in die Sozialsysteme«, angezogen durch Hartz IV? Und dass daran der deutsche Sozialstaat schuld sei, weil er die ganze Welt anlocke? Ebenso wie die europäische Einigung und vor allem der Euro natürlich, der uns aufgezwungen wurde, den man ja eigentlich nie wollte? Und heißt es nicht oft, der deutsche Michel, der sei halt so blöd und träge und gutmütig und lasse sich das alles gefallen?

Es wird kaum jemand bestreiten (man will ja nicht »niemand« schreiben, denn es gibt in der Szene nichts, was es nicht gibt), dass sich die eben aufgereihten Klagen auf Entwicklungen der letzten Jahre und Jahrzehnte beziehen. Kollege Moeller van den Bruck, bereits 1925 von uns gegangen, dürfte demnach dazu eigentlich nichts zu sagen gehabt haben. Überraschung! Hatte er doch: »Wir wurden in ein Käfig-dasein gesperrt, vor dessen Gittern die alliierte Menschheit auf unsere Kosten spaziert«[293], meinte er schon 1923. Oder auch: »So gingen denn auch wir den Weg des Liberalismus: nicht zu unserem Nutzen, noch zu unserem Ruhme, sondern zu unserem Verderben – wie die Folgen unseres Zusammenbruches gezeigt haben. Der Westen triumphierte noch einmal. England entledigte sich seines Wettbewerbers. Frankreich lebt auf unsere Kosten. Und statt des ›Fortschritts‹ bekamen wir diesen Verfall.«[294] Und schließlich: »Wir stellten nicht das Notwendige voran. Wir schoben vielmehr von Tag zu Tag eine Aussprache hinaus, die von Grund auf gewesen wäre und mit einem ›Nein!‹ hätte beginnen müssen. Wir nahmen inzwischen alle Zumutungen hin. Wir ließen uns drängen, und erst dann, wenn wir an eine letzte Wand gedrängt waren, vor der es kein Ausweichen mehr gab, zeigten wir den Feinden, die ihre Rechnungen vorwiesen, verlegen unsere leeren Taschen: leer an Geld – und leer an Gedanken.«[295]

Was wird sonst noch so in den politischen Diskurs geworfen? Die Behauptung, es gebe einen Linksruck der Politik an sich, der zu einer Herausbildung von »Blockparteien«, alternativ einer »Einheitspartei CDUCSUSPDGRÜNELINKEFDP« geführt habe. Sogar hier müssen sich die Schreihälse einmal mehr mangelnde Kreativität vorwerfen und sich darüber hinaus fragen lassen, ob ihnen tatsächlich nichts Besseres einfällt, als die Argumentation des Stichwortgebers für das Dritte Reich platt zu kopieren. Arthur Moeller van den Bruck hatte schon 1923 geschrieben, die Jugend in Deutschland sei allen Parteien gegenüber skeptisch, »weil sie alle irgendwelchen Liberalismen verfielen, und dass auch die Konservativen sich untreu wurden [...]«[296].

Befinden sich die Deutschen also in einer Art Dauerschleife? Immer unterdrückt, geknechtet, ausgebeutet? Wenn dem so wäre, dürfte der Großteil der anderen Länder auf diesem Planeten neidvoll auf uns Unterdrückte, Geknechtete und Ausgebeutete blicken. Eines der höchsten Pro-Kopf-Einkommen der Welt, kein Krieg seit 1945, Exportweltmeister, Heimat einiger der größten Unternehmen auf dem Globus, eine der höchsten Lebenserwartungen weltweit – ganz so schlimm kann es uns in den letzten Jahrzehnten wohl doch nicht ergangen sein. Ach ja, Fußballweltmeister waren wir auch noch ein paarmal, das darf an dieser Stelle nicht unerwähnt bleiben. Demokratie und soziale Marktwirtschaft sind Grundpfeiler für diese Erfolgsgeschichte. Aber darüber sehen jene gerne hinweg, die das Abendland schon seit mindestens hundert Jahren im Untergang begriffen wähnen. Sorgen wir daher gemeinsam dafür, dass die neuen Rechten mit der Absurdität ihrer Behauptungen konfrontiert werden. Das dürfte einigen von ihnen den Spaß schon verderben.

KAPITEL 11

DIE AUSEINANDERSETZUNG SUCHEN –
WIE WIR AUF AUGENHÖHE BLEIBEN

Seien wir ehrlich, es ist einfach Teil der menschlichen Natur: Wir suchen bei jedem Menschen einen Ansatzpunkt, um ins Gespräch zu kommen – und seien seine Überzeugungen auch noch so wirr –, weil wir niemanden einfach so verloren geben möchten. Er wird schon seine Gründe haben, seien sie auch noch so falsch, denken wir. Und wenn man nur an sie oder ihn herankäme, wenn man das Gegenüber verstehen würde, dann könnte man das Missverständnis schon irgendwie entkräften, den Frust abbauen, die Wut anders kanalisieren. Es fällt uns nicht leicht, zu akzeptieren, dass einige Menschen sich einfach entschieden haben, sich zu verschließen. Aber langsam, ganz langsam beginnen wir zu begreifen. Wir lernen zu erkennen, mit wem sich das Sprechen noch lohnt, bei wem Argumente noch wirken. Und bei wem nicht.

Im privaten Umfeld kann man sich von gewissen Leuten einfach fernhalten. Aber was, wenn man von Berufswegen mit jenen zu tun hat, die einen beschimpfen? Und wenn man dem Hass daher nicht entkommen kann? In einer solchen Situation befinden sich heute Journalisten, und die Vervielfältigung der Kommunikationskanäle hat nicht unbedingt zu einer Mäßigung der Zuschriften und Kommentare gesorgt, mit denen sie es zu tun haben. Michael Miersch, der liberal-konservative »Achse des Guten«-Mitbegründer, schrieb in seiner Ankündigung, nicht weiter für das Autorenblog schreiben zu wollen, er habe im Laufe seines Journalistenlebens viele Hass-Mails bekommen, »vornehmlich von Islamisten,

Tierrechtlern und Öko-Fanatikern«. Seit sich aber »massenweise Leser aus dem AfD-Pegida-Umfeld« auf die »Achse des Guten« verirrten, scheint er sich seine ursprünglichen Gegenspieler fast zurückzuwünschen: »Die Mails der vergangenen Monate haben deren aggressive Geistesarmut noch unterboten.«[297]

Das ist genau so ein Beispiel, bei dem man mit Argumenten nicht mehr weiterkommt. Denn diejenigen, die sich dem Menschenhass derart hingeben, könnten wissen, womit sie es zu tun haben. Wir alle – und damit auch sie – kennen die Dokumentationen zu faschistischen und kommunistischen Regimen. Menschenrechtsverletzungen autoritärer Regierungen in Russland oder Ungarn sind regelmäßig in den Medien Thema, die Gedanken der FPÖ, des Front National oder der Freiheitspartei von Geert Wilders sind auch hierzulande diskutiert worden. Und wir alle haben eine Schulausbildung genossen, die uns eigentlich gegen jegliche Form von Aufhetzerei immunisiert haben sollte. Wenn sich gleichwohl ein Teil der Menschen entscheidet, den Scharfmachern in ihrem Hass nicht nur zu folgen, sondern sich selbst als solche zu betätigen, dann sind sie nicht mehr bloß Verführte, sondern *wollen* diesen Weg offensichtlich gehen. Mit dieser Entscheidung, das muss klar sein, qualifizieren sie sich nur für eine Sache, nämlich heftigen Gegenwind.

Die gute Nachricht ist: Es bewegt sich etwas. Lange Zeit standen auch Journalisten fassungslos im Zentrum des Hasssturmes und wussten nicht so recht, wie sie mit der Flut von Beleidigungen und Beschimpfungen in Leserbriefen und Online-Foren umgehen sollten. Meistens beschränkten sie sich darauf, die schlimmsten Verbalattacken nicht zu veröffentlichen und den Orkan ansonsten mehr oder weniger klaglos über sich ergehen zu lassen. Michael Miersch empörte sich zwar öffentlich, gab aber trotzdem auf, zumindest auf der »Achse des Guten«. Immer mehr Journalisten wollen sich allerdings nicht mehr in die Enge treiben lassen und schlagen zurück.

Das beste und bekannteste Beispiel für diesen Mentalitätswandel sind die »Hate Poetry« genannten Veranstaltungen, mit denen Journalisten verschiedener renommierter Medien seit einiger Zeit durch Deutschland touren. Sie alle eint der Migrationshintergrund, was die Beleidigungen, denen sie ausgesetzt sind, noch einmal erheblich verschärft. Manchmal, so Mohamed Amjahid, der auch zum »Hate-Poetry«-Team gehört, sperre die Community-Redaktion des *Tagesspiegels,* für den er arbeitet, gar »im Minutentakt« entsprechende Kommentare. Sprüche wie »Geh zurück in die Türkei!«, »Islamisten-U-Boote«, »Mohamed, du Arschloch«, »weinerlicher Quotenmigrant«, »Sie können zwar gut schreiben, Sie müssen aber trotzdem Deutschland verlassen!!!!!«[298] oder die Germanen würden an den Ausländern »das Werk fortsetzen, das wir mit den Juden begonnen haben«[299], sind hier traurige Realität. Ebenso der Wunsch, den Adressaten zu »ficken, weil du es als mieser Mohammedaner nicht anders verdient hast«[300].

Anstatt über dieser ins Mark gehenden Verrohung der Leserbriefverfasser zu verzweifeln, haben sich die Erfinder der »Hate Poetry« entschieden, den Spieß umzudrehen, die Absender vorzuführen und der Lächerlichkeit preiszugeben. Und zwar indem sie die allerwüstesten Tiraden und Verwünschungen, die sie per E-Mail, Facebook oder Twitter und bisweilen sogar handgeschrieben erhalten, auf öffentlichen Abendveranstaltungen in ganz Deutschland vorlesen. Die »Hate Poetries« mit regelmäßig mehreren hundert Zuschauern gleichen großen Partys. Abgedunkelter Raum, Spotlight. Auf der Bühne eine lange Tafel, an der die Journalisten sitzen, Wein trinken, Prosecco schlürfen, rauchen, tröten, immer wieder laut Musik spielen und mit Luftschlangen um sich werfen. Popcorn-Stimmung. Ganz nach dem Motto: »Wir lassen uns die Laune nicht verderben«, schon gar nicht von den Wutzuschriften mit ihren deutschtümelnden und alles Fremde verachtenden Inhalten.

Allein schon die Vielzahl der vorgelesenen Briefe und Mails vermittelt einen guten Eindruck von der Typologie ihrer Verfasser. In der Regel sind diese männlich, halten sich für »liberal« oder »konservativ«, lassen dabei aber jedes bürgerliche Benehmen wie Anstand und Höflichkeit vermissen. Sogar Jesus instrumentalisieren sie und behaupten, »der würde die Flut von Muslimen und Flüchtlingen auf jeden Fall stoppen«[301]. Mindestens so schlimm, wenn nicht gar noch grauenvoller als die Inhalte der Zuschriften sind die Bilder, die vielen Hass-Mails beigefügt werden, etwa »Hakenkreuze, Schweineköpfe oder ein animiertes GIF-Bild vom tanzenden Ku-Klux-Klan«, wie Amjahid schilderte. Ziel der »Hate Poetries« sei es, den Hass zu »performen« und ihn »zurück in die Umlaufbahnen der Hassbriefschreiber [zu leiten]«[302], erklärt er. Sein Kollege Yassin Musharbash ergänzt, es mache einen Unterschied, ob man mit diesen Briefen für sich bleibe oder ob man sie mitteilt und zusammen mit anderen darüber lacht. Das bestätigt auch die *FAZ*-Redakteurin Andrea Diener, die in einem vielbeachteten Artikel mit dem Titel »Meine Tage im Hass« schrieb, dass die Online-Redaktion ihres Hauses inzwischen ähnliche therapeutische Strategien verfolge. Auch dort lese man sich, wenn auch nur intern, »die widerwärtigsten Hassschriften« vor und lache darüber. Weil es anders nicht ginge. Dass das Hass-Bombardement der Psyche durchaus zusetzt und sie »immer wieder kalt erwischt«, räumt sie offen ein. Das Ausmaß der Raserei und »verbalen Aggressivität«, der sie und ihre Kollegen ausgesetzt sind, sei enorm.[303]

In besonders drastischer Weise traf der Hass auch den Literaturchef der Hamburger Wochenzeitung *Die Zeit*, Ijoma Mangold. Und zwar nachdem er es gewagt hatte, Akif Pirinçcis Buch *Deutschland von Sinnen* zu besprechen – und ziemlich zu verreißen.[304] Mangold hatte auch die Leser des Autors in den Blick genommen und sich gefragt, warum das Buch bei ihnen auf so fruchtbaren Boden fällt. Außerdem ist Mangold Sohn einer Deutschen und eines Nigerianers. Kaum

überraschend war die Wutschnauberei der Fans des Vulgär-
sprechers aus Bonn in Teilen von hemmungslosem Rassismus
geprägt.

Viele der Leserzuschriften kann man nach wie vor im
Kommentarbereich unter der Rezension nachlesen. Die Al-
lerschlimmsten wurden jedoch nicht veröffentlicht. Genau
diese, von denen uns Ijoma Mangold dankenswerterweise
eine zufällige Auswahl überlassen hat, zeigen erst das ganze
Ausmaß des puren Menschenhasses, den die Rezension von
Pirinçcis Buch bei dessen Fans auslöste. Natürlich wimmelt es
in den Zuschriften nur so von den üblichen neurechten Vokabeln wie »politisch korrekte Mainstream-Journalisten«, »de-
generierte BRD«, »Verständniswahn«, »linke Gesinnungsdik-
tatur«, »linksgrüne Gutmenschen-Fratze des Bösen« oder
»gleichgeschaltete linke Medien«. Auch die szenetypischen
Anrufungen von Orwells *1984* fehlen nicht. Dazu gesellen
sich die von Pirinçci zusätzlich angeheizten Ressentiments gegenüber Migranten. So schrieb ein Leser, er glaube kaum,
dass »Alis fünf streng muslimisch erzogene Kinder mal meine
Rente bezahlen und mich pflegen [werden]«. Ebenso wenig
bleiben die üblichen rechten Untergangsbeschwörungen aus,
etwa wenn es heißt, »aber es kommt die Zeit, wo man rück-
blickend fragen wird, wie die Kultur und ein Volk so in den
Untergang getrieben werden konnte«.

Es sind jedoch vor allem die auf die Person des *Zeit*-Lite-
raturchefs zielenden Beleidigungen, die alle Grenzen der
Menschlichkeit überschreiten. So wird der Vorname des Autors lächerlich gemacht, indem gefragt wird, ob Ijoma ein
»gendergeschwängerter Name [sei], der den Unterschied weg-
radieren soll«. In manchen Fällen wird gleich noch eine Vielzahl von stumpfen Klischees mitbedient, etwa wenn in einer
Zuschrift zu lesen ist: »Ich bitte natürlich vielmals um Ent-
schuldigung, wenn die Redewendung ›ins Schwarze treffen‹
von den linksversifften Grüninnen und Grünen in Ihrer Redaktion als rassistisch interpretiert werden sollte.« Unter dem

Link zu einem Foto des Autors pöbelt ein Pirinçci-Jünger: »Muhahaha – Idjotma Mangold hat es auch mal mit Rastafilz versucht.« Ein anderer grölt: »Kurzum: zum Glück läuft Ihre ›Zeit‹, die der hirnlosen, pigmentierten 68er-Affen, langsam, aber sicher ab. Auch Ihre halbjährigen Outfit-Wechsel können Ihr substanzloses und bildungsfernes Hirn nicht kaschieren. In diesem Sinne: guten Absturz!«

»Halte bitte deine verdorbene, linksradikale Gutmenschenschnauze«, fordert ein anderer, der nächste wünscht sich gleich die Verbannung des Autors aus Deutschland. Denn der habe sich mit seinen Äußerungen »als zukünftiges Mitglied einer deutschen Gesellschaft [disqualifiziert]«. Ein weiterer Absender eifert in puncto Primitivsprech seinem Helden Pirinçci besonders bemüht nach und wütet in mieser Orthographie: »Nur zum besseren Verständnis. Welche Bohrerstärke hat Mangold für seinen Arsch verwendet? Ein Risenloch im Arsch. Muss ein gewlatiger Bohrer gewesen sein.« Üble und von Rachlust getriebene Verwünschungen sind in der rechten Hassbürger-Szene selbstverständlich auch an der Tagesordnung und finden sich demgemäß ebenfalls unter den Zuschriften: »Ihrer Literatur-Kloake Ijoma Alexander Mangold bleibt nur zu wünschen, dass er das Leid, welche die Mörder-Moslems über unschuldige Bürger gebracht haben und noch bringen, in seiner eigenen Familie spürt.«

Dies waren nur einige Beispiele aus hunderten hasserfüllter Zuschriften. »Selten zuvor waren die Vorwürfe von Lesern so feindselig«, konstatierte der *Zeit*-Chefreporter Stefan Willeke. Und fügte hinzu: »Der Ton hat sich drastisch verschärft – der Ton der Buchautoren, die einen politischen Mainstream konstruieren, um ihn danach anzugreifen, aber auch der Ton der Menschen, die diese Angriffe verteidigen.«[305] Anstatt nun aber einfach nur schockiert zu sein, entschlossen Willeke und die *Zeit*-Redaktion sich, einige der Absender per Telefon zu kontaktieren und manche von ihnen sogar persönlich zu besuchen. Daraus wurde eine Reise quer durch Deutschland, die »zu gebildeten Menschen« führte, »die sich auszudrücken wissen, viel gewählter als Pirinçci«, wie Willeke anschließend berichtete.

Immer und immer wieder trafen die Reporter bei ihren Besuchen auf die so charakteristische diffuse Wut, hörten Sprüche wie die eines Unternehmers aus Berlin, der behauptete, dass »die Apartheid läuft, nur unterbewusst«, da in Berlin bestimmte Orte und Straßen von jungen Türken, Libanesen und Arabern kontrolliert würden. Pirinçcis Brutalität schätzt er gleichwohl nicht, meint aber, dass jemand ungleich brutaler auftreten müsse als er selbst, um den falschen Frieden zu stören, der auf ungeliebten Wahrheiten gewachsen sei. Er hatte das Buch übrigens nicht einmal gelesen, ein Phänomen, das den *Zeit*-Redakteuren öfter begegnete. Ein Berliner Musiker dagegen kannte immerhin die Zusammenfassung auf Amazon, mehr aber auch nicht. »Ich kenne die Zustände, ich brauche es nicht zu lesen«, konstatierte er. Mit Vulgärsprache kennt er sich offenbar auch bestens aus. Selbst im persönlichen Gespräch sagte er: »Mit der *Berliner Zeitung* würde ich mir den Arsch abwischen.« Der Musiker »stellt Fragen, auf die er selbst die Antworten gibt«, resümierte Willeke.

Dass Wut nicht nur blind macht, sondern offenbar auch das Erinnerungsvermögen trübt, zeigt das Beispiel des Pressesprechers eines Industrieverbandes, der ebenfalls von den Redakteuren der *Zeit* aufgesucht wurde. Er hatte in seiner Mail geschrieben, dass manche Menschen, »die ihre Normalitätsvorstellungen bedroht sehen«, nun »täglich kotzen [könnten] bei all dem Gesinnungsterror in dieser Republik 2.0.« Im Gespräch mit Willeke fragte er verblüfft: »Kotzen? Habe ich wirklich ›kotzen‹ geschrieben?« Mit dem eigenen Hass konfrontiert zu werden, ist offenbar ein ziemlich erschütterndes Erlebnis.

Die Empörung sei, wie Willeke weiter ausführt, »ausländerfeindlicher und modernitätsfeindlicher« geworden, vor allem »nach dem Massenerfolg der Sarrazin-Bücher«. Pirinçci wiederum habe diese dadurch angeheizt, dass er seinen Lesern der als verachtenswert empfundenen Gegenwart das Sehnsuchtsbild eines Deutschlands von früher entgegenstellt. Das spreche vor allem ältere Leser an, wie das Beispiel einer 66-Jährigen zeigt, die ebenfalls besucht wurde. Sie fühle sich überrollt, vom Euro, dem Islam, von allem. »Sie möchte das Deutschland ihrer Jugend zurück, die fünfziger und sechziger Jahre. Sie möchte etwas Unmögliches haben, und weil sie nicht zugeben will, an eine Utopie zu glauben, glaubt sie Pirinçci jedes Wort«, resümiert Willeke.

Der große Verdienst der *Zeit* liegt darin, mit der persönlichen Kontaktaufnahme eines deutlich gemacht zu haben: Im Milieu der Hassbriefschreiber findet keine Reflektion mehr statt. Das Ressentiment bestimmt das Denken. Artikel, die nicht in das eigene Konzept passen, werden einfach mit dem Etikett »System- oder Lügenpresse« versehen. In der ständigen Suche nach Bestätigung der eigenen negativen Emotionen haben sich die Rasenden längst in ihrer eigenen Welt verkapselt und klopfen sich gegenseitig auf die Schulter. Das zeigt sich nicht zuletzt in den immer gleichen Feindbildern und den immer gleichen Begrifflichkeiten, die höchstens in ihrer Radikalität einem Wandel unterliegen.

Ein weiteres mediales Zeichen gegen beleidigende Leserbriefe setzte Anfang Januar 2015 *Christ & Welt*. Nachdem die dortige Chefredakteurin Christiane Florin wie bereits beschrieben eine Anzeige von »Kirche in Not« abgelehnt hatte, ergoss sich auch über sie kübelweise Hass. Wie sie in einem späteren Interview mit der *Süddeutschen Zeitung* sagte, war das Ausmaß der Beschimpfungen für sie deshalb besonders erschütternd, weil hier noch die »christliche Fallhöhe« hinzugekommen sei.[306] In der Tat, man kann kaum glauben, dass Menschen, die sich Christen nennen, derart entgleisen können. So wie bei den »Hate Poetry«-Machern der Islamhass und bei Mangold der Rassismus eine ganz besondere Note in die Zuschriften brachten, wurden bei Christiane Florin die üblichen Beleidigungen zusätzlich mit Frauenfeindlichkeit garniert.

Christ & Welt entschloss sich, den ganzen Unflat öffentlich zu machen und auch das abzudrucken, was man sonst nicht veröffentlichen würde.[307] »Na, du linke Abfickhure, magst du es nicht, wenn Menschen eine andere Meinung haben als du?«, schrieb ein Wüterich – und zeigte damit bloß, dass er selbst es nicht besonders gut findet, wenn Menschen eine andere Meinung als er selbst haben. »Florin! sie sind ein Diktator, einer im Miniformat, aber sie sind ein Diktator«, waren weitere Worte aus dem Munde vermeintlich gläubiger Menschen. Jedes Klischee erfüllte auch die Zuschrift einer Person, die sich »Ein Freier Mensch« nannte: »Frau Florin, leute wie sie kotzen mich an, sie gehören zu denen die uns das Leben zur Hölle machen in dem sie Denk und Sprachverbote linksfaschistischen Bananenrepublik zu der die BRD mittlerweile verkommen ist und sie, »Frau« Florin tragen eine große Mitschuld, ich verachte sie zutiefst!« Noch mehr schien der »Freie Mensch« allerdings die deutsche Rechtschreibung und Zeichensetzung zu hassen. Auch üble Verwünschungen und Drohungen sowie die obligatorische Nazi-Keule durften nicht fehlen: »Sie dreckige Himmlerschlampe gehören zwangsverheiratet unters Kopftuch, dann müsste man Ihre hässliche Goebbelsfresse nicht mehr sehen«, eiferte sich ein Kommentator, der sich offensichtlich nicht entscheiden konnte, mit welcher Nazigröße er Florin nun vergleichen wollte.

Forderungen nach dem Rauswurf der Chefredakteurin ließen die selbsternannten Helden der Meinungsfreiheit natürlich auch nicht aus: »Schmeißen Sie diesen betitelten Mistkäfer raus, die soll zu den Grünen gehen, als Putze«, hieß es etwa. Und ein paar Tage später: »Arbeitet die linke Abfickhure immer noch bei euch? Die Frage werden Sie mir ja hoffentlich beantworten können, Sie pseudochristlicher Dreck!« Fast schon nett klingen da Forderungen wie: »Sie sind an Ihrer Position fehl am Platze und sollten abtreten« oder Mutmaßungen à la »wahrscheinlich nach Genderkriterien ins Amt gehievt oder schlimmer noch Mitglied der SED Nachfolgerin PDS/Linke«.

Christiane Florin betonte der *Süddeutschen Zeitung* gegenüber, dass der Redaktion »nach dem ersten Schock schnell klar [war], dass dieser Hass öffentlich gemacht werden musste, da Journalisten sich nur so dagegen zur Wehr setzen« könnten.[308] Diese Strategie ging auf. Wie Florin erläuterte, gingen danach »viele Mails von *Christ & Welt*-Lesern ein, die es richtig finden, diese Zuschriften zu veröffentlichen – und entsetzt sind über die Sprache dieser Leute«. Außerdem hoffe sie, durch die Veröffentlichung der Unflätigkeiten eine »verbale Abrüstung« zu erreichen und »ein Signal ins Innere der katholischen Kirche« zu senden, damit diese sieht, »dass sich an ihrem rechten Rand etwas tut«. Denn mittlerweile sei es »in manchen katholischen Kreisen selbstverständlich zu sagen, man lebe hier in einer Diktatur«.

Wie wichtig Florins konsequentes Handeln war, zeigt sich daran, dass sie damit eine weit über innerkirchliche Kreise hinausreichende Diskussion angestoßen hat. Wie sehr der Hass demjenigen, der ihn trifft, zusetzt, zeigt die Bonnerin ebenfalls offen und gibt zu, »nicht immer so mutig [zu sein], wie es scheinen mag, sondern durchaus zwischendurch auch Angst« gehabt zu haben, weil sie nicht wisse, »wie die Grenze verläuft, wann eben verbale Gewalt in tatsächliche Gewalt ausartet.«[309] Damit dürfte sie vielen ihrer Journalistenkollegen aus der Seele gesprochen haben. Wer jemals selbst Hass- und Drohmails bekommen hat, kennt das Gefühl.

Ein weiterer sehr wirkungsvoller Ansatz ist der Humor. Genau diesen nutzte der Berliner *Tagesspiegel* und verballhornte im August 2014 die Troll-Kommentare und ihre kruden Verschwörungstheorien rund um »Geheimdienste, Regierungen und Großkapital« mit einem fiktiven Tagesablauf, der in aller Frühe mit dem »Tagesbefehl« des Herausgebers beginnt, welcher unter anderem dazu auffordert, Putin zu mobben. Pünktlich um 12 Uhr komme es dann zum »Mittags-Check-up« mit den »Zensoren von Herausgebern, US- sowie Bundesregierung. [...] Weil aufgrund regelmäßiger Gesinnungskontrollen kaum Zeit zum Recherchieren bleibt«, werde später »eine zu 40 Prozent aus erfundenen Meldungen bestehende Zeitung an die bekannten Stellen zur Durchsicht geschickt«[310].

Einen ähnlichen Weg gehen inzwischen immer mehr Online-Medien, auch *Spiegel Online,* das damit ebenfalls schon im Sommer 2014 anfing. Der dortige Social-Media-Stratege Torsten Beeck sagte gegenüber der *taz,* dass diese Form der Reaktion ein neues journalistisches Selbstbewusstsein zeige. Man wolle zwar »niemanden bloßstellen«, aber doch die Hasskommentatoren »freundlich auf die Schippe nehmen«[311]. Die Mitkommentatoren wissen das offenbar sehr zu schätzen und reagieren mit einer Vielzahl von »Likes«. Am weitesten hat die *Welt* diese Strategie unter ihrem Social-Media-Redakteur Martin Hoffmann getrieben. In den Online-Foren der Zeitung wird nun konsequent »zurückgetrollt« und das so geistreich und so lustig, dass dazu inzwischen eine eigene Facebook-Seite namens »Fans des gleichgeschaltet-ironischen Journalistenzirkels« entstanden ist, auf der ausgewählte Highlights gepostet werden. Zu sehen ist dort etwa die lakonisch-ironische Antwort der *Welt* auf einen wütenden Kommentar, der mit Ausrufezeichen nur so gespickt war: »Na, war wieder Happy Hour für Ausrufezeichen?« Humor, Sarkasmus, Ironie, Satire und Spott waren schon immer ein probates Mittel, um hasserfüllte Kleingeister der Lächerlichkeit preiszugeben. Das wusste schon Charlie Chaplin. Und was bei ihm hinsichtlich des größten Dämons des 20. Jahrhunderts funktioniert hat, klappt erst recht bei wütenden kleinen Trollen.

Der Kampf gegen die neurechten Agitatoren ist aber natürlich nicht nur Journalisten vorbehalten. Ganz im Gegenteil: Es wäre schlimm, wenn es so wäre. Die Beispiele, bei denen den Hetzern – egal ob nun neurechts oder altrechts – auch von lose organisierten Bürgern oder zivilgesellschaftlichen Initiativen mit Spott begegnet oder ihr eigentliches Anliegen sogar ins Gegenteil verkehrt wurde, sind zahlreich. »Endstation Rechts«, eine Webseite zur Beobachtung der rechten Szene, die selbst mit dem Label »Storch Heinar« seit Jahren Szenelabels durch den Kakao zieht, hat einige davon aufgelistet.[312] In Dresden mischten sich Aktivisten mit einem Plakat unter die Pegida-Spaziergänger, das auf den ersten Blick eine nationale Parole trug, auf den zweiten allerdings den Schriftzug »Homofürsten« erkennen ließ, eine Provokation, die offensichtlich bei Pegida niemand verstanden hatte. Bei einer Veranstaltung von MVgida, dem Pegida-Ableger in Schwerin, wurden Schilder mit der Internetadresse mvgida.de verteilt; pünktlich zu Demo-Beginn wurde dann aber eine Anti-MVgida-Seite freigeschaltet, mit den Kontaktdaten der lokalen Bundestagsabgeordneten, um mit diesen ins Gespräch zu kommen, wenn man denn tatsächlich konstruktiv über Probleme sprechen wolle. Außerdem gibt es dort Tipps zum Ausstieg aus der rechten Szene.

Eines der bestehenden Aussteigerprogramme, EXIT, zeichnete wiederum für eine Aktion anlässlich des jährlich am Volkstrauertag stattfindenden Neonaziaufmarsches in Wunsiedel verantwortlich. Dort wurde die Wegstrecke zum unfreiwilligen Spendenmarathon: Für jeden Meter, den die Rechtsextremen liefen, gingen 10 Euro an die Ausstiegsinitiative. Man könnte sagen, die Neonazis marschierten gegen sich selbst, begleitet von provokanten Aktionen; so waren Bananen, die zur Verpflegung ausgegeben wurden, mit einer Banderole versehen, auf der die Aufschrift »Mein Mampf« prangte. Am Ende kamen 10 000 Euro zusammen und die Demo-Teilnehmer bekamen »Siegerurkunden« mit Informationen zum Ausstieg. Das zugehörige Video von EXIT wurde inzwischen über anderthalb Millionen Mal angeklickt.[313] So macht die Auseinandersetzung mit menschenfeindlichem Gedankengut plötzlich irgendwie Spaß – und vor allem gewinnt man das Momentum zurück. Das ist ein wichtiger Schritt in die richtige Richtung.

Dass es allerdings nicht immer mit Humor geht, diese Erfahrung haben einige prominente Kirchenleute machen müssen, als sie klar gegen Pegida und Co. Stellung bezogen. Besonders heftig war der Aufschrei – in diesem Fall vor allem der Rechtskatholiken –, als sich sowohl der Erzbischof von Köln, Kardinal Rainer Maria Woelki als auch der Bamberger Erzbischof Ludwig Schick im Dezember 2014 deutlich gegen Pegida aussprachen. Beide gelten als konservativ und stehen nicht in dem Ruf, »liberale Reformkatholiken« zu sein. »Solche Retter des Abendlandes brauchen wir nicht«[314], ließ Woelki verlauten. Kurz darauf entschloss sich Domprobst Norbert Feldhoff, die Beleuchtung des Kölner Doms anlässlich der ersten Demonstration des Pegida-Ablegers in Köln abzuschalten, um ein Zeichen gegen Fremdenfeindlichkeit zu setzen. Daraufhin brach ein Sturm der Entrüstung los. Feldhoff war erschüttert ob des flagranten Rassismus, aber auch über die Reaktionen »gutbürgerlicher Katholiken«, die wegen dieser Aktion aus der Kirche austreten wollten.[315] Bei diesen scheint es mit der Glaubenstiefe nicht allzu weit her zu sein.

Dieselbe Erfahrung musste auch das Erzbistum Bamberg machen, nachdem Erzbischof Schick gegenüber dem *Deutschlandfunk* gesagt hatte, dass »Christen bei Pegida nicht mitmachen [dürfen]«[316]. Das Erzbistum wurde daraufhin ebenfalls mit Hassmails bombardiert. Auf der eigenen Facebook-Seite berichtete es darüber, dass »Verräter« und »Fahrt zur Hölle« »die häufigsten Wendungen der selbsternannten Retter des Abendlandes« gewesen seien. Und sogar Beschimpfungen wie »Ihr seid Maden« oder »widerliche Arschlöcher« seien darunter gewesen. Erzbischof Schick bot diesen Leuten jedoch die Stirn und bekräftigte seine Ablehnung von Pegida mit deutlichen Worten: »Wer bei Pegida teilnimmt, unterstützt Fremdenphobie.«[317]

Das konsequente Vorgehen von Presse und Aktivisten, online wie offline, zeigt inzwischen Wirkung. Es tut sich etwas in der Mitte, das Bürgertum fängt an, wieder Verantwortung zu übernehmen und gegen Hass und Ressentiments auf die Straße zu gehen. Die zahlreichen Pegida-Gegendemonstrationen in diversen Städten haben dies eindrucksvoll gezeigt. Lange Zeit waren Großdemonstrationen zumeist von den Gewerkschaften organisiert worden. Rote Fahnen unterschiedlicher linker Provenienz, von der Linkspartei über die MLPD bis hin zur DKP, prägten das Bild. Die bürgerliche Mitte blieb dagegen selbst bei wirklich wichtigen Themen tendenziell zu Hause.

Mit dem Aufkommen der Pegida-Bewegung hat sich das geändert. Teilen des Bürgertums ist klar geworden, dass hier eine ernsthafte Bedrohung von rechts im Entstehen begriffen ist. Und so kam es zu einem breiten Bündnis gesellschaftlicher Gruppen. Die Parteien – mit Ausnahme der AfD –, die Kirchen, die Zentralräte der Juden und Muslime, Kultureinrichtungen und viele andere stellten sich dem Hass entgegen. So sah man etwa bei der ersten Münchner Gegendemonstration kurz vor Weihnachten 2014 direkt vor der ehrwürdigen Bayerischen Staatsoper auch viele elegant gekleidete Menschen aus dem klassischen Bürgertum, die sich über die primitive Xenophobie von Pegida ebenso empörten wie eher linksgerichtete junge Studenten. Ein gutes Zeichen für die Vielfalt und für Wehrhaftigkeit der Zivilgesellschaft.

KAPITEL 12
DIE HERZEN ZURÜCKGEWINNEN –
WIE DER NEUANFANG GELINGEN KANN

Nun haben wir uns Gedanken darüber gemacht, wie man mit denjenigen umgeht, die mit Argumenten überzeugt werden wollen, und wie mit denjenigen, die an ihrem geschlossenen Weltbild sowieso nicht rütteln lassen. Was aber machen wir mit den vielen Wackelkandidaten, mit den Wankelmütigen, die sich mitreißen lassen, die ihrem Bauchgefühl folgen, die vielleicht auch einfach die Nähe derjenigen suchen, die gerade oben schwimmen und Erfolge feiern? Keine Frage: Der Verstand alleine hilft uns bei dieser Klientel nicht weiter. Man kann aufklären, man kann gegenhalten – aber begeistern, das ist etwas, was man nicht nur über einen rationalen Ansatz schafft. Vielmehr muss man positive Gefühle auch durch Emotionalität wecken, auf der zwischenmenschlichen Ebene und in Verbindung mit dem Schaffen von Vertrauen. Bloß: Wie genau geht das?

»Was Du nicht willst, was man Dir tu', das füg auch keinem andern zu«, diesen Ausspruch, der in einem Satz die wesentliche Erkenntnis von Kants kategorischem Imperativ zusammenfasst, kennt in Deutschland jedes Kind. Und der gilt natürlich auch dann, wenn der andere sich nicht daran halten will. Oder besser: Er sollte gelten. Denn seien wir ehrlich: Auch wenn wir im Verlauf dieses Buches reichlich Beispiele aufgezeigt haben, wo die Gegner der offenen Gesellschaft mit Lügen, Halbwahrheiten und Verkürzungen arbeiten, wo sie pauschalisieren und diskriminieren, mit dem Ziel, nicht nur das Individuum, sondern ganze gesellschaftliche Gruppen herabzuwürdigen, liefern auch die Verteidiger der offenen Gesellschaft nicht immer Glanzstunden der sauberen Argumentation ab. Das schadet am Ende vor allem der eigenen Sache. Denn auf nichts lauern die neurechten Aggressoren mehr als darauf, dass wir unsere eigenen Prinzipien verraten.

Ein gerne erhobener Vorwurf, mit dem Aktivismus und Argumente gegen rechte und neurechte Aktionen und Organisationen belegt werden, ist der, man ziele »pro forma auf die Faschisten – in Wirklichkeit wollen sie aber im gleichen Aufwasch auch noch alle Konservativen (oder alle Rechten) aus dem Verkehr ziehen«[318], wie es Armin Mohler ausgedrückt hat. Zumindest was einige klar linke Milieus angeht, kann man diese Problematik nicht ganz bestreiten. Und auch die oftmals stark überzogenen Aktionen der Antifa geben der Gegenseite eher Stoff für ihre Version der Geschichte – und lassen nebenbei auch gutes Engagement wie etwa das Flaggezeigen vieler Antifa-Gruppen gegen Judenhass in den Hintergrund treten. Die Herausforderung liegt also darin, klar zu differenzieren, wen man mit Kritik an neurechten Umtrieben meint – und wen nicht.

Wer sich für mehr Familienförderung einsetzt, vielleicht auch für eine Ausweitung der Mütterrente, oder aus Glaubensgründen gegen Abtreibung ist, muss zwar im Rahmen der demokratischen Auseinandersetzung mit Widerspruch rechnen – so wie die Vertreter der Gegenmeinung auch. Man sollte ihn aber nicht mit denjenigen in einen Topf werfen, die völkische Familienpolitik zum Leitmotiv erheben, um Minderheiten zu diskriminieren. Wer sachlich auf die zweifelsohne bestehende Problematik von Parallelgesellschaften hinweist und Lösungsansätze einfordert, der sollte nicht reflexhaft an die Seite von Thilo Sarrazin gestellt werden, der mit biologistischen und eugenischen Thesen die Herabwürdigung von Menschen betreibt. Und wer für eine gemäßigte Haltung in der Ukraine-Krise eintritt, sollte nicht in einen Sack gesteckt

werden mit denjenigen, die sich ein autoritäres, bürgerrechts-
feindliches und homophobes rechtes Regime wie in Russland
auch für Deutschland wünschen.

Dabei sollte man auch anerkennen, dass nicht alle Bürger,
die sich ereifern, inhaltlich *immer* nur Einbildungen und
Phantomen nachjagen. Nur weil jemand sich dumm ausdrückt, heißt das noch lange nicht, dass das Problem nicht
existiert. Das im Einzelfall zu prüfen, ist eine wichtige Herausforderung. Kommt man dann zu dem Ergebnis, dass an
der Sache etwas dran ist, sollte ein Gespräch folgen. Kommt
man allerdings zum Ergebnis, dass an der Sache nichts dran
ist, sollte man auf gar keinen Fall falsches Verständnis heu-
cheln.

Klare Worte sind dann die bessere Reaktion. Aber es müssen auch die richtigen Worte sein. Peter Glotz hat schon kurz
vor der Wiedervereinigung davor gewarnt, die Republikaner
und ihre Anhänger pauschal zu verunglimpfen: »Wenn alle
Neonazis wären; wenn wir das Wort ›Faschismus‹ benutzten
wie der betrunkene Kleinbürger das Wort ›Hure‹; als schärfste
Form der Beschimpfung, abstrahierend von seinem Sinn«,
dann verlören die Demokraten ihr Deutungsvermögen. »Es
ist absurd, die eigene Sprache auf ein solch primitives Niveau
herabzuwürdigen, dass man für ganz verschiedene Gegner
nur noch einen Begriff hat.«[319] Das gilt heute in identischer
Weise. Klassische Nazis oder Neonazis findet man bei AfD,
Pegida und Co. eher selten, insofern ist der entrüstete Ausruf
»Wir sind keine Nazis«, der vielfach seinen Weg in die Mikros
deutscher Radio- und Fernsehstationen findet, durchaus ernst-
zunehmen.

Vielleicht öffnet die verbale Abrüstung bei dem einen oder
anderen ja die Tür, die verschlossen bliebe, wenn er sich als
Nazi beleidigt sähe. Der Vorwurf, einem völkischen, anti-
demokratischen Weltbild anzuhängen, das Hitler ungewollt
den Weg freigemacht hat, wiegt auch ohne die »Nazi-Keule«
schwer genug. Es hilft ja auch alles nichts: mit dem Phänom

muss man sich auseinandersetzen, egal unter welchem Begriff. Eine Anekdote aus der Zeit, als Daniel Cohn-Bendit noch im Frankfurter Magistrat tätig war, illustriert die Problematik der übertriebenen Vereinfachung ganz gut. Auf die laut hörbaren »Nazis raus!«-Rufe bei einer Veranstaltung antwortete er, der überzeugte Antifaschist, mit der Frage: »Aber wohin?« Mit einer Stigmatisierung alleine ist noch nicht allzu viel erreicht. Schlimmstenfalls sorgt sie sogar dafür, dass die gute Absicht ins Gegenteil kippt. Denn Diskriminierung mit Diskriminierung zu bekämpfen, das widerspricht einem Grundprinzip der offenen Gesellschaft. Es braucht also andere Ideen.

Die gute Nachricht ist: In dieser Frage gibt es eine Bevölkerungsgruppe, an der wir uns orientieren können – nein: sollten! Die Rede ist von den deutschen Juden. Die hatten es in den letzten hundert Jahren selten leicht in Europa, schon gar nicht in Deutschland. Auch heute sind sie wieder die Leidtragenden mancher Radikalisierungstendenzen in der Gesellschaft. Bei den islamistischen Anschlägen in Paris starben gleich mehrere Juden, die Zahl der Übergriffe steigt insgesamt wieder an. Keine Synagoge kann betrieben werden ohne Sicherheitsmaßnahmen, Lagebesprechungen mit der Polizei über das aktuelle Ausmaß der Bedrohung durch rechte und arabische Kriminelle gehören zum Tagesgeschäft eines jeden Gemeindevorstandes. Im Sommer 2014 waren auf Demonstrationen gegen den Gaza-Krieg Hassparolen wie »Juden in das Gas!« oder »Jude, Jude, feiges Schwein!« zu hören, oftmals gebrüllt von Muslimen, aber beileibe nicht nur.

Nun könnte man die deutschen Juden fast verstehen, wenn sie sich etwa gegen den Islam an sich stellen würden, sogar wenn sie den Deutschen insgesamt den Spiegel vorhalten würden. Nur tun sie genau das nicht – sondern das Gegenteil. Gerade die deutschen Juden sind inzwischen so etwas wie die Kanarienvögel in den Kohlegruben: Sie spüren das Ressentiment schon lange, bevor es andere auch nur erahnen. Und die

Angst vor genau diesem, vor dem Ressentiment an sich, ist es, was jüdische Vordenker dazu bringt, sich von Pauschalisierungen fernzuhalten. Sie zeigen uns allen, wie man auch unter schwierigsten emotionalen Umständen cool bleibt und seine Prinzipien hochhält – eine echte Inspiration!

Der jüdische Publizist Michel Friedman hatte schon im letzten Sommer in der *Bild* auf die Frage, ob ihm der Islam Angst mache, geantwortet, nicht der Islam, sondern Islamisten machten ihm Angst – und nicht nur, weil er Jude, sondern auch, weil er Bürger eines toleranten und weltoffenen Landes sei. Und er schob einen wichtigen Satz nach: »Man bekämpft diesen Judenhass nicht durch einen neuen Hass auf Muslime.«[320] Ähnlich äußerte sich der Zentralrat der Juden: Pegida etwa nannte man dort »brandgefährlich«, weil die Angst vor islamistischem Terror instrumentalisiert werde, um eine ganze Religion zu verunglimpfen.[321] Und was blinder Hass gegen eine ganze Religionsgemeinschaft bedeutet, weiß man als Jude ganz genau.

In Umkehrung der Naziforderung: »Deutsche, kauft nicht bei Juden« möchte man daher inzwischen fordern: »Deutsche, hört auf Eure Juden!« Wer wüsste besser als sie, dass der Erfolg des Ressentiments gegen eine Minderheit selten vor anderen Minderheiten haltmacht? Wer Muslime unter Pauschalverdacht stellt, sie vielleicht sogar in ihrer Religionsfreiheit einschränken will, der findet irgendwann auch einen Grund, Juden, Homosexuelle, Frauen oder Arbeitslose zu unterdrücken. Oder irgendeine andere »Randgruppe«, irgendeine andere noch zu definierende Minderheit. Die Kreativität derjenigen, die auf der Suche nach jemandem sind, den sie herabwürdigen können, scheint kaum endlich.

Die deutschen Juden haben gelernt, dass man auf Dauer nur mit kühlem Kopf und einem Einsatz für eine Gesellschaft ohne Hass überleben kann. Die Bedrohung, die nun auch die Mehrheitsgesellschaft getroffen hat, ist seit Jahrzehnten für sie alltäglich. Der Ruf nach totaler Sicherheit und einem Ende von Weltoffenheit und Freiheit ist von ihnen dennoch nie zu hören gewesen. Auch wenn wir uns an diesem Ideal orientieren wollen, sollten wir sichergehen, dass es nicht falsch verstanden wird: Weder die jüdische Gemeinschaft noch der Rest der Mehrheitsgesellschaft können ein Interesse daran haben, dass die Demokratie zu sanft – oder anders gesagt: nicht wehrhaft genug – wirkt. Um es klar zu sagen: Eine richtig verstandene und wirklich gelebte Demokratie ist kein Schwächling. Sie gibt den Menschen zwar Platz für ihre jeweils eigenen Lebensmodelle, sie ermutigt sie im besten Falle sogar dazu, ihr eigenes Glück zu suchen. Sie ist deshalb aber nicht beliebig und sie lässt nicht zu, dass jemand ihre Offenheit ausnutzt, um die Demokratie und die offene Gesellschaft in Zweifel zu ziehen.

Wenn Reichsbürger die Gesetze in Frage stellen, müssen sie mit der vollen Härte genau dieser Gesetze daran erinnert werden, dass sie sich damit außerhalb des gesellschaftlichen Konsens bewegen und ihren Mitbürgern schaden. Das dürfte jeder Demokrat, unabhängig davon, ob er sich nun als Linker, als Liberaler oder als Konservativer versteht, unterschreiben. Genau dasselbe gilt grundsätzlich auch für die Grenzen der Meinungsfreiheit, die in politischen Fragen ja erst mit der Leugnung des Holocaust, Volksverhetzung und ähnlich schwerwiegenden Entgleisungen überschritten werden. Das hat mit Meinung dann sowieso nichts mehr zu tun. Sich auf die Durchsetzung der Gesetze durch Behörden und Gerichte alleine zu verlassen, reicht allerdings derzeit nicht mehr aus. Wir als verantwortliche Staatsbürger sind gefragt. Auch wenn das bedeutet, dass wir uns an manchen Stellen aus den gemütlichen Armsesseln erheben und in Bewegung setzen müssen.

Zum einen, und das hört sich vielleicht zunächst ein wenig banal an, kann Recht nur durchgesetzt werden, wenn eine Übertretung bekannt ist. Das Internet dürfe kein rechtsfreier Raum sein, heißt es zwar allenthalben. In Teilen hat es sich aber längst dazu entwickelt. Die Taktik derjenigen, die die

Grenzen des Machbaren jeden Tag aufs Neue austesten – und diese dabei kontinuierlich verschieben, scheint zu sein: Wenn volksverhetzende, antisemitische und beleidigende Inhalte in einer großen Menge verbreitet werden, kann keine Staatsanwaltschaft der Welt dem mehr Einhalt gebieten. Man könnte sich als Privatperson jeden Tag rund um die Uhr damit beschäftigen, entsprechende Inhalte zu melden, und käme trotzdem nicht hinterher. Wenn aber jeder ein wenig die Augen offenhält und tätig wird – oftmals lassen sich Anzeigen inzwischen online aufgeben –, kann man schon etwas bewirken.

Fündig wird man auf einschlägigen Internetseiten ebenso wie in den sozialen Netzwerken, und dort nicht nur auf offen rechtsextremen Seiten, sondern auch auf den Seiten der AfD, wo oftmals nach dem Motto verfahren wird: »Hetze bleibt stehen, wir wollen ja unsere Wähler nicht verärgern; Kritik daran wird sofort gelöscht und die Person geblockt.« Je mehr Hetzer mit der Justiz zu tun bekommen, desto mehr Menschen werden sich in Zukunft sehr genau überlegen, ob sie ihren menschenfeindlichen Impulsen wirklich freien Lauf lassen. Ins Gefängnis kommt man für entsprechende Vergehen zwar eher nicht, teuer wird es aber doch. Und wie, wenn nicht über den Geldbeutel, bringt man diejenigen zur Raison, die Argumenten schon lange nicht mehr zugänglich sind?

Mit den zu erwartenden Beleidigungen als »Blockwart« und »Denunziant« und was den neurechten Wortakrobaten sonst noch so einfällt, muss man natürlich umgehen. Man darf sich davon nicht beeindrucken lassen und muss sich bewusst machen, dass man hier nicht etwa »Gedankenpolizei« in einer Diktatur spielt, sondern letztlich der wahren Meinungsfreiheit hilft, nicht von ihren Gegnern gekapert zu werden. Und spätestens nach der Lektüre dieses Buches sollte man wissen, dass die neurechten Agitatoren genau Letzteres wollen. Das sollte umso mehr motivieren, sich nicht von dem Weg abbringen zu lassen. Vielleicht hilft auch folgendes Gedankenspiel: Würde Adolf Hitler heute leben und wäre er im

Internet unterwegs, er käme vermutlich kaum mehr dazu, seine Machtübernahme voranzutreiben, weil er sich mit einem Strafbefehl nach dem anderen herumschlagen müsste. Aber eben nur, wenn jemand wachsam wäre. Die Weimarer Republik war alles, aber keine wehrhafte Demokratie. Man soll ja aus Fehlern lernen, heißt es – und das sollten wir an dieser Stelle tun und es besser machen. Die Wehrhaftigkeit einer Demokratie, die nicht zum Polizeistaat verkommen will, lebt immer in erster Linie von der Wehrhaftigkeit ihrer Bürger. Dazu brauchen wir nicht in jedem Haushalt eine Waffe, sondern nur in den Köpfen die richtige Einstellung.

Der römische Dichter Lucius Accius hat schon vor Christi Geburt eine seiner Figuren den Satz sagen lassen: »Mögen sie hassen, wenn sie nur fürchten.« In diesen Worten steckt die Erkenntnis, dass sich der Hass niemals ganz beseitigen, sondern höchstens kontrollieren lässt. In der damaligen Zeit, davon darf man ausgehen, wurde die Furcht durch Gewalt und Willkür am Leben gehalten – ein System, mit dem bis heute totalitäre Regime ihre Untertanen in der von ihnen vorgegebenen Spur halten. In einer Demokratie fürchtet man höchstens die Sanktionen des Rechtsstaats, wenn man sich an dessen weit gefasste, von Volksvertretern ausgehandelte Regeln nicht hält. Das Prinzip bleibt dasselbe: Den Hass auszumerzen, ist nicht möglich, aber mit glaubhaften Sanktionen hält man ihn im Zaum.

Nun ist die Frage berechtigt, was dieser Aufruf, sich um die Durchsetzung des Rechts zu bemühen, in einem Kapitel zu suchen hat, in dem es darum geht, die Herzen zurückzugewinnen. Die Antwort mag sich auf den ersten Blick kontraintuitiv anfühlen, doch wenn man ein wenig darüber nachdenkt, sollte sie schon Sinn ergeben. Wenn man den Neurechten einen Charakterzug wirklich zuschreiben kann, dann ist es der, dass sie Konsequenz und Härte mögen. Es ist die vermeintliche Verweichlichung, die sie der westlichen Gesellschaft vorwerfen. Es ist die Suche nach dem demokratischen Kompromiss, den sie ablehnen, der in den Parlamenten, die sie als Quasselbuden empfinden, stattfindet. Eine Gesellschaft nun, die als Reaktion auf einen Angriff – *ihren* Angriff – hart zurückschlägt, wird daher ironischerweise eher ihren Respekt ernten, als eine, die so dumm ist, auf ihre Härte mit Streicheleinheiten zu reagieren. Darüber hinaus hat diese Strategie natürlich auch auf Unbeteiligte einen Sogeffekt: Wenn eine wachsende Zahl von Bürgern aufsteht, um die Basis des Gemeinwesens auch im Internet zu verteidigen, ergibt sich im besten Falle eine ganz eigene Dynamik, die dafür sorgt, dass man dabei sein will, auf der Seite derjenigen stehen möchte, die für das Gute und gegen den Hass kämpfen.

Keine Frage, wir brauchen mehr Engagement und auch ein bisschen Mut. Keinen Todesmut allerdings, eher so etwas wie Zivilcourage. Damit es gar nicht so weit kommt wie in Russland, wo eine rechte, autoritäre Führung Regimekritikern oftmals ihre Existenzgrundlage, manchmal aber sogar das Leben nimmt. Diese Courage braucht es nicht nur im virtuellen Raum, sondern gerade in der Realität, wenn das Gespräch auf Politik kommt. Denn auch dort wird – und zwar nicht nur am sprichwörtlichen Stammtisch – immer wieder an den Tabus gerüttelt, die wir brauchen, um das Zusammenleben angenehm zu gestalten. Um es klar zu sagen: Wir reden damit nicht einer tatsächlichen »Political Correctness« das Wort und damit einer Ausweitung der Tabuzone dessen, was man nicht sagen darf. In dieser Frage setzt das Strafrecht klare Grenzen und diese sollten auch genügen. Uns geht es vielmehr darum, so etwas wie eine Imprägnierung gegen platte Ressentiments sicherzustellen. Die Aussagen, dass »alle Neger stinken« oder »Rumänen alle klauen«, sollten nicht verboten, sondern vielmehr von denen, die solche Sätze hören, geächtet werden. So wird das Tabu dadurch institutionalisiert, dass man dem »Man wird ja wohl noch sagen dürfen« ein »Nein, darf man nicht« entgegenhält, ohne dass damit eine irgendwie geartete juristische Konsequenz verbunden wäre.

Wenngleich es sich inzwischen eingebürgert hat, Tabus grundsätzlich schlecht zu finden – so einfach sollte man es sich nicht machen. Auch Begriffe wie Anstand und Rücksichtnahme basieren letztlich auf Tabus. Manche von ihnen unterliegen Moden und einem zeitlichen Wandel, etwa wenn es um Kleidung oder Sexualität geht. Andere Tabus wiederum sichern das gedeihliche Zusammenleben unterschiedlichster Menschen. Es verwundert daher nicht, dass diejenigen, die die Axt an die Pfeiler unserer Gesellschaft legen wollen, sich den Kampf gegen Tabus auf die Fahnen geschrieben haben. Denn bevor die Menschen in westlichen Gesellschaften nach autoritären Lösungen zu schielen oder gar zu rufen beginnen, braucht es eine komplette Dekonstruktion, einen kompletten Zusammenbruch des bestehenden Systems, um dieses vollends zu diskreditieren und eine Offenheit für neurechte Gedanken zu schaffen.

Denjenigen allerdings, die einem mit diesem Ziel das Mantra von AfD und Co. entgegenschleudern, man müsse an den Tabus der »Political Correctness« rütteln, kann man das eine oder andere Eingeständnis ihrer Vordenker zum Kauen geben. Gerade AfD-Mann Gauland etwa stellte in der Vergangenheit fest: »Die konservative Reaktion dagegen muss eine Entwicklung zu mehr festen Überzeugungen, zu mehr Tabus und Dogmen sein.«[322] Noch klarer formulierte es der neurechte Deutungspapst Karlheinz Weißmann: »Der Irrtum oder die vorgeschobene Behauptung der Linken war ja, dass eine Existenz ohne Tabus, ohne Bindung, ohne Institutionen möglich sei. Davon ist keine Rede. Es geht nur darum, dass die richtigen Leute mit den richtigen Vorstellungen die Tabus setzen, die Bindungen schaffen und erhalten und die Institutionen führen.« Auf die Nachfrage seines Gesprächspartners, wer denn nun die »richtigen Leute« seien, antwortete er mit entwaffnender Arroganz: »Wir.«[323] Frei nach dem Motto: Ich mag die neuen Tabus nicht, gib mir meine alten zurück. Das nennt man dann wohl Utilitarismus.

Weltbild multi-kulti

Tabus haben vor allem eine soziale Hygienefunktion. Oder anders ausgedrückt: Auch in einer Demokratie gibt es keine Pflicht, jeden Schwachsinn zu debattieren. Wer mitreden und mitgestalten will, der muss zumindest zu ernsthaften Diskussionen und auch zu Kompromissen bereit sein. Wer seine Meinung absolut setzt, wer keine anderen Argumente gelten lässt, steht außerhalb der Runde. Das gilt ebenso für all diejenigen, die ganze Bevölkerungsgruppen als Feindbild etablieren wollen. In einer Gesellschaft, in der das Individuum zählt und Sippenhaft nicht gilt, ist das der Moment, das Gespräch abzubrechen – und dem Gegenüber das auch deutlich mitzuteilen.

Die Erfahrung zeigt: Lässt man sich auf solche Gespräche ein, kann man fast nur verlieren, weil die Vertreter dieses Weltbildes mit immer neuen vermeintlichen Beweisen antreten, die zu widerlegen unheimlich anstrengend ist, selbst wenn sie oftmals erstunken und erlogen sind. Wer sich darauf einlässt, darüber auch nur zu diskutieren, ob der pure Hass gegenüber einer bestimmten Gruppe von Menschen nicht von dieser selbst zu verantworten sei, ermöglicht denen, die diesen kranken Gedanken vertreten, schon den ersten Erfolg. Wie bereits beschrieben: Hass braucht keine Begründung. Er existiert um seiner selbst willen. Deswegen ist es auch müßig, nein, sogar falsch, Gründe für den Hass zu suchen und ihm damit eine Legitimität zu geben, die er niemals besessen hat und niemals besitzen wird.

Solange wir den Hass nicht wirksam eingedämmt, den Umgang mit ihm nicht erfolgreich eingeübt und ihn dorthin zurückgedrängt haben, wo er keinen Schaden anrichtet, bleibt er allerdings eine der größten Stärken der Radikalen. Und das gilt weit über die neuen Rechten hinaus. Diese Emotionalität, auch wenn es eine negative ist, haben sie uns, die wir vielleicht Patrioten, aber dann doch eher Verfassungs- als Nationalpatrioten sind, voraus. Während wir unsere Position alleine mit Ratio zu verteidigen suchen – und oft genug noch nicht einmal damit, sondern vielmehr überzeugt durch ein Erfahrungswissen, dass alles nicht so schlecht ist –, sind sie in der Lage, die Ratio weitgehend auszuschalten. Sie werden zu »Glaubenskriegern«, und deren Durchschlagskraft, das lehrt die Geschichte, sollte man wahrlich nicht unterschätzen.

Die Emotion gilt in aufgeklärten, liberalen Demokratien als hässliches Entlein an der Seite des schönen Schwans der vollendeten Argumentation. Wenn sie nicht gleich ganz als unfein gilt, hat sie doch – wenn sie etwa als Hass daherkommt – die Fähigkeit, die Ratio zu übertrumpfen. Dabei wird übersehen, dass Emotionen dem Verfolgen der Ziele eines Staates oder einer Gemeinschaft »eine neue Dynamik und Tiefe« verleihen können, wie es die amerikanische Philosophin Martha C. Nussbaum formuliert hat. Sie können aber auch, und damit sind wir wieder bei den Radikalen, »Spaltungen und Hierarchien, Gleichgültigkeit oder Borniertheit schaffen oder verstärken«, wenn sie von den falschen Menschen adressiert werden.[324] Es ist daher wichtig, sich auch mit dieser, der emotionalen Ebene zu beschäftigen. Virtuos wäre eine verantwortungsvolle Verknüpfung der beiden Ebenen. Und vielleicht braucht es dazu auch wieder mehr Symbolik, ein Thema, das vielen europäischen, laizistisch geprägten Staaten zunehmend fremd ist. Auf jeden Fall muss die Frage, wie man es schafft, über eine Emotionalisierung sowohl das Interesse der Bürger an als auch ihr Zugehörigkeitsgefühl zu einer offenen, toleranten, positiv gestimmten Wertegemeinschaft zu stärken, wieder in den Mittelpunkt der Debatte rücken.

Rousseaus »Zivilreligion« im Nachgang der Französischen Revolution setzte das, was man als das Gute definiert hatte, absolut. Deshalb war sie auch mit Zwang verbunden. Das ging gehörig schief, und es steht den Freunden der offenen Gesellschaft gut zu Gesicht, daraus ein und für alle Mal zu lernen. Unser Verfassungspatriotismus kennt dieses Problem zwar nicht, er hat aber ein anderes: Er überzeugt auf der emotionalen Ebene nicht. Das erklärt auch, warum denen, die die

Grundlagen unserer Gesellschaft in Frage stellen, zu selten der Wind steif ins Gesicht bläst. Zwar bevorzugt die Mehrheit der Bürger das derzeitige Modell gegenüber dem der Neurechten. Dafür öffentlich kämpfen würden sie aber derzeit wohl nicht – dafür berührt es sie einfach zu wenig. Darüber dürfen auch die beschriebenen positiven Anzeichen nicht hinwegtäuschen, es ist zu früh, um Entwarnung zu geben. Das Engagement bleibt allzu oft noch denjenigen überlassen, die dafür von Amts wegen zuständig sind, Politikern vor allem. Aber das reicht eben nicht.

Der mündige Bürger sollte sich nicht zwischen den Wahlen entspannt in die Hängematte legen und delegieren. Natürlich muss er dann auch entsprechend ausgestattet werden, und zwar nicht nur inhaltlich, sondern auch, was die Instrumente angeht. »Die Dissenskultur verlangt nicht nur das Fehlen von Kontrolle im Sinne Comtes, sondern auch die bewusste Förderung der Fähigkeit, anderen mit eigenen Argumenten entgegenzutreten«, wie Martha Nussbaum es beschrieben hat.[325] Logik und Argumentationstechnik, Recherche- und Medienkompetenzen, Debattierfähigkeit und Rhetorik sind in diesem Sinne vermutlich wichtigere Lernfelder für die Schüler der Zukunft als die Frage, wie viele Abgeordnete der Deutsche Bundestag hat und wer wann Bundespräsident war. Dabei müsse man, wie Nussbaum überzeugt ist, »das Augenmerk auf die menschliche Psyche richten, soweit diese erforscht ist, und man darf von den Menschen nichts verlangen, was sie gar nicht oder nur unter großen Anstrengungen liefern können. [...] Doch wir wollen auch keine politische Kultur, die den Menschen nur auf die Schulter klopft, sondern eine, die versucht, die Dinge in der Welt besser und gerechter zu gestalten, als sie heute sind.«[326] Genau an dieser Stelle setzen Vanessa Boysen und Rainer Sax an, die in Hamburg das private »Humanist Lab« betreiben. Der Auslöser dafür war ihre Beobachtung, dass bis in die bürgerliche Mitte hinein eine große Unsicherheit zu ganz grundsätzlichen Themen herrscht. »Wesentliche Begriffe wie Demokratie und Menschenrechte sind zwar noch geläufig, aber stark verschwommen. Selbst Akademiker sind heute nicht mehr flächendeckend in der Lage, einigermaßen fundiert zusammenzufassen, was etwa die parlamentarische Demokratie ausmacht«, stellten Boysen und Sax fest. Sie vermuten, dass die lange Friedenszeit mit dafür gesorgt hat, dass die Demokratie für viele Menschen wie eine Selbstverständlichkeit wirkt. »Wir sind es nicht mehr gewohnt, unsere demokratischen Überzeugungen zu begründen, da mit der Wende scheinbar das Gegenüber weggefallen ist.«

Boysen und Sax wollen daher in ihrem »Humanist Lab« mit den Menschen ins Gespräch kommen und gemeinsam eine humanistische Kultur des praktischen Philosophierens pflegen. Sie wollen mit ihren Workshops die Brücke aus der Theorie in die Praxis schlagen, oder so wie sie es ausdrücken: »Es reicht nicht sich auf das humanistische Menschenbild zu berufen. Das ist zu abstrakt für die meisten Menschen. Vielmehr muss man es an Beispielen begreifbar und in der politischen Praxis erlebbar machen.« Darüber hinaus plädieren Boysen und Sax auch für eine positive Haltung des Experimentierens: Bei komplexen Themen müsse das spekulative Ausloten von Positionen und Lösungen erlaubt sein. Die in unserer Talkshow-Realität gepflegte Empörungsökonomie sei dabei allerdings sehr hinderlich. Vermutlich ist das eine Aufgabe, der sich Politik, Medien, Religionsvertreter, Wissenschaftler, Künstler – alle, die eine fundierte Basis und eine eigene Stimme mitbringen sollten – gemeinsam stellen müssen. Aber warum eigentlich nicht?

Auch wenn die Aufgaben manchmal übermächtig wirken: Wir wollen den Anspruch, diese Welt ein wenig besser zu machen, nicht aufgeben. Den Kulturpessimismus überlassen wir den anderen. Zumal wir erlebt haben, dass es durchaus anders gehen kann. Darauf weist auch Professor Claus Dierksmeier vom Weltethos-Institut hin: »Zwischen 1989 und 2001 herrschte ein Zukunftsvertrauen, das seit 9/11 unter Druck geraten ist.« Krisenerfahrungen, so ist er überzeugt, bringen immer die Gefahr mit sich, sich ins Bekannte – und auf die eigene Wahrheit – zurückzuziehen. Daraus entstünden dann gesamtgesellschaftliche Radikalisierungstendenzen. »Wir stehen vor der großen Herausforderung, wieder Vertrauen in einen gemeinsamen Weg in eine friedliche Welt zu rechtfertigen«, glaubt Dierksmeier. Aber er ist auch überzeugt, dass es möglich ist – auf der Basis bewährter weltethischer Prinzipien, die alle Kulturen vereinen und dialogisch orientieren.

Daran anknüpfend werben wir dafür, gerade im reichen Westen nicht nur mit heiligem Zorn das einzufordern, was man glaubt, verdient zu haben, sondern auch den Blick einmal nach links und rechts zu richten, Mitgefühl zu entwickeln. Das ist übrigens keine Sache der wirtschaftlichen Situation, es ist eine Frage der Erziehung und der Übung. Wir werben dafür, dass man sich klarmacht, dass vieles von dem, mit dem Menschen kämpfen, was sie etwa als Flüchtlinge hierher treibt, jedem von uns grundsätzlich passieren könnte. Wären wir in einem anderen Jahrhundert oder einen anderen Land geboren, in einer anderen Staatsform oder in eine andere Religion hinein, wer weiß, wie es uns gehen würde?

Wir werben für mehr Mut zur Meinung, auch wenn sie vielleicht nicht immer bei allen auf Gegenliebe stößt. Daran mangelt es den Gegnern unserer offenen Gesellschaft ja auch nicht. Das gilt übrigens auch und im Besonderen für die Politik und die Medien: Gebt die Pseudoneutralität auf und bekennt Euch! Denn nur wer klare Positionen bezieht, begeistert die, die seine Meinung teilen – und verdient sich damit auch den Respekt derjenigen, die das nicht tun. Herumlavieren, die eigene Meinung bis zur Unkenntlichkeit in Nebelwände hüllen, das braucht in diesen Zeiten wirklich niemand. Mehr Rückgrat, das täte uns allen gut. Aus einer demütigen Haltung heraus, aber mit Begeisterung vertreten. Packen wir es an. Im Namen der Aufklärung.

ANHANG

Statt einer Danksagung

Normalerweise wäre hier der Ort für eine Danksagung an all diejenigen, die zum Gelingen dieses Buches beigetragen haben. Man würde all die Menschen aufzählen, die einen inspiriert haben, aber natürlich auch diejenigen, die einem mit Rat und Tat, mit Recherche und Lektorat, mit Motivation und Geduld zur Seite standen. Bei einem Buch wie diesem verbietet sich das, weil man nie weiß, wie die Reaktionen derjenigen, die Gegenstand des Werks sind, ausfallen werden.

Wir danken daher anonym und wollen ansonsten den gewonnenen Platz dafür nutzen, noch einmal jeden einzelnen dazu aufzurufen, sich zu engagieren. Lassen Sie uns dieselben Methoden nutzen, die die neurechten Strategen entwickelt haben, und wenden wir sie gegen sie selbst. Lassen Sie uns gemeinsam die Diskurshoheit zurückgewinnen, kommen wir heraus aus der Defensive. Wir brauchen Magazine und Online-Medien, Salons und Bürgerinitiativen, die sich bekennen. Lassen Sie uns gemeinsam unsere kleinen Netzwerke zu einem großen verweben. Und lassen Sie uns das mit Überzeugung, mit feurigem Herzen und kühlem Verstand tun. Dann sind wir unbezwingbar.

Wenn wir diese Herausforderung annehmen, schreibt vielleicht irgendwann einmal jemand aus der nächsten Generation ein Buch darüber. Wer weiß das schon. Und vielleicht stehen dann all die Namen, die heute nicht genannt werden können, in der Danksagung jenes Buches. Das ist doch ein schöner Gedanke.

Anmerkungen

1 Goodwyn, Lawrence: *Democratic Promise – The Populist Moment in America.*

2 Pirinçci, Akif: *Deutschland von Sinnen*, S. 61.

3 Pirinçci, Akif: »Das Schlachten hat begonnen«, http://www.achgut.com/dadgdx/index.php/dadgd/article/das_schlachten_hat_begonnen.

4 Pirinçci, Akif/Lombard, Andreas: *Attacke auf den Mainstream*, S. 9.

5 Ebd., S. 205.

6 Federl, Fabian: »Hausfriedensbruch im sächsischen Landtag«, http://www.tagesspiegel.de/politik/bei-pegida-demonstration-hausfriedens bruch-im-saechsischen-landtag/11191172.html.

7 Riha, Clemens: »Auf dem Rittergut«, http://www.3sat.de/page/?source=/kulturzeit/themen/156133/index.html.

8 Kubitschek, Götz: »Die Strahlkraft der KR«, in: *Sezession* 44, S. 10.

9 Weißmann, Karlheinz: *Unsere Zeit kommt*, S. 10 f.

10 Riha, Clemens: »Auf dem Rittergut«, http://www.3sat.de/page/?source=/kulturzeit/themen/156133/index.html.

11 Ebd.

12 O. V.: Citoyen, http://de.wikipedia.org/wiki/Citoyen.

13 Piehler, Moritz: »Pegida-Talk bei Günther Jauch: Wohltuende Klarheit«, http://www.spiegel.de/kultur/tv/guenther-jauch-ard-talk-zu-pegida-mit-gesine-schwan-und-bernd-lucke-a-1008448.html.

14 Nietzsche, Friedrich: *Zur Genealogie der Moral*, S. 28.

15 Sartre, Jean-Paul: »Überlegungen zur Judenfrage I«, in Sartre, Jean-Paul: *Überlegungen zur Judenfrage*, S. 15 ff.

16 Glucksmann, André: *Hass – Die Rückkehr einer elementaren Gewalt*, S. 10.

17 Bspw. abrufbar unter http://www.udoklinger.de/Deutsch/Fabeln/LaFontaine.htm#Der_Wolf_und_das_Lamm.

18 Daimagüler, Mehmet Gürcan: *Kein schönes Land in dieser Zeit*, S. 69 f.

19 Ebd., S. 70.

20 O. V.: »Verdoppelung der Gewalt gegen Migranten und Flüchtlings-unterkünfte«, http://www.swr.de/report/pegida-demos/27/-/id=233454/mpdid=14967298/nid=233454/did=14756452/1oxl0m8/index.html.

21 Friedman, Michel: »Mein Zuhause war ein Friedhof«, http://www.welt.de/politik/ausland/article136765705/Mein-Zuhause-war-ein-Friedhof.html.

22 Sartre, Jean Paul: »Überlegungen zur Judenfrage I«, in Sartre, Jean Paul: *Überlegungen zur Judenfrage*, S. 15.

23 Ebd.

24 Ebd., S. 33.

25 Weißmann et al.: »Parolen der Konservativen Revolution«, in: *Sezession* 44, S. 43.

26 Jung, Edgar Julius: *Die Herrschaft der Minderwertigen.*

27   Menzel, Felix: »Der Puls Europas«, http://www.sezession.de/44264/ 44264.html/2.

28   Jung, Edgar Julius: *Die Herrschaft der Minderwertigen*, S. 552 f.

29   Ebd., S. 553 f.

30   O. V.: Carl Schmitt, http://de.wikipedia.org/wiki/Carl_Schmitt.

31   Schmitt, Carl: *Der Begriff des Politischen*, S. 55.

32   Zitiert in Mohler, Armin: *Gegen die Liberalen*, S. 72.

33   Mohler, Armin: *Gegen die Liberalen*, S. 17.

34   Gauland, Alexander: *Anleitung zum Konservativsein*, S. 49 f.

35   Ebd., S. 55.

36   Ebd., S. 69.

37   Jung, Edgar Julius: *Die Herrschaft der Minderwertigen*, S. 575.

38   Sarrazin, Thilo: *Deutschland schafft sich ab*, S. 11.

39   Jung, Edgar Julius: *Die Herrschaft der Minderwertigen*, S. 577.

40   Schwarz, Moritz: »Über den Volkstod reden«, http://jungefreiheit.de/ service/archiv/?www.jf-archiv.de/archiv10/201036090310.htm.

41   Ebd.

42   Jung, Edgar Julius: *Die Herrschaft der Minderwertigen*, S. 540.

43   Ebd.

44   Ebd., S. 675 f.

45   O. V.: Hepp, Robert, http://www.monarchieliga.de/index.php?title= Hepp,_Robert.

46   Glotz, Peter: *Die deutsche Rechte*, S. 38.

47   Gauland, Alexander: *Anleitung zum Konservativsein*, S. 96.

48   Moeller van den Bruck, Arthur: *Das dritte Reich*.

49   Mohler, Armin: *Gegen die Liberalen*, S. 8.

50   Benoist, Alain de: *Mein Leben*, S. 269.

51   Hepp, Robert, zitiert nach: Glotz, Peter: *Die deutsche Rechte*, S. 145.

52   Menzel, Felix/Stein, Philip: *Junges Europa*, S. 88.

53   Schmitt, Carl: *Die geistesgeschichtliche Lage des heutigen Parlamentarismus*, S. 20.

54   Schmitt, Carl: *Der Begriff des Politischen*, S. 38.

55   Jung, Edgar Julius: *Die Herrschaft der Minderwertigen*, S. 678.

56   Weiß, Volker: *Deutschlands Neue Rechte*, S. 12.

57   Kubitschek, Götz: »Björn Höcke, Stefan Scheil und die AfD – ein Doppelinterview (Teil 2)«, http://www.sezession.de/47122/bjoern-hoecke-stefan-scheil-und-die-afd-ein-doppelinterview-teil-2.html/3.

58   Moeller van den Bruck, Arthur: *Das dritte Reich*, S. 3.

59   Mohler, Armin: *Gegen die Liberalen*, S. 16.

60   Lichtmesz, Martin in: Mohler, Armin: *Gegen die Liberalen*, S. 78.

61   Ebd., S. 52.

62   Mohler, Armin: *Gegen die Liberalen*, S. 52.

63   Ebd., S. 17.

64   Benoist, Alain de: *Mein Leben*, S. 269.

65   Menzel, Felix: »Der Puls Europas«, http://www.sezession.de/44264/ 44264.html/2.

66   Moeller van den Bruck, Arthur: *Das dritte Reich*, S. 128.

67 Jung, Edgar Julius: *Die Herrschaft der Minderwertigen*, S. 575.

68 Moeller van den Bruck, Arthur: *Das dritte Reich*, S. 128 f.

69 Sartre, Jean Paul: »Überlegungen zur Judenfrage I«, in: Sartre, Jean Paul: *Überlegungen zur Judenfrage*, S. 31.

70 Moeller van den Bruck, Arthur: *Das dritte Reich*.

71 Mohler, Armin: *Gegen die Liberalen*, S. 63.

72 Ebd., S. 70.

73 Kubitschek, Götz: »Die Strahlkraft der KR«, *Sezession* 44, S. 13.

74 Fleischhauer, Jan: »Die Mär vom armen Opfer Sarrazin«, http://www.spiegel.de/politik/deutschland/fleischhauer-kolumne-sarrazin-beklagt-tugendterror-a-953184.html.

75 Weiß, Volker: *Deutschlands Neue Rechte*, S. 10 ff.

76 Seegers, Armgard: »Wir wollen keine Sprechverbote«, http://www.bild.de/politik/2010/wir-wollen-keine-teil-2-13852970.bild.html.

77 Lehnert, Erik: »Lebensreform und Politik«, in: *Sezession* 44, S. 15.

78 Moeller van den Bruck, Arthur: *Das dritte Reich*, S. 72.

79 Menzel, Felix/Stein, Philip: *Junges Europa*, S. 17.

80 O. V.: Meinhof, Ulrike, http://www.wissen.de/lexikon/meinhof-ulrike.

81 Jung, Edgar Julius: *Die Herrschaft der Minderwertigen*, S. 678.

82 Weißmann, Karlheinz: *Unsere Zeit kommt*, S. 80.

83 Ebd., S. 69.

84 O. V.: »Volle Wahrheit«, http://www.spiegel.de/spiegel/print/d-9180071.html.

85 Weißmann, Karlheinz: *Unsere Zeit kommt*, S. 63.

86 O. V.: »Anklang an Weimar«, http://www.spiegel.de/spiegel/print/d-13690531.html.

87 Die Entwicklung der Idee durch und nach Gramsci wird in »Die Kultur als Machtfrage«, einer Informationsschrift des Verfassungsschutzes NRW, kurz und gut zusammengefasst.

88 Zitiert nach Menzel, Felix/Stein, Philip: *Junges Europa*, S. 65.

89 Menzel, Felix/Stein, Philip: *Junges Europa*, S. 65.

90 Zitat nach der Informationsschrift des Verfassungsschutzes NRW: »Die Kultur als Machtfrage«, S. 12.

91 Schomers, Michael: *Deutschland ganz rechts*, S. 227.

92 Staud, Toralf/Radke, Johannes: *Neue Nazis*, S. 130.

93 Kubitschek, Götz: »Die Strahlkraft der KR«, in: *Sezession* 44, S. 11.

94 Glotz, Peter: *Die deutsche Rechte*, S. 38.

95 Kummer, Ralph: »›Neue Rechte‹ – Ein Überblick über die verschiedenen Bedeutungen«, http://www.netz-gegen-nazis.de/artikel/begriffe-und-konzepte-der-neuen-rechten.

96 Benoist, Alain de: *Mein Leben*, S. 222 f.

97 Ebd., S. 225.

98 https://www.facebook.com/groups/220224448171375/?fref=ts.

99 https://www.facebook.com/groups/146500833225/?fref=ts.

100 https://www.facebook.com/groups/PutinfreundeDeutschland/?fref=ts.

101 Schmidt, David: »Abschied vom Gutmenschentum«, http://www.zeit.de/community/2014-05/gutmenschen-debatte-meinungsfreiheit.

102 O. V.: »Montagsdemo Hamburg«, https://www.youtube.com/watch?v=s TTKZHSTKd4.

103 Eickhoff, Oliver: »Post stellt auch Briefe mit zu wenig Porto zu«, http:// www.derwesten.de/staedte/nachrichten-aus-meschede-eslohe-bestwig-und-schmallenberg/post-stellt-auch-briefe-mit-zu-wenig-porto-zu-id948 4937.html#plx2023576087.

104 O. V.: Reichsamt zur Bereinigung von politisch-, juristisch- und publizistischen Staatsterrorismus, http://rabestte.reichsamt.info.

105 Bauer, Kurt: Lehrveranstaltung »Schlüsseltexte und -dokumente zur Geschichte des Nationalsozialismus«, S. 15, http://www.kurt-bauer-geschich te.at/PDF_Lehrveranstaltung%202008_2009/06_Hitlerprozess.pdf.

106 Amtsgericht Duisburg: Urteil vom 26. Januar 2006 (46 K 361/04), http://www.justiz.nrw.de/nrwe/lgs/duisburg/ag_duisburg/j2006/46_K_ 361_04beschluss20060126.html.

107 Landessozialgericht Berlin Brandenburg: Beschluss vom 15. Mai 2014 (L 31 AS 762/14 B ER), https://sozialgerichtsbarkeit.de/sgb/esgb/show. php?modul=esgb&id=169866&s0=&s1=&s2=&words=&sensitive.

108 Oberüber, Reiner: Konkrete Schritte zum Gelben Schein, https://www.youtube.com/watch?v=oKlA951cfyI.

109 Oberüber, Reiner: Staatsangehörigkeit »DEUTSCH« – Wie die BRD versucht, uns staatenlos zu machen, https://www.youtube.com/watch?v= _IqK7Nz99lE#t=97.

110 Przybilla, Steven: »Königreich Deutschland«, http://www.nzz.ch/inter national/deutschland-und-oesterreich/die-parallelgesellschaft-1.184126 74.

111 Bundesregierung, Drucksache 17/11970, http://www.petra-pau.de/17_ bundestag/dok/down/1711970.pdf.

112 Kopietz, Andreas: »Reichsbürger hortet Chemikalien«, http://www. berliner-zeitung.de/berlin/razzia-in-neukoelln--reichsbuerger--hortet-chemikalien,10809148,16616356.html.

113 Sieber, Roland: »Reichsbürger drohen«, http://www.publikative.org/ 2012/04/23/drohbriefe-der-reichsbewegung-machen-sorgen.

114 (APA/red.): »Ryke Geerd Hamer: ›HIV ist eine ganz normale Allergie‹«, http://derstandard.at/1262209517741/Wunderheiler-Ryke-Geerd-Hamer-HIV-ist-eine-ganz-normale-Allergie.

115 K. G.: »Holocaust-Leugner: Hunderte Hetzbriefe verschickt«, http:// www.tagesspiegel.de/berlin/polizei-justiz/prozess-holocaust-leugner-hunderte-hetzbriefe-verschickt-/1941780.html.

116 NS-Archiv: Impfkritik 1935: »Artfremdes Eiweiß ist Gift«, http://www.ns-archiv.de/imt/m001-m200/020-m.php.

117 Weber, Christian: »Die seltsame Welt der Impfgegner«, http://www. focus.de/gesundheit/gesundleben/vorsorge/news/medizin-die-seltsame-welt-der-impfgegner_aid_222555.html.

118 Bundesverfassungsgericht, https://www.bundesverfassungsgericht.de/ SharedDocs/Entscheidungen/DE/2014/11/rk20141119_1bvr117814. html.

119 Hitler, Adolf: Rede vor Mitarbeitern der Berliner Borsig-Lokomotiv-

werke, https://archive.org/stream/HitlerUndDieDemokratie/Hitler%20
und%20die%20Demokratie_djvu.txt.

120 Lichtschlag, André: »Für die libertär-konservative Sezession«,
http://ef-magazin.de/lichtschlag-artikel/sezession.

121 Kubitschek, Götz: »Verfügungsräume«, http://www.sezession.de/7797/
verfuegungsraeume-antwort-auf-lichtschlags-angebot.html.

122 Lichtschlag, André: »Für die libertär-konservative Sezession«,
http://ef-magazin.de/lichtschlag-artikel/sezession.

123 Riha, Clemens: »Auf dem Rittergut«, http://www.3sat.de/page/?source=/
kulturzeit/themen/156133/index.html.

124 Kubitschek, Götz: »Die Strahlkraft der KR«, in: *Sezession* 44, S. 10.

125 Kubitschek, Götz: »PEGIDA, 9.2. – Rede in Dresden«,
http://www.sezession.de/48391/pegida-9-2-rede-in-dresden.html/2.

126 Zitiert nach Kubitschek, Götz, Vorwort in Weißmann, Karlheinz:
Unsere Zeit kommt, S. 11.

127 Serrao, Marc Felix: »Der kalte Blick von rechts«, http://www.
sueddeutsche.de/kultur/wir-sind-noch-im-training-der-kalte-blick-von-
rechts-1.698581.

128 Kubitschek, Götz: »Die AfD, die realpolitische Flexibilität und wir«,
http://www.sezession.de/46161/die-afd-die-realpolitische-flexibilitaet-
und-wir.html.

129 Kubitschek, Götz: »Als PEGIDA-Versteher bei der Lega Nord in Rom –
ein Bericht«, http://www.sezession.de/48701/als-pegida-versteher-bei-
der-lega-nord-in-rom-ein-bericht.html.

130 Kositza, Ellen: »Manifestazione in Rom, PEGIDA in Dresden«, http://
www.sezession.de/48729/manifestazione-in-rom-pegida-in-dresden.html.

131 Stein, Philip/Menzel, Felix: *Junges Europa*, S. 66.

132 Ebd., S. 68.

133 Weißmann, Karlheinz: *Unsere Zeit kommt*, S. 54.

134 Ebd., S. 13.

135 Zitiert nach Kubitschek, Götz: Vorwort in Weißmann, Karlheinz:
Unsere Zeit kommt, S. 11.

136 Weißmann, Karlheinz: *Unsere Zeit kommt*, S. 75 f.

137 Kubitschek, Götz: »Die AfD, die realpolitische Flexibilität und wir«,
http://www.sezession.de/46161/die-afd-die-realpolitische-flexibilitaet-
und-wir.html.

138 Ebd.

139 https://www.facebook.com/dieter.stein.146?fref=ts.

140 Weißmann, Karlheinz: *Unsere Zeit kommt*, S. 82.

141 Menzel, Felix/Stein, Philip: *Junges Europa*, S. 27.

142 Ebd., S. 33.

143 Ebd., S. 31.

144 http://www.tagesschau.de/ausland/russland-internet-troll-101.html.

145 O. V.: »Russia's chief propagandist«, http://www.economist.com/blogs/
easternapproaches/2013/12/ukraine.

146 Ebd.

147 Davydova, Angelina: »Putin takes a hard line on soft power with new

broadcaster«, http://theconversation.com/putin-takes-a-hard-line-on-soft-power-with-new-broadcaster-21401.

148 https://www.facebook.com/ruptly.nicolaj?fref=ts.

149 Zitiert nach Winkler, Heinrich August: »Die Spuren schrecken«, http://www.spiegel.de/spiegel/print/d-126511945.html.

150 Elsässer, Jürgen: »Sado-Maso mit Kleinkindern«, in: *Compact* 8/2014, S. 3.

151 Elsässer, Jürgen: »Ein Abgrund an Landesverrat«, in: *Compact* 8/2014, S. 12.

152 Müller-Mertens, Martin: »Der amerikanische Präsident«, in: *Compact* 8/2014, S. 19.

153 Müller-Mertens, Martin: »Die deutsche Partisanin«, in: *Compact* 8/2014, S. 24.

154 Elsässer, Jürgen: »Ein Abgrund an Landesverrat«, in: *Compact* 8/2014, S. 12.

155 Ebd.

156 »Dönermorde – Die kurdische Spur«, in: *Compact* 8/2014, Titelseite; Elsässer, Jürgen: »Der Killer mit der Mütze«, in: *Compact* 8/2014, S. 39, 41.

157 Elsässer, Jürgen/Voss, Kai: »Zschäpe war's nicht«, in: *Compact* 4/2013, S. 29.

158 Jebsen, Ken: »Ist das echt oder eine Übung?«, in: *Compact* 6/2013, S. 37.

159 Ebd., S. 36 f.

160 Todenhöfer, Jürgen: *Ich denke deutsch*, S. 11.

161 Ebd., S. 179 f.

162 Ebd., S. 153.

163 Ebd., S. 155.

164 Ebd., S. 97.

165 Screenshots liegen den Verfassern vor.

166 Screenshots liegen den Verfassern vor.

167 Miersch, Michael: »Na dann ohne mich«, http://www.achgut.com/dadgdx/index.php/dadgd/article/na_dann_ohne_mich.

168 Ebd.

169 Ebd.

170 Winterbauer, Stefan: »Der Pegida-Blogger: die publizistische Spielwiese des Anti-Islam-Kommentierers Nicolaus Fest«, http://meedia.de/2015/01/23/der-pegida-blogger-die-publizistische-spielwiese-des-anti-islam-kommentierers-nicolaus-fest.

171 Klonovsky, Michael: »Ein Glaube zum Fürchten«, *Focus* 45/14, S. 21 ff.

172 Klonovsky, Michael: *Aphorismen und Ähnliches*.

173 Screenshot liegt den Verfassern vor.

174 Matussek, Matthias: »Ich bin wohl homophob. Und das ist auch gut so«, http://www.welt.de/debatte/kommentare/article124792188/Ich-bin-wohl-homophob-Und-das-ist-auch-gut-so.html.

175 Ebd.

176 Nachzulesen unter anderem hier: http://www.welt.de/debatte/kommentare/article124812792/Ich-liebe-also-bin-ich-Und-das-ist-auch-gut-so.

html; http://www.welt.de/kultur/article124823003/Warum-Homopho
bie-unchristlich-ist.html.

177 Matussek, Matthias: »Homosexualität ist ein Fehler der Natur«, http://
www.theeuropean.de/matthias-matussek/8042-homosexualitaet-als-fehler-
der-natur.

178 Hessischer Rundfunk: »Der Tanz um die Toleranz«, http://www.hr-
online.de/website/fernsehen/sendungen/mediaplayer.jsp?mkey=535695
83&rubrik=34844.

179 Winterbauer, Stefan: »›HJ-Pöbeln‹ – Matthias Matussek vergleicht
PEGIDA-Kritiker mit der Hitler-Jugend«, http://meedia.de/2014/12/
30/hj-poebeln-matthias-matussek-vergleicht-pegida-kritiker-mit-der-
hitler-jugend.

180 Matussek, Matthias: »Fack ju Göhte, hallo Pegida! Was geht im Abendland?«, http://www.welt.de/kultur/article135631350/Fack-ju-Goehte-
hallo-Pegida-Was-geht-im-Abendland.html.

181 Klonovsky, Michael: »Pegida gießt den Tea zur Party: Die Fronten
müssen völlig neu gezogen werden«, http://ef-magazin.de/2014/12/28/
6110-pegida-giesst-den-tea-zur-party-die-fronten-muessen-voellig-neu-
gezogen-werden.

182 Göweil, Reinhard: »Die Zeit des Vertuschens ist vorbei«, http://www.
wienerzeitung.at/nachrichten/archiv/58851_Die-Zeit-des-Vertuschens-
ist-vorbei.html.

183 Oster, Stefan: https://www.facebook.com/1399859893617166/photos/
a.1403342519935570.1073741829.1399859893617166/156015624
4254196/?type=1&fref=nf.

184 Püttmann, Andreas: »Falsche Verbündete«, http://www.christundwelt.
de/themen/detail/artikel/falsche-verbuendete.

185 Ebd.

186 Ebd.

187 Freie Welt.net: »Umerziehung zum neuen Menschen« – Interview mit
Birgit Kelle, http://www.familien-schutz.de/umerziehung-zum-neuen-
menschen-interview-mit-birgit-kelle.

188 Baier, Stephan: »Die leere Flasche riecht nicht mehr«, VATICAN magazin,
Ausgabe 6/7 2014, S. 32.

189 Kissler, Alexander: »Spalten sich die Katholiken?«, http://www.focus.de/
politik/deutschland/tid-22668/politik-spalten-sich-die-katholiken_aid_
635767.html.

190 Holst, Guido: »Gefunden: Das Vatikan-Dossier«, http://www.die-
tagespost.de/glaubensforum/blog/Gefunden-Das-Vatikan-Dossier;art10
82,125237.

191 Flaß, Lydia: »Die ›Ausweitung der Formulierungszone‹«, http://ef-maga
zin.de/2011/01/20/2810-sarrazin-lesen-in-muenchen-die-ausweitung-
der-formulierungszone.

192 a.i.d.a.: 17. Januar 2011, https://www.aida-archiv.de/index.php/chronik/
2159-17-januar-2011.

193 Ockenfels, Wolfgang: »Was heißt hier ›Lügenpresse‹?«, http://www.kath.
net/news/49362.

194 Raddatz, Hans Peter: »Gender Mainstreaming. II. Die Normalisierung der Perversion«, in: *Die neue Ordnung,* Juni 2014, S. 229.

195 Wenz hat den Blogbeitrag später gelöscht.

196 Püttmann, Andreas: »Die Moralpächter«, http://www.christundwelt.de/ detail/artikel/die-moralpaechter.

197 Kissler, Alexander: »Wem nutzt die Hatz auf Tebartz?«, http://www. cicero.de/limburger-kirchenskandal-hatz-auf-tebartz/56117/seite/3.

198 Ebd.

199 Florin, Christiane: »Wir Meinungsdiktatoren«, http://www.christund welt.de/detail/artikel/wir-meinungsdiktatoren.

200 Vatikan: Erklärung Nostra Aetate, http://www.vatican.va/archive/hist_ councils/ii_vatican_council/documents/vat-ii_decl_19651028_nostra-aetate_ge.html.

201 Lorenz, Julia/Schmidt, Thomas J.: »Pegida-Organisatorin ist fundamentalistische Christin«, http://www.fnp.de/lokales/frankfurt/Pegida-Organi satorin-ist-fundamentalistische-Christin;art675,1229830.

202 Ebd.

203 O. V.: »Muslim in Kirche – Nach Rausschmiss aus Gedächtniskirche Speyer«, https://www.youtube.com/watch?feature=player_embedded&v =jZGDLIvdaPU.

204 Holmer, Markus/Bohl, Jochen: »Dürfen Christen bei Pegida mit-machen?«, http://www.kath.net/news/49009.

205 Wensierski, Peter: »Fromme Radikale«, http://www.spiegel.de/spiegel/ print/d-131927826.html.

206 Erzbistum Bamberg: »Gottesdienst muss Menschendienst werden«, http://neues-gotteslob.kirche-bamberg.de/einfuehrung/index.html/%E2 %80%9Egottesdienst-muss-menschendienst-werden%E2%80%9D/249 4be66-4be4-4a1c-af45-a604bb6763dd?mode=detail.

207 Reinhardt, Martin: »Ohne Worte«, http://www.freiewelt.net/ohne-worte-2-10043426.

208 Püttmann, Andreas: »Die Rechtsausleger«, http://www.christundwelt.de/ detail/artikel/die-rechtsausleger.

209 Jung, Edgar Julius: *Die Herrschaft der Minderwertigen,* S. 593.

210 Wolf, Udo: »Tag X: Kursziele, Auswege und Irrwege«, http://www.huf fingtonpost.de/udo-wolf/tag-x-kursziele-auswege-und-irrwege_b_55609 46.html.

211 Eckert, Daniel: »Das grandiose Scheitern der Crash-Propheten«, http:// www.welt.de/finanzen/geldanlage/article131318393/Das-grandiose-Scheitern-der-Crash-Propheten.html.

212 Volkmann, Adrien M.: »Frank Schäffler in Marburg: ›Gold, Grundbesitz und Freundschaft zu einem Landwirt‹«, http://www.blauenarzisse.de/ index.php/gesichtet/item/2625-frank-schaeffler-in-marburg-gold-grund besitz-und-freundschaft-zu-einem-landwirt.

213 https://www.afd-gold.de/aktion.html.

214 Niggemeier, Stefan: »Die Wahrheit über die Lügen der Journalisten«, https://krautreporter.de/46--die-wahrheit-uber-die-lugen-der-journalisten.

215 Niggemeier, Stefan: »Udo Ulfkotte: Wie die FAZ mich aus den Fängen des BND rettete«, http://www.stefan-niggemeier.de/blog/19612/udo-ulfkotte-wie-die-faz-mich-aus-den-faengen-des-bnd-rettete.

216 Dorn, Thea: »Lust an der Apokalypse«, http://www.spiegel.de/spiegel/a-599582.html.

217 Ebd.

218 Zitiert nach Misik, Robert: »Eine deutsche Obsession«, https://www.freitag.de/autoren/der-freitag/eine-deutsche-obsession.

219 O.V.: »Whistleblowers leben gefährlich«, http://82391.forumromanum.com/member/forum/entry.user_82391.2.1122570552.whistleblowers_leben_gefaehrlich_zum_tod_des_betreibers_marktorakel_udo-verkuen der_des_lichts.html?onsearch=1.

220 Ebd.

221 Lourdes, Maria: »Blogger Udo Wolf – Marktorakel – begeht angeblich Selbstmord«, http://lupocattivoblog.com/2014/09/24/blogger-udo-wolf-marktorakel-begeht-angeblich-selbstmord.

222 O.V.: Karl Albrecht Schachtschneider, http://de.wikipedia.org/wiki/Karl_Albrecht_Schachtschneider.

223 Patriotische Plattform: http://patriotische-plattform.de/blog/2015/02/21/erklaerung-der-patriotischen-plattform-die-afd-wird-entweder-mit-goetz-kubitschek-sein-oder-sie-wird-gar-nicht-sein.

224 Ebd.

225 O.V.: »AfD-Landeschef wehrt sich gegen ›Bevormundung‹«, http://www.mdr.de/sachsen-anhalt/afd-aerger-verleger-kubitschek100.html.

226 Pollmeier, Achim/Otto, Kim/Onneken, Peter: »Alternative für Deutschland – Wie eine Partei immer stärker nach rechts kippt«, http://www1.wdr.de/daserste/monitor/sendungen/afd212.html.

227 Zwischentag: Begleitprogramm, http://zwischentag.de/zwischentag/begleitprogramm.

228 Kubitschek, Götz: »Die AfD, der Osten und der liberale Flügel«, http://www.sezession.de/46403/die-afd-der-osten-und-der-liberale-fluegel.html.

229 Kemper, Andreas: »Ab wann sollte von Faschismus gesprochen werden?«, https://andreaskemper.wordpress.com/2015/02/22/ab-wann-sollte-von-faschismus-gesprochen-werden.

230 Pollmeier, Achim/Otto, Kim/Onneken, Peter: »Alternative für Deutschland – Wie eine Partei immer stärker nach rechts kippt«, http://www1.wdr.de/daserste/monitor/sendungen/afd212.html.

231 Kubitschek, Götz: »Björn Höcke, Stefan Scheil und die AfD – ein Doppelinterview (Teil 1)«, http://www.sezession.de/46828/bjoern-hoecke-stefan-scheil-und-die-afd-ein-doppelinterview-1-teil.html/3.

232 Schiller, Johannes: »AfD als identitäre Kraft«, http://www.blauenarzisse.de/index.php/gesichtet/item/4820-afd-als-identitaere-kraft.

233 Pollmeier, Achim/Otto, Kim/Onneken, Peter: »Alternative für Deutschland – Wie eine Partei immer stärker nach rechts kippt«, http://www1.wdr.de/daserste/monitor/sendungen/afd212.html.

234 TA: »Der Vorsitzende der Thüringer AfD-Fraktion sieht sich auf historischer Mission«, http://www.thueringer-allgemeine.de/web/zgt/politik/

detail/-/specific/Der-Vorsitzende-der-Thueringer-AfD-Fraktion-sieht-sich-auf-historischer-Mission-1477485095 http://www.thueringer-allgemeine.de/web/zgt/politik/detail/-/specific/Der-Vorsitzende-der-Thueringer-AfD-Fraktion-sieht-sich-auf-historischer-Mission-1477 485095.

235 Kubitschek, Götz: »Björn Höcke, Stefan Scheil und die AfD – ein Doppelinterview (Teil 2)«, http://www.sezession.de/47122/bjoern-hoecke-stefan-scheil-und-die-afd-ein-doppelinterview-teil-2.html/3.

236 TA: »Der Vorsitzende der Thüringer AfD-Fraktion sieht sich auf historischer Mission«, http://www.thueringer-allgemeine.de/web/zgt/politik/detail/-/specific/Der-Vorsitzende-der-Thueringer-AfD-Fraktion-sieht-sich-auf-historischer-Mission-1477485095.

237 Leber, Fabian: »Die AfD und das Gute an der DDR«, http://www.tages spiegel.de/politik/alternative-fuer-deutschland-die-afd-und-das-gute-an-der-ddr/10295344.html.

238 TA: »Der Vorsitzende der Thüringer AfD-Fraktion sieht sich auf historischer Mission«, http://www.thueringer-allgemeine.de/web/zgt/politik/detail/-/specific/Der-Vorsitzende-der-Thueringer-AfD-Fraktion-sieht-sich-auf-historischer-Mission-1477485095.

239 AFP: »Lucke will den Einfluss der Rechten in der Partei zurückdrängen«, http://www.tagesspiegel.de/politik/richtungsstreit-in-der-afd-lucke-will-den-einfluss-der-rechten-in-der-partei-zurueckdraengen/11679108.html.

240 Backfisch, Michael: »Eklat in der AfD: Lucke fordert Thüringer Landeschef Höcke zu Rücktritt und Parteiaustritt auf«, http://www.thueringer-allgemeine.de/web/zgt/politik/detail/-/specific/AfD-Lucke-fordert-Thueringer-Landeschef-Hoecke-zu-Ruecktritt-und-Parteiaustritt-1147294569.

241 Amann, Melanie/Pfister, René: »Das Tabu brechen«, http://www.spiegel.de/spiegel/print/d-131355078.html.

242 Lucke, Bernd: Wahlkampfrede am 21.8. in Borna, https://www.you tube.com/watch?v=sybwylIUGm4.

243 Staud, Toralf/Radke, Johannes: *Neue Nazis*, S.144.

244 Screenshot liegt den Verfassern vor.

245 Bender, Justus: »Mir gehen manche Thesen gegen den Strich«, http://www.faz.net/aktuell/politik/inland/afd-vizechef-hans-olaf-henkel-im-intervew-ueber-ruecktritt-13555486.html.

246 O.V.: »Gauland ruft zur Stärkung des rechten Flügels auf«, http://www.welt.de/politik/deutschland/article137204995/Gauland-ruft-zur-Staer kung-des-rechten-Fluegels-auf.html.

247 Gauland, Alexander: *Anleitung zum Konservativsein*, S.130.

248 Ebd., S.43.

249 Ebd., S.92.

250 Ebd., S.125.

251 Ebd., S.124.

252 Quelle DEU: »AfD-Vize Gauland offen für Zusammenarbeit mit der Linkspartei«, http://www.rp-online.de/politik/deutschland/afd-vize-gauland-offen-fuer-zusammenarbeit-mit-der-linkspartei-aid-1.4513206.

253 Ewert, Burkhard: »AfD: Petry will Volksentscheid über Abtreibung«, http://www.noz.de/deutschland-welt/politik/artikel/500073/afd-petry-will-volksentscheid-uber-abtreibung.

254 Schüller, Johannes: »AfD als identitäre Kraft«, http://www.blauenarzisse. de/index.php/gesichtet/item/4820-afd-als-identitaere-kraft.

255 AfD Sachsen: Wahlprogramm 2014, https://www.alternativefuer.de/wp-content/uploads/2014/09/AfD_Programm_Lang.pdf.

256 Ebd.

257 Staud, Toralf/Radke, Johannes: *Neue Nazis*, S. 40.

258 O. V.: »Anklang an Weimar«, http://www.spiegel.de/spiegel/print/d-136 90531.html.

259 O. V.: »Gröhe wirft ›Aktion Linkstrend stoppen‹ Geschichtsklitterung vor«, https://jungefreiheit.de/politik/deutschland/2011/groehe-wirft-aktion-linkstrend-stoppen-geschichtsklitterung-vor.

260 O. V.: »Manifest gegen den Linkstrend«, http://www.dem-wahren-schoe nen-guten.de/fileadmin/win/dwsg/dateien/manifest_aktion_linkstrend_ stoppen.pdf.

261 O. V.: »Anklang an Weimar«, http://www.spiegel.de/spiegel/print/d-136 90531.html.

262 Bender, Justus/Locke, Stefan: »Kein Geheimnis mehr«, http://www.faz. net/aktuell/politik/inland/die-naehe-der-afd-zum-islamkritischen-PEGIDA-buendnis-13314224.html.

263 O. V.: »Bogida-Anmelderin Dittmer: ›Es ist für mich unerheblich, ob es den Holocaust gegeben hat‹«, http://www.spiegel.de/video/bogida-akrivistin-melanie-dittmer-hat-neonazi-vergangenheit-video-1544338. html.

264 Lieb, Arne: »›Dügida‹-Organisatoren steigen aus«, http://www.rp-online. de/nrw/staedte/duesseldorf/duegida-organisatoren-steigen-aus-aid-1.477 2744.

265 Burger, Rainer: »Wir simulieren das Volk«, http://www.faz.net/aktuell/ politik/inland/pegida-ableger-in-bonn-wir-simulieren-das-volk-133240 74.html.

266 Bender, Julius/Locke, Stefan: »Kein Geheimnis mehr«, http://www.faz. net/aktuell/politik/inland/die-naehe-der-afd-zum-islamkritischen-PEGIDA-buendnis-13314224.html.

267 AfD-Fraktion im Thüringer Landtag: »Pegida – ein Hauch von 1989 weht durch die Straßen dieser Republik«, http://afd-thl.de/2014/12/09/ PEGIDA-ein-hauch-von-1989-weht-durch-die-strassen-dieser-republik.

268 Kubitschek, Götz: »Glücklich der Staat, der solche Bürger hat!«, http://www.sezession.de/47597/gluecklich-der-staat-der-solche-buerger-hat-afd-landeschef-bjoern-hoecke-im-gespraech-ueber-die-PEGIDA. html/2.

269 cf, sc, hjv: »Sein Hitler-Look soll ›ein Scherz‹ gewesen sein«, http://www. bild.de/politik/inland/pegida/chef-lutz-bachmann-hitler-foto-und-auslaender-beleidigungen-bei-facebook-39430448.bild.html.

270 O. V.: »Rechtsextreme Tendenzen bei Legida«, http://www.mdr.de/sach sen/legida-verfassungsschutz100_zc-f1f179a7_zs-9f2fcd56.html.

271 Ginzel, Arndt/Stoll, Ulrich: »Erfolg der Rechtspopulisten«, http://www.zdf.de/ZDFmediathek/beitrag/video/2344750/Erfolg-der-Rechtspopulisten#/beitrag/video/2344750/Erfolg-der-Rechtspopulisten.

272 Neuber, Robert: »AfD-Stadtrat Wink zweifelt Existenz eines deutschen Staates an«, http://www.allgemeine-zeitung.de/lokales/bad-kreuznach/stadt-bad-kreuznach/afd-stadtrat-wink-zweifelt-existenz-eines-deutschen-staates-an_14392490.htm.

273 Nabert, Mercedes: »Politisch immerhin ungewollt«, http://www.ruhr barone.de/1-alternativer-wissenskongress-in-witten-politisch-immerhin-ungewollt/99538.

274 Miersch, Michael: »Na dann ohne mich«, http://www.achgut.com/dad gdx/index.php/dadgd/article/na_dann_ohne_mich.

275 O.V.: »Kirchenmitglieder wählten zu über 50 Prozent Union«, http://www.idea.de/nachrichten/detail/thema-des-tages/artikel/kirchenmitglieder-waehlten-zu-ueber-50-prozent-union-82870.html.

276 Kissler, Alexander: »Robert Zollitsch warnt vor der AfD«, http://www.cicero.de/salon/bischoefliche-blutgraetsche-robert-zollitsch-warnt-vor-der-afd/55371.

277 Krumrey, Henning/Schnaas, Dieter: »Meinungsforscher sieht Chancen«, http://www.wiwo.de/politik/deutschland/parteigruendung-afd-meinungsforscher-sieht-chancen/8059946.html.

278 Jung, Edgar Julius: *Die Herrschaft der Minderwertigen*, S. 7.

279 Glucksmann, André: *Hass – Die Rückkehr einer elementaren Gewalt*, S. 180.

280 Christ, Sebastian: »Die 5 schlimmsten Irrtümer aller, die an Putins Propaganda glauben«, http://www.huffingtonpost.de/2015/03/04/putin-propaganda_n_6798416.html.

281 Bidder, Benjamin: »Russischer Einmarsch 1999: Showdown in Pristina«, http://www.spiegel.de/politik/ausland/russischer-einmarsch-1999-show down-in-pristina-a-535801.html.

282 Bittner, Joachim et al.: »Putins großer Plan«, http://www.zeit.de/2014/48/russland-europa-wladimir-putin-macht/komplettansicht.

283 Hau, Harald/Lucke, Bernd: »Die Alternative zum Rettungsschirm: Obligatorische Rekapitalisierung der Banken«, https://www.wiso.uni-hamburg.de/fileadmin/wiso_vwl_iwk/paper/Hau_Lucke_Alternative_zum_Rettungsschirm_FAZ__16.9.11.pdf.

284 Henkel, Hans-Olaf: »Was haben deutsche Steuerzahler mit der Zockerei ausländischer Banken zu tun?«, http://www.presseportal.de/print/2800147-henkel-was-haben-deutsche-steuerzahler-mit-der-zockerei-ausl-ndischer.html.

285 Kurbjuweit, Dirk: »Freiheit?«, *Der Spiegel* 4/2015, S. 94 f.

286 Uslar, Moritz von: »Der Bart bleibt dran«, http://www.zeit.de/2014/13/thilo-sarrazin/seite-2.

287 Weiß, Volker: *Deutschlands Neue Rechte*, S. 115.

288 Gauland, Alexander: *Anleitung zum Konservativsein*, S. 59.

289 Krause, Tillmann: »Hoffnungsträger Bildungsbürgertum«, http://www.welt.de/print-welt/article525174/Hoffnungstraeger-Bildungsbuergertum.html.

290 Kemper, Andreas: »AfD: Wahlrecht für Arbeitslose abschaffen?«, https:// andreaskemper.wordpress.com/2013/04/15/afd-wahlrecht-fur-arbeits lose-abschaffen.

291 Kemper, Andreas: »Konrad Adams Behindertenfeindlichkeit«, https:// andreaskemper.wordpress.com/2014/09/28/konrad-adams-behinderten feindlichkeit.

292 Moeller van den Bruck, Arthur: *Das dritte Reich,* S. 13.

293 Ebd.

294 Ebd., S. 114 f.

295 Ebd., S. 18.

296 Ebd., S. 125.

297 Miersch, Michael: »Na dann ohne mich«, http://www.achgut.com/dad gdx/index.php/dadgd/article/na_dann_ohne_mich.

298 Amjahid, Mohamed: »Hate Poetry – Hundertausend Zeilen Hass«, http://www.tagesspiegel.de/kultur/rassistische-briefe-an-journalisten-hate poetry-hunderttausend-zeilen-hass/11371976.html.

299 Gutmair, Ulrich: »Ich habe nichts gegen Ausländer«, http://www.taz.de/ Kolumne-Ausgehen-und-Rumstehen/!154883.

300 Amjahid, Mohamed: »Hate Poetry – Hundertausend Zeilen Hass«, http://www.tagesspiegel.de/kultur/rassistische-briefe-an-journalisten-hate poetry-hunderttausend-zeilen-hass/11371976.html.

301 Ebd.

302 Ebd.

303 Diener, Andrea: »Meine Tage im Hass«, http://www.faz.net/aktuell/ feuilleton/medien/troll-kommentare-meine-tage-im-hass-13038925. html.

304 Mangold, Ijoma: »Volle Ladung Hass«, http://www.zeit.de/2014/15/ pirincci-deutschland-von-sinnen.

305 Willeke, Stefan: »Wir Dummschwätzer«, http://www.zeit.de/2014/18/ akif-pirincci-verteidiger.

306 Hildebrand, Kathleen: »Jetzt war es mir zu viel«, http://www. sueddeutsche.de/medien/beleidigende-leserbriefe-jetzt-war-es-mir-zu-viel-1.2308823.

307 Christ & Welt: »Sie kotzen mich an«, http://www.christundwelt.de/ detail/artikel/sie-kotzen-mich-an.

308 Hildebrand, Kathleen: »Jetzt war es mir zu viel«, http://www. sueddeutsche.de/medien/beleidigende-lese rbriefe-jetzt-war-es-mir-zu-viel-1.2308823.

309 NDR Kultur: »Nach den Hassmails«, http://www.ndr.de/kultur/Nach-Hassmails,christianeflorin100.html.

310 Schneider, Johannes: »Wer beim Tagesspiegel die Befehle erteilt«, http:// www.tagesspiegel.de/berlin/rothschilds-us-regierung-herausgeber-wer-beim-tagesspiegel-die-befehle-erteilt/10339872.html.

311 Bouhs, Daniel: »Einmal auf den Deckel und zurück«, http://www.taz. de/!152266.

312 Cruzcampo, Oliver: »Mvgida-Anhänger werben für Demokratie und Nazi-Aussteigerprogramm«, http://www.endstation-rechts.de/news/

kategorie/satire/artikel/mvgida-anhaenger-werben-fuer-demokratie-und-nazi-aussteigerprogramm.html.

313 http://www.rechts-gegen-rechts.de.

314 Kleyboldt, Sabine/Otto, Andreas: »Solche ›Retter des Abendlandes‹ brauchen wir nicht«, http://www.domradio.de/themen/rainer-maria-kardinal-woelki/2014-12-12/interview-mit-kardinal-woelki.

315 O. V.: »Pegida-Anhänger empören sich über dunklen Dom«, http://www.faz.net/aktuell/politik/inland/koelner-kirchen-gegen-pegida-dunkler-dom-sorgt-fuer-empoerung-13353664.html.

316 Billerbeck, Liane von: »Christen dürfen bei Pegida nicht mitmachen«, http://www.deutschlandradiokultur.de/katholischer-bischof-schick-christen-duerfen-bei-pegida.1008.de.html?dram:article_id=306555.

317 Bayerischer Rundfunk: »Schick bleibt bei Nein zu Pegida«, http://www.br.de/nachrichten/oberfranken/inhalt/ludwig-schick-pegida-100.html.

318 Mohler, Armin: *Gegen die Liberalen*, S. 50.

319 Glotz, Peter: *Die deutsche Rechte*, S. 42.

320 Friedman, Michel: »Macht Ihnen der Islam Angst, Herr Friedman?«, http://www.bild.de/politik/inland/michel-friedman/macht-ihm-der-islam-angst-37012924.bild.html.

321 O. V.: »›PEGIDA‹ ist brandgefährlich«, https://www.tagesschau.de/inland/pegida-zentralrat-101.html.

322 Gauland, Alexander: *Anleitung zum Konservativsein*, S. 129 f.

323 Weißmann, Karlheinz: *Unsere Zeit kommt*, S. 74.

324 Nussbaum, Martha C.: *Politische Emotionen*, S. 12.

325 Ebd., S. 125.

326 Ebd., S. 179.

Literatur- und Quellenverzeichnis

AfD-Fraktion im Thüringer Landtag: »Pegida – ein Hauch von 1989 weht durch die Straßen dieser Republik«, Eintrag v. 9. Dezember 2014, http://afd-thl.de/2014/12/09/PEGIDA-ein-hauch-von-1989-weht-durch-die-strassen-dieser-republik.

AfD Sachsen: Wahlprogramm 2014, https://www.alternativefuer.de/wp-content/uploads/2014/09/AfD_Programm_Lang.pdf.

AFP: »Lucke will den Einfluss der Rechten in der Partei zurückdrängen«, *Tagesspiegel* v. 23. April 2015, http://www.tagesspiegel.de/politik/richtungsstreit-in-der-afd-lucke-will-den-einfluss-der-rechten-in-der-partei-zurueckdraengen/11679108.html.

a.i.d.a.: »Skandal im Gasteig« 17. Januar 2011, https://www.aida-archiv.de/index.php/chronik/2159-17-januar-2011.

Amann, Melanie/Pfister, René: »Das Tabu brechen«, *Der Spiegel* 04/2015 v. 17. Januar 2015, http://www.spiegel.de/spiegel/print/d-131355078.html.

Amjahid, Mohamed: »Hate Poetry – Hunderttausend Zeilen Hass«, *Tagesspiegel* v. 14. Februar 2014, http://www.tagesspiegel.de/kultur/rassistische-briefe-an-journalisten-hate-poetry-hunderttausend-zeilen-hass/11371976.html.

Amtsgericht Duisburg: Urteil vom 26. Januar 2006 (46 K 361/04), http://www.justiz.nrw.de/nrwe/lgs/duisburg/ag_duisburg/j2006/46_K_361_04beschluss20060126.html.

APA/red.: »Ryke Geerd Hamer: ›HIV ist eine ganz normale Allergie‹«, *Der Standard* v. 14. Januar 2010, http://derstandard.at/1262209517741/Wunderheiler-Ryke-Geerd-Hamer-HIV-ist-eine-ganz-normale-Allergie.

Backfisch, Michael: »Eklat in der AfD: Lucke fordert Thüringer Landeschef Höcke zu Rücktritt und Parteiaustritt auf«, *Thüringer Allgemeine* v. 8. Mai 2015, http://www.thueringer-allgemeine.de/web/zgt/politik/detail/-/specific/AfD-Lucke-fordert-Thueringer-Landeschef-Hoecke-zu-Ruecktritt-und-Parteiaustritt-1147294569.

Baier, Stephan: »Die leere Flasche riecht nicht mehr«, *VATICAN magazin*, Juni/Juli 2014.

Bauer, Kurt: Lehrveranstaltung »Schlüsseltexte und -dokumente zur Geschichte des Nationalsozialismus«, http://www.kurt-bauer-geschichte.at/PDF_Lehrveranstaltung%202008_2009/06_Hitlerprozess.pdf.

Bayerischer Rundfunk: »Schick bleibt bei Nein zu Pegida«, Sendung v. 22. Dezember 2014, http://www.br.de/nachrichten/oberfranken/inhalt/ludwig-schick-pegida-100.html.

Bender, Justus/Locke, Stefan: »Kein Geheimnis mehr«, *FAZ* v. 10. Dezember 2014, http://www.faz.net/aktuell/politik/inland/die-naehe-der-afd-zum-islamkritischen-pegida-buendnis-13314224.html.

Bender, Justus: »Mir gehen manche Thesen gegen den Strich«, *FAZ*

v. 24. April 2015, http://www.faz.net/aktuell/politik/inland/afd-vizechef-hans-olaf-henkel-im-intervew-ueber-ruecktritt-13555486.html.

Benoist, Alain de: *Mein Leben*, Berlin 2014.

Bidder, Benjamin: »Russischer Einmarsch 1999: Showdown in Pristina«, *Spiegel Online* v. 17. Februar 2008, http://www.spiegel.de/politik/ausland/russischer-einmarsch-1999-showdown-in-pristina-a-535801.html.

Billerbeck, Liliane von: »Christen dürfen bei Pegida nicht mitmachen«, Deutschlandradio Kultur v. 18. Dezember 2014, http://www.deutschland radiokultur.de/katholischer-bischof-schick-christen-duerfen-bei-pegida.1008.de.html?dram:article_id=306555.

Bittner, Joachim/Brost, Marc/Geis, Matthias/Klingst, Martin/Krupa, Matthias/Lau, Jörg/von Randow, Gero/Thumann, Michael: »Putins großer Plan«, *Die Zeit* v. 20. Dezember 2014, http://www.zeit.de/2014/48/russland-europa-wladimir-putin-macht/komplettansicht.

Bouhs, Daniel: »Einmal auf den Deckel und zurück«, *taz* v. 6. Januar 2015, http://www.taz.de/!152266.

Bundesregierung: Antwort der Bundesregierung auf die Kleine Anfrage der Abgeordneten Ulla Jelpke, Heidrun Dittrich, Petra Pau, weiterer Abgeordneter und der Fraktion DIE LINKE, Drucksache 17/11758, http://www.petra-pau.de/17_bundestag/dok/down/1711970.pdf.

Bundesverfassungsgericht: Beschluss vom 19. November 2014 – 1 BvR 1178/14, https://www.bundesverfassungsgericht.de/SharedDocs/Entscheidungen/DE/2014/11/rk20141119_1bvr117814.html.

Burger, Rainer: »Wir simulieren das Volk«, *FAZ* v. 15. Dezember 2014, http://www.faz.net/aktuell/politik/inland/pegida-ableger-in-bonn-wir-simulieren-das-volk-13324074.html.

Christ, Sebastian: »Die 5 schlimmsten Irrtümer aller, die an Putins Propaganda glauben«, *Huffington Post* v. 4. März 2015, http://www.huffington post.de/2015/03/04/putin-propaganda_n_6798416.html.

Christ & Welt: »Sie kotzen mich an«, *Christ & Welt* 3/2015, http://www.christ undwelt.de/detail/artikel/sie-kotzen-mich-an.

Cruzcampo, Oliver: »Mvgida-Anhänger werben für Demokratie und Nazi-Aussteigerprogramm«, *Endstation Rechts* v. 26. Januar 2015, http://www.endstation-rechts.de/news/kategorie/satire/artikel/mvgida-anhaenger-werben-fuer-demokratie-und-nazi-aussteigerprogramm.html.

Daimagüler, Mehmet Gürcan: *Kein schönes Land in dieser Zeit*, München 2013.

Davydova, Angelina: »Putin takes a hard line on soft power with new broadcaster«, *The Conversation* v. 13. Dezember 2013, http://theconversation.com/putin-takes-a-hard-line-on-soft-power-with-new-broadcaster-21401.

Deutscher Bundestag: Drucksache 17/11970 v. 20. Dezember 2013.

Diener, Andrea: »Meine Tage im Hass«, *FAZ* v. 11. Juli 2015, http://www.faz.net/aktuell/feuilleton/medien/troll-kommentare-meine-tage-im-hass-13038925.html.

Dorn, Thea: »Lust an der Apokalypse«, *Der Spiegel* 02/2009 v. 5. Januar 2009, http://www.spiegel.de/spiegel/a-599582.html.

Eckert, Daniel: »Das grandiose Scheitern der Crash-Propheten«, *Welt Online*

v. 18. August 2014, http://www.welt.de/finanzen/geldanlage/article131318
393/Das-grandiose-Scheitern-der-Crash-Propheten.html.

Eickhoff, Oliver: »Post stellt auch Briefe mit zu wenig Porto zu«, *WAZ Online*
v. 18. Juni 2014, http://www.derwesten.de/staedte/nachrichten-aus-meschede-
eslohe-bestwig-und-schmallenberg/post-stellt-auch-briefe-mit-zu-wenig-
porto-zu-id9484937.html#plx2023576087.

Elsässer, Jürgen: »Sado-Maso mit Kleinkindern«, in: *Compact* 8/2014.

Elsässer, Jürgen: »Ein Abgrund an Landesverrat«, in: *Compact* 8/2014.

Elsässer, Jürgen: »Der Killer mit der Mütze«, in: *Compact* 8/2014.

Ewert, Burkhard: »AfD: Petry will Volksentscheid über Abtreibung«, *Neue
Osnabrücker Zeitung* v. 21. August 2014, http://www.noz.de/deutschland-
welt/politik/artikel/500073/afd-petry-will-volksentscheid-uber-abtreibung.

Erzbistum Bamberg: »Gottesdienst muss Menschendienst werden«, 27. September 2014, http://neues-gotteslob.kirche-bamberg.de/einfuehrung/index.
html/%E2%80%9Egottesdienst-muss-menschendienst-werden%E2%80%
9D/2494be66-4be4-4a1c-af45-a604bb6763dd?mode=detail.

Flaß, Lydia: »Die ›Ausweitung der Formulierungszone‹«, *eigentümlich frei*
v. 20. Januar 2011, http://ef-magazin.de/2011/01/20/2810-sarrazin-lesen-in-
muenchen-die-ausweitung-der-formulierungszone.

Federl, Fabian: »Hausfriedensbruch im sächsischen Landtag«, *Tagesspiegel*
v. 6. Januar 2015, http://www.tagesspiegel.de/politik/bei-pegida-demonstra
tion-hausfriedensbruch-im-saechsischen-landtag/11191172.html.

Festerling, Tatjana: »Die Wahrheit über die HoGeSa-Demo«, in: *Journalistenwatch*, http://journalistenwatch.com/cms/tatjana-festerling-die-wahrheit-
ueber-die-hogesa-demo.

Fleischhauer, Jan: »Die Mär vom armen Opfer Sarrazin«, *Der Spiegel* v. 13. Februar 2014, http://www.spiegel.de/politik/deutschland/fleischhauer-
kolumne-sarrazin-beklagt-tugendterror-a-953184.html.

Florin, Christiane: »Wir Meinungsdiktatoren«, *Christ & Welt* 1/2015,
http://www.christundwelt.de/detail/artikel/wir-meinungsdiktatoren.

Freie Welt.net: »Umerziehung zum neuen Menschen« – Interview mit Birgit
Kelle, http://www.familien-schutz.de/umerziehung-zum-neuen-menschen-
interview-mit-birgit-kelle.

Friedman, Michel: »Macht Ihnen der Islam Angst, Herr Friedman?«, *Bild*
v. 29. Juli 2014, http://www.bild.de/politik/inland/michel-friedman/macht-
ihm-der-islam-angst-37012924.bild.html.

Friedman, Michel: »Mein Zuhause war ein Friedhof«, *Die Welt* v. 27. Januar
2015, http://www.welt.de/politik/ausland/article136765705/Mein-Zuhause-
war-ein-Friedhof.html.

Gauland, Alexander: *Anleitung zum Konservativsein*, Stuttgart/München 2002.

Ginzel, Arndt/Stoll, Ulrich: »Erfolg der Rechtspopulisten«, Frontal21,
Sendung v. 17. Februar 2015, http://www.zdf.de/ZDFmediathek/beitrag/
video/2344750/Erfolg-der-Rechtspopulisten#/beitrag/video/2344750/Erfolg-
der-Rechtspopulisten.

Glotz, Peter: *Die deutsche Rechte – Eine Streitschrift*, Stuttgart 1989.

Glucksmann, André: *Hass – Die Rückkehr einer elementaren Gewalt*,
München/Wien 2005.

Goodwyn, Lawrence: *Democratic Promise – The Populist Movement in America*, New York 1976.

Göweil, Reinhard: »Die Zeit des Vertuschens ist vorbei«, *Wiener Zeitung* v. 28. April 2010, http://www.wienerzeitung.at/nachrichten/archiv/58851_Die-Zeit-des-Vertuschens-ist-vorbei.html.

Gutmair, Ulrich: »Ich habe nichts gegen Ausländer«, *taz* v. 17. Februar 2015, http://www.taz.de/Kolumne-Ausgehen-und-Rumstehen/!154883.

Hau, Harald/Lucke, Bernd: »Die Alternative zum Rettungsschirm: Obligatorische Rekapitalisierung der Banken«, 16. September 2011, https://www.wiso.uni-hamburg.de/fileadmin/wiso_vwl_iwk/paper/Hau_Lucke_Alternative_zum_Rettungsschirm_FAZ__16.9.11.pdf.

Heck, Manfred: »Zum ›Tod‹ von Udo Wolf«, Hartgeld.com v. 28. September 2014, http://www.hartgeld.com/service/archiv/33-archiv/665-sonstiges-2014.html.

Henkel, Hans-Olaf: »Was haben deutsche Steuerzahler mit der Zockerei ausländischer Banken zu tun?«, Presseportal v. 5. August 2014, http://www.presseportal.de/print/2800147-henkel-was-haben-deutsche-steuerzahler-mit-der-zockerei-ausl-ndischer.html.

Hessischer Rundfunk: »Der Tanz um die Toleranz«, Sendung v. 15. November 2014, http://www.hr-online.de/website/fernsehen/sendungen/mediaplayer.jsp?mkey=53569583&rubrik=34844.

Hildebrand, Kathleen: »Jetzt war es mir zu viel«, *Süddeutsche Zeitung* v. 17. Januar 2015, http://www.sueddeutsche.de/medien/beleidigende-leser-briefe-jetzt-war-es-mir-zu-viel-1.2308823.

Hitler, Adolf: Rede vor Mitarbeitern der Berliner Borsig-Lokomotivwerke, https://archive.org/stream/HitlerUndDieDemokratie/Hitler%20und%20die%20Demokratie_djvu.txt.

Holmer, Markus/Bohl, Jochen: »Dürfen Christen bei Pegida mitmachen?«, *Kath.net* v. 15. Januar 2015, http://www.kath.net/news/49009.

Holst, Guido: »Gefunden: Das Vatikan-Dossier«, *Tagespost* v. 13. Juni 2011, http://www.die-tagespost.de/glaubensforum/blog/Gefunden-Das-Vatikan-Dossier;art1082,125237.

Innenministerium des Landes Nordrhein-Westfalen: *Die Kultur als Machtfrage*, Düsseldorf.

Jebsen, Ken: »Ist das echt oder eine Übung?«, in: *Compact* 6/2013.

Jung, Edgar Julius: *Die Herrschaft der Minderwertigen, ihr Zerfall und ihre Ablösung durch ein neues Reich*, 1930.

Kemper, Andreas: »Ab wann sollte von Faschismus gesprochen werden?«, Blogeintrag v. 22. Februar 2015, https://andreaskemper.wordpress.com/2015/02/22/ab-wann-sollte-von-faschismus-gesprochen-werden.

Kemper, Andreas: »Konrad Adams Behindertenfeindlichkeit«, Blogeintrag v. 28. September 2014, https://andreaskemper.wordpress.com/2014/09/28/konrad-adams-behindertenfeindlichkeit.

Kemper, Andreas: »AfD: Wahlrecht für Arbeitslose abschaffen?«, Blogeintrag v. 15. April 2013, https://andreaskemper.wordpress.com/2013/04/15/afd-wahlrecht-fur-arbeitslose-abschaffen.

K. G.: »Holocaust-Leugner: Hunderte Hetzbriefe verschickt«, *Tagesspiegel*

v. 25. September 2010, http://www.tagesspiegel.de/berlin/polizei-justiz/
prozess-holocaust-leugner-hunderte-hetzbriefe-verschickt-/1941780.html.

Kissler, Alexander: »Spalten sich die Katholiken?«, *Focus* 24/2011, http://
www.focus.de/politik/deutschland/tid-22668/politik-spalten-sich-die-
katholiken_aid_635767.html.

Kissler, Alexander: »Robert Zollitsch warnt vor der AfD«, *Cicero* v. 13. August
2013, http://www.cicero.de/salon/bischoefliche-blutgraetsche-robert-zollitsch-
warnt-vor-der-afd/55371.

Kissler, Alexander: »Wem nutzt die Hatz auf Tebartz?«, *Cicero* v. 14. Oktober
2013, http://www.cicero.de/limburger-kirchenskandal-hatz-auf-tebartz/
56117.

Kleyboldt, Sabine / Otto, Andreas: »Solche ›Retter des Abendlandes‹
brauchen wir nicht«, Domradio v. 12. Dezember 2014, http://www.domradio.
de/themen/rainer-maria-kardinal-woelki/2014-12-12/interview-mit-
kardinal-woelki.

Klinger, Udo: Deutsch Online, http://www.udoklinger.de.

Klonovsky, Michael: *Aphorismen und Ähnliches*, Wien 2014.

Klonovsky, Michael: »Pegida gießt den Tea zur Party: Die Fronten müssen
völlig neu gezogen werden«, *eigentümlich frei* v. 28. Dezember 2014, http://
ef-magazin.de/2014/12/28/6110-pegida-giesst-den-tea-zur-party-die-fronten-
muessen-voellig-neu-gezogen-werden.

Kopietz, Andreas: »Reichsbürger hortet Chemikalien«, *Berliner Zeitung*
v. 13. Juli 2013, http://www.berliner-zeitung.de/berlin/razzia-in-neukoelln--
reichsbuerger--hortet-chemikalien,10809148,16616356.html.

Kositza, Ellen: »Manifestazione in Rom, PEGIDA in Dresden«, in: *Sezession*
v. 3. März 2015, http://www.sezession.de/48729/manifestazione-in-rom-
pegida-in-dresden.html.

Krause, Tillmann: »Hoffnungsträger Bildungsbürgertum«, *Die Welt* v. 27. Juli
2000, http://www.welt.de/print-welt/article525174/Hoffnungstraeger-
Bildungsbuergertum.html.

Krumrey, Henning/Schnaas, Dieter: »Meinungsforscher sieht Chancen«,
Wirtschaftswoche v. 13. April 2013, http://www.wiwo.de/politik/deutschland/
parteigruendung-afd-meinungsforscher-sieht-chancen/8059046.html.

Kubitschek, Götz: »Die Strahlkraft der KR«, in: *Sezession* 44, Oktober 2011.

Kubitschek, Götz: »Vorwort«, in: Weißmann, Karlheinz: *Unsere Zeit kommt*,
Schnellroda 2006.

Kubitschek, Götz: »Die AfD, die realpolitische Flexibilität und wir«, in:
Sezession v. 5. September 2014, http://www.sezession.de/46161/die-afd-
die-realpolitische-flexibilitaet-und-wir.html.

Kubitschek, Götz: »Die AfD, der Osten und der liberale Flügel«, in: *Sezession*
v. 16. September 2014, http://www.sezession.de/46403/die-afd-der-osten-
und-der-liberale-fluegel.html.

Kubitschek, Götz: »Björn Höcke, Stefan Scheil und die AfD – ein Doppelinterview (Teil 1)«, in: *Sezession* v. 15. Oktober 2014, http://www.sezession.
de/46828/bjoern-hoecke-stefan-scheil-und-die-afd-ein-doppelinterview-1-
teil.html/3.

Kubitschek, Götz: »Björn Höcke, Stefan Scheil und die AfD – ein Doppelinterview (Teil 2)«, in: *Sezession* v. 13. November 2014, http://www.sezession.de/47122/bjoern-hoecke-stefan-scheil-und-die-afd-ein-doppel interview-teil-2.html.

Kubitschek, Götz: »Glücklich der Staat, der solche Bürger hat!« – AfD-Landeschef Björn Höcke im Gespräch über die PEGIDA, in: *Sezession* v. 19. Dezember 2014, http://www.sezession.de/47597/gluecklich-der-staat-der-solche-buerger-hat-afd-landeschef-bjoern-hoecke-im-gespraech-ueber-die-pegida.html/2.

Kubitschek, Götz: »PEGIDA, 9. 2. – Rede in Dresden«, in: *Sezession* v. 10. Februar 2015, http://www.sezession.de/48391/pegida-9-2-rede-in-dresden.html/2.

Kubitschek, Götz: »Als PEGIDA-Versteher bei der Lega Nord in Rom – ein Bericht«, in: *Sezession* v. 2. März 2015, http://www.sezession.de/48701/als-pegida-versteher-bei-der-lega-nord-in-rom-ein-bericht.html.

Kubitschek, Götz: »Verfügungsräume – Antwort auf Lichtschlags Angebot«, in: *Sezession* v. 1. Oktober 2003, http://www.sezession.de/7797/verfuegungsraeume-antwort-auf-lichtschlags-angebot.html.

Kummer, Ralf: »›Neue Rechte‹ – Ein Überblick über die verschiedenen Bedeutungen«, Netz gegen Nazis v. 18. April 2008, http://www.netz-gegen-nazis.de/artikel/begriffe-und-konzepte-der-neuen-rechten.

Landessozialgericht Berlin Brandenburg: Beschluss vom 15. Mai 2014 (L 31 AS 762/14 B ER), https://sozialgerichtsbarkeit.de/sgb/esgb/show.php?modul=esgb&id=169866&s0=&s1=&s2=&words.

Landgraf, Robert/Narat, Ingo: »Einen Goldstandard wird es im Westen niemals geben«, *Handelsblatt* v. 28. August 2011, http://www.handelsblatt.com/finanzen/maerkte/devisen-rohstoffe/interview-mit-anlageexperten-einen-goldstandard-wird-es-im-westen-niemals-geben/4543770.html.

Leber, Fabian: »Die AfD und das Gute an der DDR«, *Tagesspiegel* v. 5. August 2014, http://www.tagesspiegel.de/politik/alternative-fuer-deutschland-die-afd-und-das-gute-an-der-ddr/10295344.html.

Lehnert, Erik: Lebensreform und Politik, in: *Sezession* 44, Oktober 2011.

Lichtmesz, Martin: »Hütet euch vor Liberalen«, in: Mohler, Armin: *Gegen die Liberalen*.

Lichtschlag, André: »Für die libertär-konservative Sezession«, *eigentümlich frei* 03/2003, http://ef-magazin.de/lichtschlag-artikel/sezession.

Lieb, Arne: »›Dügida‹-Organisatoren steigen aus«, *Rheinische Post* v. 2. Januar 2015, http://www.rp-online.de/nrw/staedte/duesseldorf/duegida-organisa toren-steigen-aus-aid-1.4772744.

Lombard, Andreas/Pirinçci, Akif: *Attacke auf den Mainstream* – »*Deutschland von Sinnen*« *und die Medien*, Waltrop/Leipzig 2014.

Lorenz, Julia/Schmidt, Thomas J.: »Pegida-Organisatorin ist fundamentalisti-sche Christin«, *Frankfurter Neue Presse* v. 24. Januar 2015, http://www.fnp.de/lokales/frankfurt/Pegida-Organisatorin-ist-fundamentalistische-Christin;art675,1229830.

Lourdes, Maria: »Blogger Udo Wolf – Marktorakel – begeht angeblich Selbst-mord«, http://lupocattivoblog.com/2014/09/24/blogger-udo-wolf-markt orakel-begeht-angeblich-selbstmord.

Lucke, Bernd: Wahlkampfrede am 21. 8. in Borna, https://www.youtube. com/watch?v=sybwylIUGm4.

Mangold, Ijoma: »Volle Ladung Hass«, *Die Zeit* v. 4. April 2014, http://www.zeit.de/2014/15/pirincci-deutschland-von-sinnen.

Matussek, Matthias: »Ich bin wohl homophob und das ist auch gut so«, *Die Welt* v. 12. Februar 2015, http://www.welt.de/debatte/kommentare/ article124792188/Ich-bin-wohl-homophob-Und-das-ist-auch-gut-so.html.

Matussek, Matthias: »Homosexualität ist ein Fehler der Natur«, *The European* v. 20. Februar 2015, http://www.theeuropean.de/matthias-matussek/8042-homosexualitaet-als-fehler-der-natur.

Matussek, Matthias: »Fack ju Göhte, hallo Pegida! Was geht im Abendland?«, *Die Welt* v. 22. Dezember 2014, http://www.welt.de/kultur/article135631 350/Fack-ju-Goehte-hallo-Pegida-Was-geht-im-Abendland.html.

Menzel, Felix: »Der Puls Europas«, in: *Sezession* 53/April 2013, http://www. sezession.de/44264/44264.html.

Menzel, Felix/Stein, Philip: *Junges Europa*, Chemnitz 2013.

Miersch, Michael: »Na dann ohne mich«, Die Achse des Guten v. 20. Januar 2015, http://www.achgut.com/dadgdx/index.php/dadgd/article/na_dann_ohne_mich.

Misik, Robert: »Eine deutsche Obsession«, *Der Freitag* v. 11. Mai 2013, https://www.freitag.de/autoren/der-freitag/eine-deutsche-obsession.

Moeller van den Bruck, Arthur: *Das dritte Reich*, Hamburg 1931, online abrufbar unter https://archive.org/details/Bruck-Arthur-Moeller-van-den-Das-dritte-Reich.

Mohler, Armin: *Gegen die Liberalen*, Schnellroda 2013.

Müller-Mertens, Martin: »Der amerikanische Präsident«, in: *Compact* 8/2014.

Müller-Mertens, Martin: »Die deutsche Partisanin«, in: *Compact* 8/2014.

Nabert, Mercedes: »Politisch immerhin ungewollt«, *Ruhrbarone* v. 28. Januar 2015, http://www.ruhrbarone.de/1-alternativer-wissenskongress-in-witten-politisch-immerhin-ungewollt/99538.

NDR Kultur: »Nach den Hassmails«, Sendung v. 21. Januar 2015, http://www.ndr.de/kultur/Nach-Hassmails,christianeflorin100.html.

Neuber, Robert: »AfD-Stadtrat Wink zweifelt Existenz eines deutschen Staates an«, *Allgemeine Zeitung* v. 31. Juli 2014, http://www.allgemeine-zeitung. de/lokales/bad-kreuznach/stadt-bad-kreuznach/afd-stadtrat-wink-zweifelt-existenz-eines-deutschen-staates-an_14392490.htm.

Nietzsche, Friedrich: *Zur Genealogie der Moral*, kostenloses E-Book unter http://www.zeno.org/Philosophie/M/Nietzsche,+Friedrich/Zur+Genealogie+ der+Moral/Erste+Abhandlung%3A+%C2%BBGut+und+B%C3%B6se% C2%AB,+%C2%BBGut+und+Schlecht%C2%AB/1-10, 1887.

Niggemeier, Stefan: »Die Wahrheit über die Lügen der Journalisten«, *Kraut-reporter* v. 24. Oktober 2014, https://krautreporter.de/46--die-wahrheit-uber-die-lugen-der-journalisten.

Niggemeier, Stefan: »Udo Ulfkotte: Wie die FAZ mich aus den Fängen des BND rettete«, Blogeintrag v. 28. Oktober 2014, http://www.stefan-niggemeier.de/blog/19612/udo-ulfkotte-wie-die-faz-mich-aus-den-faengen-des-bnd-rettete.

NS-Archiv: »Impfkritik 1935: ›Artfremdes Eiweiß ist Gift‹«, http://www.ns-archiv.de/imt/m001-m200/020-m.php.

Nussbaum, Martha C.: *Politische Emotionen*, Berlin 2014.

Oberüber, Reiner: »Konkrete Schritte zum Gelben Schein«, https://www.youtube.com/watch?v=oKlA95lcfyI.

Oberüber, Reiner: »Staatsangehörigkeit ›DEUTSCH‹ – Wie die BRD versucht, uns staatenlos zu machen«, https://www.youtube.com/watch?v=_IqK7Nz99lE#t=97.

Ockenfels, Wolfgang: »Was heißt hier ›Lügenpresse‹?«, *kath.net* v. 6. Februar 2015, http://www.kath.net/news/49362.

Oster, Stefan: https://www.facebook.com/1399859893617166/photos/a.14033 42519935570.1073741829.1399859893617166/1560156244254196/?type= 1&fref=nf.

O.V.: Reichsamt im deutschen Reich: http://rabestte.reichsamt.info.

O.V.: »Anklang an Weimar«, *Der Spiegel* 41/1992, http://www.spiegel.de/spiegel/print/d-13690531.html.

O.V.: Meinhof, Ulrike, http://www.wissen.de/lexikon/meinhof-ulrike.

O.V.: »Volle Wahrheit«, *Der Spiegel* 16/1995, http://www.spiegel.de/spiegel/print/d-9180071.html.

O.V.: »Kirchenmitglieder wählten zu über 50 Prozent Union«, *ideaSpektrum* v. 1. September 2014, http://www.idea.de/thema-des-tages/artikel/kirchen mitglieder-waehlten-zu-ueber-50-prozent-union-82870.html.

O.V.: »Manifest gegen den Linkstrend«, abrufbar unter http://www.dem-wahren-schoenen-guten.de/fileadmin/win/dwsg/dateien/manifest_aktion_ linkstrend_stoppen.pdf.

O.V.: »Pegida-Anhänger empören sich über dunklen Dom«, *FAZ* v. 5. Januar 2015, http://www.faz.net/aktuell/politik/inland/koelner-kirchen-gegen-pegida-dunkler-dom-sorgt-fuer-empoerung-13353664.html.

O.V.: »Rechtsextreme Tendenzen bei Legida«, MDR Sachsen v. 21. Januar 2015, http://www.mdr.de/sachsen/legida-verfassungsschutz100_zc-f1f179a 7_zs-9f2fcd56.html.

O.V.: »Sein Hitler-Look soll ›ein Scherz‹ gewesen sein«, *Bild* v. 21. Januar 2015, http://www.bild.de/politik/inland/pegida/chef-lutz-bachmann-hitler-foto-und-auslaender-beleidigungen-bei-facebook-39430448.bild. html.

O.V.: »›Sie kotzen mich an‹«, *Christ & Welt* 3/2015, http://www.christund welt.de/detail/artikel/sie-kotzen-mich-an.

O.V.: »Verdoppelung der Gewalt gegen Migranten und Flüchtlingsunter-künfte«, SWR v. 27. Januar 2015: http://www.swr.de/report/pegida-demos/ 27/-/id=233454/mpdid=14967298/nid=233454/did=14756452/1oxl0m8/ index.html.

O.V.: »AfD-Landeschef wehrt sich gegen ›Bevormundung‹«, MDR v. 24. Februar 2015, http://www.mdr.de/sachsen-anhalt/afd-aerger-verleger-kubitschek100.html.

O.V.: »Bogida-Anmelderin Dittmer: ›Es ist für mich unerheblich, ob es den Holocaust gegeben hat‹«, http://www.spiegel.de/video/bogida-akrivistin-melanie-dittmer-hat-neonazi-vergangenheit-video-1544338.html.

O.V.: »PEGIDA ist brandgefährlich«, tagesschau.de v. 20. Dezember 2014, https://www.tagesschau.de/inland/pegida-zentralrat-101.html.

O.V.: »Hepp, Robert«, http://www.monarchieliga.de/index.php?title=Hepp,_ Robert.

O.V.: »Montagsdemo Hamburg«, https://www.youtube.com/watch?v=sTT KZHSTKd4.

O.V.: »Reichsamt zur Bereinigung von politisch-, juristisch- und publizistischem Staatsterrorismus«, http://rabestte.reichsamt.info.

O.V.: »Russia's chief propagandist«, *The Economist* v. 10. Dezember 2013, http://www.economist.com/blogs/easternapproaches/2013/12/ukraine.

O.V.: »Prof. Dr. Schachtschneider ruft zum Widerstand auf«, https://www. youtube.com/watch?v=wJWhUUWiheU&feature=youtu.be.

O.V.: Karl Albrecht Schachtschneider, http://de.wikipedia.org/wiki/Karl_ Albrecht_Schachtschneider.

O.V.: »Muslim in Kirche – Nach Rausschmiss aus Gedächtniskirche Speyer«, https://www.youtube.com/watch?feature=player_embedded&v=jZGDLI vdaPU.

O.V.: »Whistleblowers leben gefährlich«, http://82391.forumromanum.com/ member/forum/entry.user_82391.2.1122570552.whistleblowers_leben_ gefaehrlich_zum_tod_des_betreibers_marktorakel_udo-verkuender_des_ lichts.html?onsearch=1.

O.V.: Citoyen, http://de.wikipedia.org/wiki/Citoyen.

O.V.: Carl Schmitt, http://de.wikipedia.org/wiki/Carl_Schmitt.

O.V.: »Gröhe wirft ›Aktion Linkstrend stoppen‹ Geschichtsklitterung vor«, *Junge Freiheit* v. 28. Juni 2011, https://jungefreiheit.de/politik/deutschland/ 2011/groehe-wirft-aktion-linkstrend-stoppen-geschichtsklitterung-vor.

Patriotische Plattform: »Erklärung der Patriotischen Plattform, 21. Februar 2015: Die AfD wird entweder mit Götz Kubitschek sein oder sie wird gar nicht sein!«, http://patriotische-plattform.de/blog/2015/02/21/erklaerung-der-patriotischen-plattform-die-afd-wird-entweder-mit-goetz-kubitschek-sein-oder-sie-wird-gar-nicht-sein.

Piehler, Moritz: »Pegida-Talk bei Günther Jauch: Wohltuende Klarheit«, *Der Spiegel* v. 15. Dezember 2014, http://www.spiegel.de/kultur/tv/ guenther-jauch-ard-talk-zu-pegida-mit-gesine-schwan-und-bernd-lucke-a-1008448.html.

Pirinçci, Akif: *Deutschland von Sinnen: Der irre Kult um Frauen, Homosexuelle und Zuwanderer*, Waltrop 2014.

Pirinçci, Akif: »Das Schlachten hat begonnen«, Die Achse des Guten v. 25. März 2013, http://www.achgut.com/dadgdx/index.php/dadgd/article/ das_schlachten_hat_begonnen.

Pirinçci, Akif/Lombard, Andreas: *Attacke auf den Mainstream: Akif Pirinçcis »Deutschland von Sinnen« und die Medien*, Waltrop 2014.

Pollmeier, Achim/Otto, Kim/Onneken, Peter: »Alternative für Deutschland – Wie eine Partei immer stärker nach rechts kippt«, Monitor v. 11. September 2014, http://www1.wdr.de/daserste/monitor/sendungen/afd212_compage-9.html.

Przybilla, Steven: »Königreich Deutschland«, *NZZ* v. 28. Oktober 2014, http://www.nzz.ch/international/deutschland-und-oesterreich/die-parallel gesellschaft-1.18412674.

Püttmann, Andreas: »Falsche Verbündete«, *Christ & Welt* 8/2010, http://www.christundwelt.de/themen/detail/artikel/falsche-verbuendete.

Püttmann, Andreas: »Runter vom Sockel«, *Christ & Welt* 26/2012, http://www.christundwelt.de/themen/detail/artikel/runter-vom-sockel.

Püttmann, Andreas: »Die Moralpächter«, *Christ & Welt* 13/2013, http://www.christundwelt.de/detail/artikel/die-moralpaechter.

Püttmann, Andreas: »Die Rechtsausleger«, *Christ & Welt* 6/2015, http://www.christundwelt.de/detail/artikel/die-rechtsausleger.

Quelle DEU: »AfD-Vize Gauland offen für Zusammenarbeit mit der Linkspartei«, *Rheinische Post* v. 9. September 2014, http://www.rp-online.de/politik/deutschland/afd-vize-gauland-offen-fuer-zusammenarbeit-mit-der-linkspartei-aid-1.4513206.

Raddatz, Hans Peter: »Gender Mainstreaming. II. Die Normalisierung der Perversion«, in: *Die Neue Ordnung*, Juni 2014.

Reinhardt, Martin: »Ohne Worte«, *Freie Welt* v. 30. September 2014, http://www.freiewelt.net/ohne-worte-2-10043426.

Riha, Clemens: »Auf dem Rittergut«, 3Sat-Kulturzeit v. 15. August 2011, http://www.3sat.de/page/?source=/kulturzeit/themen/156133/index.html.

Sarrazin, Thilo: *Deutschland schafft sich ab*, München 2010.

Sartre, Jean-Paul: *Überlegungen zur Judenfrage*, Hamburg 2010, als PDF abrufbar unter http://zeitgenoessischeaesthetik.de/wp-content/uploads/2013/07/SartreUeberlegungen.pdf.

Schmidt, David: »Abschied vom Gutmenschentum«, *Die Zeit* v. 30. Mai 2014, http://www.zeit.de/community/2014-05/gutmenschen-debatte-meinungsfreiheit.

Schmitt, Carl: *Der Begriff des Politischen*, München/Leipzig 1932.

Schmitt, Carl: *Die geistesgeschichtliche Lage des heutigen Parlamentarismus*, München/Leipzig 1923.

Schneider, Johannes: »Wer beim Tagesspiegel die Befehle erteilt«, *Tagesspiegel* v. 15. August 2015, http://www.tagesspiegel.de/berlin/rothschilds-us-regierung-herausgeber-wer-beim-tagesspiegel-die-befehle-erteilt/10339872.html.

Schomers, Michael: *Deutschland ganz rechts*, Köln 1990.

Schüller, Johannes: »AfD als identitäre Kraft«, *Blaue Narzisse* v. 16. August 2014, http://www.blauenarzisse.de/index.php/gesichtet/item/4820-afd-als-identitaere-kraft.

Schwarz, Moritz: »Über den Volkstod reden«, *Junge Freiheit* 36/10 v. 3. September 2010, http://www.jf-archiv.de/archiv10/201036090310.htm.

Seegers, Armgard: »Wir wollen keine Sprechverbote«, *Bild* v. 4. September 2010, http://www.bild.de/politik/2010/wir-wollen-keine-teil-2-13852970.bild.html.

Serrao, Marc Felix: »Der kalte Blick von rechts«, *Süddeutsche Zeitung* v. 17. Mai 2010, http://www.sueddeutsche.de/kultur/wir-sind-noch-im-training-der-kalte-blick-von-rechts-1.698581.

Sieber, Roland: »Reichsbürger drohen«, *Publikative* v. 23. April 2012, http://

www.publikative.org/2012/04/23/drohbriefe-der-reichsbewegung-machen-sorgen.

Staud, Toralf/Radke, Johannes: *Neue Nazis*, Köln 2002.

TA: »Der Vorsitzende der Thüringer AfD-Fraktion sieht sich auf historischer Mission«, *Thüringer Allgemeine* v. 31. Oktober 2014, http://www.thueringer-allgemeine.de/web/zgt/politik/detail/-/specific/Der-Vorsitzende-der-Thueringer-AfD-Fraktion-sieht-sich-auf-historischer-Mission-1477485095.

Todenhöfer, Jürgen: *Ich denke deutsch: Abrechnung mit dem Zeitgeist*, Erlangen/Bonn/Wien 1989.

Uslar, Moritz v.: »Der Bart bleibt dran«, *Die Zeit* v. 20. März 2014, http://www.zeit.de/2014/13/thilo-sarrazin/komplettansicht.

Vatikan: »Erklärung Nostra Aetate über das Verhältnis der Kirche zu den nichtchristlichen Religionen«, http://www.vatican.va/archive/hist_councils/ii_vatican_council/documents/vat-ii_decl_19651028_nostra-aetate_ge.html.

Volkmann, Adrien M.: »Frank Schäffler in Marburg: ›Gold, Grundbesitz und Freundschaft zu einem Landwirt‹«, *Blaue Narzisse* v. 27. Juni 2011, http://www.blauenarzisse.de/index.php/gesichtet/item/2625-frank-schaeffler-in-marburg-gold-grundbesitz-und-freundschaft-zu-einem-landwirt.

Voss, Kai/Elsässer, Jürgen: »Zschäpe war's nicht«, in: *Compact* 4/2013.

Weber, Christian: »Die seltsame Welt der Impfgegner«, *Focus* 40/2007, http://www.focus.de/gesundheit/gesundleben/vorsorge/news/medizin-die-seltsame-welt-der-impfgegner_aid_222555.html.

Weiß, Volker: *Deutschlands Neue Rechte*, Paderborn 2011.

Weißmann, Karlheinz: *Unsere Zeit kommt*, Schnellroda 2006.

Weißmann, Karlheinz/Lehnert, Erik/Müller, Baal/Lisson, Frank: »Parolen der Konservativen Revolution«, in: *Sezession* 44, Oktober 2011.

Wensierski, Peter: »Fromme Radikale«, *Der Spiegel* 09/2015 v. 21. Februar 2015, online unter http://www.spiegel.de/spiegel/print/d-131927826.html.

Willeke, Stefan: »Wir Dummschwätzer«, *Zeit* v. 25. April 2014, http://www.zeit.de/2014/18/akif-pirincci-verteidiger.

Winkler, Heinrich August: »Die Spuren schrecken«, *Der Spiegel* 16/2014 v. 14. April 2014, http://www.spiegel.de/spiegel/print/d-126511945.html.

Winterbauer, Stefan: »HJ-Pöbeln‹ – Matthias Matussek vergleicht PEGIDA-Kritiker mit der Hitler-Jugend«, *Meedia* v. 30. Dezember 2014, http://meedia.de/2014/12/30/hj-poebeln-matthias-matussek-vergleicht-pegida-kritiker-mit-der-hitler-jugend.

Winterbauer, Stefan: »Der Pegida-Blogger: die publizistische Spielwiese des Anti-Islam-Kommentierers Nicolaus Fest«, *Meedia* v. 23. Januar 2015, http://meedia.de/2015/01/23/der-pegida-blogger-die-publizistische-spielwiese-des-anti-islam-kommentierers-nicolaus-fest.

Wolf, Udo: »Tag X: Kursziele, Auswege und Irrwege«, *Huffington Post* v. 7. September 2014, http://www.huffingtonpost.de/udo-wolf/tag-x-kurs ziele-auswege-und-irrwege_b_5560946.html.

Wolf, Udo: »Marktorakel lahm gelegt«, Marktorakel-Blog v. 22. September 2014, http://marktorakel.blogspot.de/2014/09/marktorakel-lahm-gelegt.html.

Zwischentag: Begleitprogramm 2015: http://zwischentag.de/zwischentag/begleitprogramm.

Register